DER MAJESTÄTSGEDANKE
IM RÖMISCHEN RECHT

EINE STUDIE
AUF DEM GEBIET DES RÖMISCHEN STAATSRECHTS

LEIPZIGER JURISTISCHE INAUGURALDISSERTATION

VON

ERICH POLLACK
KAMMERGERICHTSREFERENDAR

LEIPZIG
VERLAG VON VEIT & COMP.
1908

Druck von Metzger & Wittig in Leipzig.

Inhalt.

Fünftes Kapitel.

Literaturverzeichnis.

ABEGG, Zur Geschichte des römischen crimen majestatis im Verhältnis zu dem crimen impietatis und dem sogenannten crimen laesae venerationis im Archiv des Kriminalrechts, neue Folge, Jahrgang 1853 S. 205 ff.

VAN ADRICHEM, Dissertatio de poena perduellionis veroque sensu l. quisquis C. ad l. Jul. maj. Lugd. Bat. 1784.

AMMIANUS MARCELLINUS: Rerum gestarum libri qui supersunt, herausgeg. von EYSSENHARDT. Berlin 1871.

APPIANUS ALEXANDRINUS, Historia Romana ed. LUD. MENDELSSOHN. Vol. I. Lips. 1879. Vol. alter., ex recens. LUD. MENDELSS. curante PAULO VIERECK. Lips. 1905.

Archiv des Kriminalrechts, herausgegeben von KLEIN und KLEINSCHROD. Halle 1799.

ARNOLD, History of Rome. London 1838.

ASCONIUS, Q. PEDIANUS, Orationum Ciceronis quinque enarratio rec. KIESSLING & SCHÖLL. Berolini 1875.

AYRER, De perduellione seditiosorum. Diss. inaug. Göttingen 1748.

BACHIUS, Historia jurisprudentiae Romanae, IV libris comprehensa. Lipsiae 1806.

BÄHR, Der Rechtsstaat. Eine publizistische Skizze. Cassel und Göttingen 1864.

BALDUINUS FRANCISCUS, Ad leges Majestatis sive perduellionis libri in der Jurisprudentia Romana et Attica Heineccii, tom. I, Lugd. Batav. 1738.

BAR, Lehrbuch des internationalen Privat- und Strafrechts. Stuttgart 1892.

Ders., Theorie und Praxis des internationalen Privatrechts, 2. Aufl., I u. II. Hannover 1889.

BARON, Geschichte des römischen Rechts I. 1884.

Basilicorum libri LX, ed. HEIMBACH, tom. I—V. Lips. 1833—1850.

BECKER, Handbuch der römischen Altertümer. Leipzig 1844.

BELOCH, Der italische Bund unter Roms Hegemonie. 1880.

BERNHÖFT, Staat und Recht der römischen Königszeit im Verhältnis zu verwandten Rechten. Stuttgart 1882.

van Beuker, De crimine majestatis. Diss. inaug. Franequerae 1729 im Thesauri novi diss. juridic. select. in academiis Belgicis habit. Vol. II. Bremae 1773.

v. Bezold, Die Lehre von der Volkssouveränität im Mittelalter, in Sybels Historischer Zeitschrift S. 313—367. 1876.

Biener, Über die historische Methode und ihre Anwendung auf das Criminalrecht im Neuen Archiv für Criminalrecht, Bd. 10 S. 476ff.

Binding, Lehrbuch des gemeinen deutschen Strafrechts, 4. Aufl., T. I. Leipzig 1890. T. II. 1896.

Ders., De natura inquisitionis processus criminalis Romanorum praesertim ex eo tempore, quo ordo judiciorum publicorum in usu esse desiit. Gottingae 1863.

Ders., Handbuch des Strafrechts. I. Leipzig 1885.

Ders., Die Normen und deren Übertretung. Bd. 1: Normen und Strafgesetze. Leipzig 1872. Bd. 2: Schuld und Vorsatz. 1877. Bd. 1, 2. Aufl. 1890.

Ders., Lehrbuch des gemeinen deutschen Strafrechts, bes. Teil. 1. Bd., 2. Aufl. Leipzig 1902. 2. Bd., 2. Aufl. Leipzig 1904.

Ders., Grundriß des deutschen Strafrechts, allgemeiner Teil, 6. Aufl. Leipzig 1902.

Ders., Die drei Grundfragen der Organisation des Strafgerichts. Leipzig 1876.

Ders., Grundriß des deutschen Strafprozeßrechts, 2. Aufl. Leipzig 1886.

Bisoukides, Der Hochverrat, eine historische und dogmatische Studie. Berlin 1903.

Bluntschli, Politik als Wissenschaft. Stuttgart 1876.

Ders., Allgemeines Staatsrecht, 6. Aufl. 1885.

Ders., Allgemeine Staatslehre, 6. Aufl. 1886.

Bocerus, Tractatus compendiosus de crimine Majestatis, editio altera. Tubingae 1629.

Bodinus, Les six livres de la République. Lyon 1579. Paris 1583; ed. III. Francf. 1644.

Ders., De Republica. Latine ab auctore reddit. Libri VI. Lugd. 1586. Ed. IV. Ursellis 1601.

Bonfils, Lehrbuch des Völkerrechts, 3. Aufl. Übersetzt von Grah. Berlin 1904.

Bornhak, Einseitige Abhängigkeitsverhältnisse unter den modernen Staaten in den staatsrechtlichen und völkerrechtlichen Abhandlungen, herausgegeben von Jellinek u. Meyer, I, Heft 5. Leipzig 1896.

Bosse, Über Hochverrat, beleidigte Majestät und verletzte Ehrerbietung. Göttingen 1802.

Bouchaud, Commentaire sur la loi des douze tables, dédié au premier consul, II. ed., tome premier et second. Paris 1803.

Brissonius, De formulis et solemnibus populi Romani verbis libri VIII. Mogundiae 1649.

Ders., De verborum, quae ad jus civile pertinent, significatione. Lyon 1559. Supplemente von Wunderlich 1778 und von Cramer 1813.

BRÖCKER, Untersuchungen über die Glaubwürdigkeit der altrömischen Geschichte. Basel 1855.

BRUGMANUS, De perduellionis ac majestatis crimine apud Romanos. Amsterdam 1835.

BRUNNER, Deutsche Rechtsgeschichte. 2. Aufl. 1906.

Ders., Grundzüge der deutschen Rechtsgeschichte. 2. Aufl. Leipzig 1903.

BRUNS, Fontes juris Romani antiqui. Besorgt von MOMMSEN und GRADENWITZ, pars prior et posterior. Freiburg und Leipzig 1893.

CAESAR, Belli civilis libri III, recogn. Dinter. Lips. 1889.

Ders., Commentarii de bello Gallico, erklärt von KRANER. 5. Aufl. Berlin 1865.

CAPPELLI, Lexicon abbreviaturarum. Wörterbuch lat. und ital. Abkürzungen. Leipzig 1901.

CICERO, De legibus libri III, erkl. von MESNIL. Leipzig 1879.

Ders., De re publica librorum fragmenta, rec. et adnotat. crit. instr. Osannus. Gottingae 1847.

Ders., De oratore libri III, Buch 1, erkl. von BIDERIT. Leipzig 1859. Textausgabe von FRIEDRICH. Leipzig 1896.

Ders., De officiis libri III, Textausgabe von MÜLLER. Leipzig 1889.

Ders., Ausgewählte Reden, erkl. von HALM. Berlin 1859. Insbesondere: in Cat., in Pis., in M. Anton. I, pro Balbo, pro Rab. perd., pro Scauro, pro Caelio, in Verrem, pro Mil., pro Tull., pro Sest., pro Caec., pro Cluent., de dom.

Ders., (ED. TEUBN.) De invent., orat. part., ad herenn., de divinat., ad fam., Tuscul. disput., Brutus, de deor. natura, de leg. agrar.

CLAIUS, De justo perduellium supplicio indicta causa. Vitembergae 1735.

Codex Gregorianus, Hermogenianus, Theodosianus, ed. HAENEL 1842.

Codex Theodosianus, Ausgabe von HAENEL. Bonn 1842.

CONTIUS, Commentarius ad titulum IV, lib. XLVIII Dig.; et praelectiones ejusdem ad tit. VIII, lib. cod. IX, qui ad legem Juliam majestatis inscribitur, Spirae Nemetum 1595.

Corpus Juris Civilis, Ausgabe MOMMSEN-KRUEGER. Berlin 1889.

Corpus Juris Civilis cum Commentariis Accursii, Scholiis Contiis et Dionysii Gothofredi i. c. acutissimis lucabrationibus etc., tom. I, Dig. vetus, tom. II, Infortiatum tom. III., Dig. novum, Lugd. 1618.

Corpus Juris Civilis cum D. Gothofredi et aliorum notis Amstellod. et Lugd. Batav. 1663.

Corpus inscriptionum latinarum.

CORTREIUS, Interpretatio historico-politico-legalis. L. Unic. Cod. „Si quis imperatori maledixerit“, de suspensa poena eorum, qui imperatori usque dum ad Sacram Caesarem majestatem relatum sit. Lipsiae 1693.

CROPP, Commentatio de praeceptis juris Romani circa puniendum conatum delinquentis. Heidelberg 1813.

CUJACIUS, In Julii Pauli recept. sentent. ad filium libr. V interpretationes, Coloniae Agrippinae ap. Ioann. Gymnicum 1589.

CURTIUS, Grundzüge der griechischen Etymologie. 5. Aufl. 1879.

CURTIUS RUFUS, Historiarum Alexandri Magni Maced. libri qui supersunt, recogn. VOGEL. Lips. 1884.

CZYHLARZ, Lehrbuch der Institutionen des römischen Rechts. Prag, Wien, Leipzig 1899.

DAHN, Fehdegang und Rechtsgang der Germanen. Berlin 1877.

DAMMHOUDER, Praxis rerum criminalium. Frankfurt 1571.

DANCKELMANN, Dissert. ad leg. quisquis cod. 1659.

DANZ, Lehrbuch der Geschichte des römischen Rechts. I. T., 2. Aufl. Leipzig 1871; II. T., 2. Aufl. Leipzig 1873.

DECIANUS, Tractatus criminalis ex recens. Cornelii Brederodii cum ejusdem summariis et indicibus. Frankfurt 1591.

VAN DEVENTER, Dissertatio ad legem Juliam majestatis. 1705.

DIECK, Historische Versuche über das Kriminalrecht der Römer. Halle 1822 [ohne Zusatz zitiert!].

Ders., Disquisitio historica de crimine majestatis apud Romanos inde a primis temporibus usque ad legem Juliam majestatis. Halae 1821.

Digestorum seu Pandectarum Pars Septima a libro XLV usque ad finem L. Parisiis anno 1662.

Dionysi Halicarnensis opuscula, ed. Usener et Rademacher, vol. pr., Leipzig 1899, alter. 1888, tert. 1891, quart. 1905.

Dionis Cassii Coccejani historia Romana, recogn. Melber, vol. I, Leipzig 1890, vol. II, Leipzig 1894, vol. III—V cum annotat. Dindorfii. Leipzig 1864/65.

DIRKSEN, Übersicht der bisherigen Versuche zur Kritik und Herstellung des Textes der XII Tafelfragmente. Leipzig 1824.

Ders., Manuale latinitatis fontium juris civilis Romanorum. Berol. 1837.

Ders., Die scriptores historiae Augustae. Leipzig 1842.

Ders., Versuche zur Kritik und Auslegung der Quellen des römischen Rechts. Leipzig 1823.

DOCKHORN, De tribuniciae potestatis origine. Diss. inaug. Berol. 1858.

DRUMANNS, Geschichte Roms in seinem Übergange von der republikanischen zur monarchischen Verfassung. 6 Bde. Königsberg 1834—1844.

DUPONT, De la constitution et des magistratures romaines sous la république 1877.

ENNIUS, Ex Ennii incertis tragoediis, quae supersunt, ed. Hesselii, Amstelod. 1707.

ESMARCH, Römische Rechtsgeschichte. Cassel 1880.

EVERSTON DE JONGE, De delictis contra rem publicam admissis, vol. I, II. Traj. 1845.

v. FEDER, Das Staatsverbrechen des Hochverrats. Stuttgart 1850.

FERRINI, Diritto penale Romano. Milano 1899.

Festus Sext. Pomponius, De verborum significatu quae supersunt cum Pauli Epitome. 1. edid. Aemilius Thewrewk de Ponor. I. Budapest und Berlin 1890. 2. emond. et annotat. a Muellero. Lips. 1839.

Feuerbach, Philosophisch-juridische Untersuchung über das Verbrechen des Hochverrats. Erfurt 1798.

Feuerbach-Mittermaier, Lehrbuch des gemeinen in Deutschland gültigen peinlichen Rechts, 14. Originalausgabe. Gießen 1847.

Fick, Vergleichendes Wörterbuch der indogermanischen Sprachen, 4. Aufl., I. T. Wortschatz der Grundsprache, der arischen und der westeuropäischen Spracheinheit von Fick. Göttingen 1890, II. T. Wortschatz der keltischen Spracheinheit von Stoks u. Bezzenberger. Göttingen 1894.

Firmicus, Julius Maternus, Matheseos libri VIII, herausgeg. von Sittel. Leipzig 1894.

Florus, L. Aenaeus, Epitomae, libri II, ed. Rossbach. Leipzig 1896.

Freishemius, Supplementa Liviana, pars I und II. Paris 1679/80.

Freytag, Bilder aus der deutschen Vergangenheit, 14. Aufl., Bd. I. Aus dem Mittelalter. Leipzig 1882. Bd. II, 1. Vom Mittelalter zur Neuzeit. Leipzig 1889.

Friedländer, Darstellungen aus der Sittengeschichte Roms. Leipzig 1889.

Gajus, Institutiones, ed. Krüger et Studemund, ed. IV. Berol. 1900.

Gardthausen, Augustus und seine Zeit, I. T., Bd. 1. Leipzig 1891. I. T., Bd. 2 1896; II. T., Bd. 3 1904.

Geib, Geschichte des römischen Kriminalrechts bis zum Tode Justinians. Leipzig 1842.

Gellius, Noctium Atticarum libri XX, vol. 1 und 2, Carolus Hosius. Leipzig 1903.

Gentilis, In tit. Codicis si quis imperatori maledixerit item ad legem Juliam majestatis. Hannover 1607.

Gerster, De perduellione. Marburg 1752.

van der Ghiessen, Dissertatio ad legem Juliam majestatis. 1716.

Gierke, Das deutsche Genossenschaftsrecht, Bd. III. 1881.

Ders., Johannes Althusius und die Entwickelung der naturrechtlichen Staatstheorien, in den Untersuchungen der deutschen Staats- und Rechtsgeschichte, herausgegeben von Gierke, Bd. VII. Breslau 1880.

Gigas, Hieronymus, Tractatus de crimine laesae majestatis. Spirae 1598.

Gilbert, Rom und Karthago in ihren gegenseitigen Beziehungen 513 bis 536 u. c. Leipzig 1876.

Ders., Griechische Götterlehre in ihren Grundzügen dargestellt. Leipzig 1898.

Göll, Illustrierte Mythologie. Göttersagen und Kultusformen der Hellenen, Römer, Ägypter, Inder, Perser und Germanen, 5. Aufl. Leipzig und Berlin 1884.

GOTHOFREDUS, Opuscula varia juridica, politica, historica, critica. Discursus historicus ad leg. quisqu. cod. ad leg. Jul. maj., S. 13—110. Helm stadii 1732.

GÖTTLING, Geschichte der römischen Staatsverfassung von Eroberung der Stadt bis zu C. Caesars Tod. Halle 1840.

GRAEVIUS, Thesaurus antiquitatum Romanarum, I.—III. Traj. ad Rh. et Lugd. Batav. 1694/96.

GRAVINA, De ortu et progressu juris civilis (originum liber primus). Neapol. 1701.

Ders., Opera seu originum juris civilis libri III. Lips. 1737.

GROTIUS, De jure belli ac pacis libri III. Amstelod. 1701.

GRUBE, Charakterbilder aus der Geschichte und Sage, 18. Aufl. Leipzig 1875.

GRÜNEBUSCH, De crimine perduellionis atque majestatis apud priscos Romanos et de eo, quod inter utrumque jam liberae rei publicae tempore fuit, discrimine prolusio, Cellis ex officina Schulziana 1802.

GUNDLING, Singularia ad legem majestatis itemque de silentio in hoc crimine. Halae Magdeburgicae 1721.

HAELSCHNER, De jure gentium quale fuerit apud populos orientis. Diss. inaug. Halis 1842.

HAENEL, Deutsches Staatsrecht im systematischen Handbuch der deutschen Rechtswissenschaft, I. Bd. Die Grundlagen des deutschen Staates und die Reichsgewalt. Leipzig 1892.

HAUBOLD, De legibus majestatis populi Romani latis ante leg. Jul. exercitatio prima Lips. 1786.

Ders., Historia juris Romani. 1790.

HEFFTER, De antiquo jure gentium prolusione. Bonn 1823.

Ders., Lehrbuch des gemeinen deutschen Strafrechts, 5. Aufl. Braunschweig 1854.

Ders., Athenäische Gerichtsverfassung. Cöln 1822.

v. HEIDEN, De varia majestatis significatione tum olim apud Romanos, tum deinde apud recentes. Groning. 1834.

HEILBORN, Das System des Völkerrechts, entwickelt aus den völkerrechtlichen Begriffen. 1896.

Ders., Völkerrecht in der HOLTZENDORFF-KOHLERschen Enzyklopädie, II. Nr. 5 S. 975 ff.

HEINECCIUS, Antiquitatum Romanarum jurisprudentiam illustrantium libri IV. Halae Magdeburgicae 1719.

HENKE, De vera criminis laesae majestatis secundum leges positivas indole atque poena. Helmstadii 1806.

HEPP, Die Bestimmungen des römischen Rechts über den Hochverrat in ihrem Verhältnisse zur heutigen Doktrin und Praxis, im Archiv des Kriminalrechts. Neue Folge. Jahrgang 1837 S. 353—415.

HERMANN, Lehrbuch der griechischen Antiquitäten, 3 Bde. Bd. II, Abt. 1, Die griechischen Rechtsaltertümer, 3. Aufl., herausgeg. von THALHEIM 1884.

HERODOT, Historiarum libri IX, ed. DIETSCH, ed. alt.: Kallenberg. Leipzig 1894.

HERZOG, Geschichte und System der römischen Staatsverfassung, I. 1884, II, 1 1887.

HEUMANN, Handlexikon zu den Quellen des römischen Rechts, Jena 1884; 9. Aufl. von SECKEL. Jena 1907.

HEYLIGENSTAEDT, Dissertatio de quasi perduellione 1792.

HIRSCHFELD, Untersuchungen auf dem Gebiete der römischen Verwaltungsgeschichte, Bd. I. Berlin 1877.

HITZIG, Zum römischen Strafrecht, in der schweizerischen Zeitschrift für Strafrecht. Revue pénale Suisse, XII. Jahrgang. Bern 1901, Nr. 8 S. 182 ff.

HOLTZENDORFF-KOHLER, Enzyklopädie der Rechtswissenschaft, 6. Aufl. der Neubearbeitung, 1. Aufl. I u. II. Leipzig-Berlin 1904.

HOLTZENDORFF, Handbuch des Völkerrechts, I—IV. Berlin 1885—89.

HORATIUS, Carmina, recogn. MÜLLER. Lips. 1895.

HÜBLER, Die Magistraturen des völkerrechtlichen Verkehrs (Gesandtschafts- und Konsularrecht) und die Exterritorialität, zum Gebrauch für Vorlesungen über Völkerrecht und Politik. Berlin, PUTTKAMMER & MÜHLBRECHT 1900.

HUGO, Jus civile antejust., 2 Bde. Berol. 1815.

HUMBOLDT, Über das Entstehen grammatischer Formen und ihren Einfluß auf die Ideenentwickelung, im Handbuch der deutschen Nationalliteratur von VIEHOFF, II, S. 193 ff. Braunschweig 1887.

HUSCHKE, Jurisprudentiae antejustian. quae supersunt. 1. Aufl. 1860, 4. Aufl. 1879.

Ders., Die Verfassung des SERVIUS TULLIUS. Heidelberg 1838.

Ders., Die Multa und das Sacramentum in ihren verschiedenen Anwendungen. Leipzig 1874.

HÜTTER, De famosis libellis. Wittenberg 1735.

JELLINEK, Allgemeine Staatslehre. Berlin 1900. 2. Aufl. 1905 (zitiert nach der 1. Aufl.).

Ders., System der subjektiven öffentlichen Rechte, 2. Aufl. Tübingen 1905.

Ders., Lehre von den Staatenverbindungen. Wien 1882.

IHERING, Geist des römischen Rechts auf den verschiedenen Stufen seiner Entwickelung. Leipzig 1891/94.

Ders., Das Schuldmoment im römischen Privatrecht. Gießen 1867.

IHNE, Römische Geschichte, 8 Bde. [Bd. I und II, 2. Aufl.] 1868—1890.

ISIDORUS HISPALENSIS, Originum libri XX et Martiani capellae de nupt. philol. et Merc. 1577.

JUNG, Leben und Sitten der Römer in der Kaiserzeit, I. Abt. Prag 1883. II. Abt. Leipzig und Prag 1884.

Juvenal, Satirarum libri V, mit erklärenden Anmerkungen von Friedländer, I u. II. Leipzig 1895.

Kaerst, Studien zur Entwickelung und theoretischen Begründung der Monarchie im Altertum. München und Leipzig 1898.

Kappler, Handbuch der Literatur des Kriminalrechts. Stuttgart 1838.

Karlowa, Römische Rechtsgeschichte, Bd. I, Leipzig 1885, Bd. II, T. 1. 1901.

Ders., Intra pomerium und extra pomerium, ein Beitrag zum römischen Staatsrecht. 1896.

Kennis, De crimine perduellionis regum aetate. Lovan. 1828.

Kipp, Geschichte der Quellen des römischen Rechts, 2. Aufl. Leipzig 1903.

Klenze, Lehrbuch des gemeinen Strafrechts, ein Grundriß aus den Quellen. Berlin 1833.

Kleinschrod, Kann die lex 5 Cod. ad leg. Jul. majest. als ein allgemeines Gesetz gegen den Hochverrat überhaupt betrachtet werden? Im Archiv des Kriminalrechts, herausgeg. von Klein-Kleinschrod, 2. Bds. 2. Stück Nr. 2. Halle 1799.

Knitschky, Das Verbrechen des Hochverrats. Jena 1874.

Kohler, Studien aus dem Strafrecht, II—VI. Mannheim 1895/97.

Ders., Moderne Rechtsprobleme. Aus Natur- und Geisteswelt. Sammlung wissenschaftlicher gemeinverständlicher Darstellungen, 128. Bdch., Teubner. Leipzig 1907.

Köstlin, Die Perduellio unter den römischen Königen. Tübingen 1841.

Krüger, Geschichte der Quellen und Literatur des römischen Rechts, im systematischen Handbuch der deutschen Rechtswissenschaft. Leipzig 1888.

Ders., Consultatio veteris cuiusdam jurisconsulti, codices Gregor. et Hermogem. alia, minora in der collectio librorum juris antejustinian. Berlin 1890.

Ders., Ulpiani liber singularis regularum; Pauli libri V sententiarum; fragmenta minora in der Coll. libr. jur. antejust. Berlin 1878.

Kuntze, Institutionen und Geschichte des römischen Rechts, Bd. II, 2. Aufl. 1879/80.

Laband, Das Staatsrecht des Deutschen Reiches, 4. Aufl. Tübingen und Leipzig 1901.

Ders., Rede über die Bedeutung der Rezeption des römischen Rechts für das deutsche Staatsrecht, gehalten an der Universität Straßburg. 1880.

Laboulaye, Essai sur les lois criminelles des Romains concernant la résponsabilité des Magistrats. Paris und Leipzig 1845.

Lange, Römische Altertümer, I u. II, 3. Aufl., III, 2. Aufl. Berlin 1876/79.

Leist, Gräko-italische Rechtsgeschichte (ohne Zusatz zitiert). Jena 1884.

Ders., Altarisches jus gentium. Jena 1889.

Lenel, Palingenesia juris civilis. Leipzig 1889.

Ders., Edictum perpetuum. Leipzig 1883.

LENEL, Geschichte und Quellen des römischen Rechts von BRUNS im Anschluß an die Bearbeitung von PERNICE, in der HOLTZENDORFF-KOHLERschen Enzyklopädie, 1, S. 75ff.

LEWIS, An inquiry into the credibility of the early roman history, vol. I, II. London 1855.

LEYSERUS, De caede perduellium privatis licita. Vitembergae 1735.

LIOY, DIODATO, Die Philosophie des Rechts. Nach der 2. Auflage des Originals übersetzt von MATTEO DI MARTINO. Berlin 1885.

LIPSIUS, Leges regiae et decemvirales cum notis FRID. SYLBURGII. Frf. 1586. Lugd. Bat. 1589.

v. LISZT, Lehrbuch des deutschen Strafrechts, 14. u. 15. Aufl. Berlin 1905.

Ders., Strafrecht und Strafprozeßrecht in der systematischen Rechtswissenschaft (s. d.) S. 193ff.

Ders., Das Völkerrecht. Berlin 1904 (ohne Zus. zitiert), 6. Aufl. 1906.

LIVIUS, Ab urbe condita libri, recogn. WEISSENBORN u. MÜLLER. 1889—1891.

LOENING, Über die Begründung des Strafrechts; Rede gehalten zu Jena am 22. Juni 1889. Verlag von FISCHER.

LÜBKER, Reallexikon des klassischen Altertums. Leipzig 1855.

MACH, Erkenntnis und Irrtum, Skizzen zur Psychologie der Forschung. Leipzig 1905.

MACROBIUS, Saturnalium conviviorum libri VII, recogn. EYSSENHARDT. Leipzig 1893.

MADWIG, Verfassung und Verwaltung des römischen Staats. I 1881, II 1882. Leipzig.

MAKAREWICZ, Das Wesen des Verbrechens. Eine kriminal-soziologische Abhandlung auf rechtsvergleichender und rechtsgeschichtlicher Grundlage. 1896.

MARQUARDT, Römische Staatsverwaltung im Handbuch der römischen Altertümer. Leipzig, I, 2. Aufl. 1881; II, 2. Aufl. 1884; III, 3. Aufl. 1885.

v. MARTENS, Völkerrecht. Das internationale Recht der zivilisierten Staaten; deutsch von BERGBOHM, I. Berlin 1883.

v. MARTITZ, Völkerrecht in der system. Rechtswissensch. (s. d.) S. 724ff.

MEENTS, Die Majestätsbeleidigung in geschichtl. und dogm. Beziehung. Erl. Dissert. Berlin 1894.

MEIER u. SCHÖMANN, Der attische Prozeß, neubearb. von LIPSIUS. I 1883; II 1887.

MEJER, Einleitung in das deutsche Staatsrecht, 2. Aufl. Freiburg i. B. und Tübingen 1884.

MENCKEN, Dissert. de crimine perduellionis eiusque poena. Vitemb. 1737.

MERKEL, Über den Zusammenhang zwischen der Entwickelung des Strafrechts und der Gesamtentwickelung der öffentlichen Zustände und des geistigen Lebens der Völker. Rede geh. an d. Univ. Straßburg am 1. Mai 1899.

MEYER, EDUARD, Geschichte des Altertums, Bd. II—V. Stuttgart 1893 bis 1903.

MEYER, GEORG, Lehrbuch des deutschen Staatsrechts, 5. Aufl. Leipzig 1899 (ohne Zus. zit.). 6. Aufl., bearb. von ANSCHÜTZ 1905.

MINCKWITZ, Illustriertes Taschenwörterbuch der Mythologie aller Völker, 7. Aufl. Gera 1889.

MISPOULET, Les institutions politiques des Romains, 2 Bde. 1882/83.

MITTEIS, Reichsrecht und Volksrecht in den östlichen Provinzen des röm. Kaiserreichs. Leipzig 1891.

MOMMSEN, Römisches Staatsrecht. Handb. d. röm. Altertümer. Leipzig, I, 2. Aufl. 1876; II, 2. Aufl. 1877; III, 1887/88.

Ders., Römisches Strafrecht, im syst. Handb. der deutschen Rechtswissensch., herausgeg. von BINDING, 1. Abt. IV. Teil. Leipzig 1899.

Ders., Römische Geschichte, Bd. I, 9. Aufl. Berlin 1903; Bd. II u. III, 8. Aufl. 1889; Bd. V, 5. Aufl. 1907.

Ders., Römische Forschungen. Berlin 1879.

Ders., Abriß des römischen Staatsrechts, im syst. Handb. der deutschen Rechtswissensch. Leipzig 1893.

Ders., Fragmenta Vaticana, Mosaicarum et Romanarum legum collatio in der Collectio libr. jur. antejust. Berlin 1890.

Ders., Die römischen Tribus in administrativer Beziehung. Altona 1844.

Ders., Der Religionsfrevel nach römischem Recht, in v. SYBELS histor. Zeitschr. Bd. LXIV, S. 389ff. 1890.

Ders., Res gestae Divi Augusti ex monumentis Ancyrano et Appolloniensi, iter. ed. MOMMSEN. Berolini 1883 (zit. monumentum Ancyranum).

Ders., Der letzte Kampf der römischen Republik, in Hermes' Zeitschr. für klass. Philologie, Bd. XIII, S. 90ff.

Ders., Die römische Chronologie bis auf Cäsar, 2. Aufl. Berlin 1859.

Ders., De collegiis et sodaliciis Romanorum. Kiel 1843.

MOMMSEN, KRÜGER, MEYER, Theodosiani libri XVI cum constitutionibus Sirmondianis I, II. Berlin 1905.

MOREAU, Des jurisdictions criminelles jusqu'à l'extinction des quaestiones perpetuae, et de la composition du jury. Paris 1876.

MÜLLER-JOCHMUS, Geschichte des Völkerrechts im Altertum. Leipzig 1848.

MÜNSCHER, De populi Romani majestate. Hanau 1838.

MYLIUS, Disputatio juridica de seditione. Lipsiae 1682.

NEUMANNUS, Exercitatio academica de poena parentum perduellium ad liberos perveniente. Lipsiae 1706.

NIEBUHR, Vorträge über römische Altertümer an der Universität zu Bonn gehalten, herausgeg. von ISLER. Berlin 1858.

Ders., Römische Geschichte. Berlin 1811/12, herausgeg. von ISLER, 3 Bde. Berlin 1874.

Ders., Wie ist Rom zu seiner Größe gelangt? Im Handb. d. deutsch. Nationalliteratur von VIEHOFF (s. d.) II, S. 222ff.

NIESSE, Grundriß der römischen Geschichte nebst Quellenkunde, 3. Aufl. München 1906. Im Handb. d. klass. Altertumswissenschaften von MÜLLER Bd. III, 5. Abt.

NISSEN, Beiträge zum römischen Staatsrecht. Straßburg 1885.

NITZSCH, Geschichte der römischen Republik, herausgeg. von THOURET. Leipzig 1884/85.

NONIUS MARCELLUS, De compendiosa doctrina libros XX edid. WALLACE M. LINDSAY. Lipsiae 1903.

ODOFREDUS, Lectura perutilis super tribus libris codicis. Lugd. 1715.

OTTO EBERHARDUS siehe THESAURUS.

OELRICHS, Thesaurus novus dissert. jurid. in academ. Belg. habit., I, II. Bremae 1771—1773.

OMPTEDA, Literatur des Völkerrechts, ergänzt von KAMPTZ. Berlin 1817.

OROSIUS, Historia adversum paganos, recogn. ZANGEMEISTER. Leipzig 1889.

OSENBRÜGGEN, De jure belli et pacis Romanorum liber singularis. Lipsiae 1836.

OVIDIUS NASO, Fasti, edid. MERKEL. Leipzig 1889.

Ders., Metamorphoses, recogn. MERKEL. Lipsiae 1883.

Pauli libri V sententiarum s. KRÜGER.

PAULY, Realenzyklopädie der klassischen Altertumswissenschaft. Neue Bearbeitung von WISSOWA.

PECKIUS, Dissertatio de crimine laesae majestatis. 1710.

PEREZ, Praelectiones in XII libros codicis Just. Venedig 1738.

Ders., Commentarius in XXV Digestorum libros. Amst. 1669.

PERNICE, Labeo. Römisches Privatrecht im ersten Jahrhundert der Kaiserzeit, Bd. II, 1, 2. Aufl. 1895; Bd. II, Abt. 2, 1, 2. Aufl. 1900.

PETER, Die Epochen der Verfassungsgeschichte der römischen Republik. Leipzig 1841.

Ders., Römische Geschichte, 4 Bde., 2. Aufl. Halle 1865—1869.

PIGHIUS, Annales magistratum et provinciarum ab urbe condita, in quibus rei publ. Mutationes etc., red. Antwerpen 1599.

PITISKUS, Dictionnaire des antiquités romaines, ouvrage traduit et abrégé du grand dictionnaire de S. Pit., tome I, II. Paris, Lyon, Bordeaux, Rouen 1765.

PLAUTUS, Comoediae ex recens. GOETZ et SCHOELL. Leipzig 1896—1901.

PLATNER, Quaestiones de jure criminum Romano. Marburgi 1842.

PLATO, *ΠΟΛΙΤΕΙΑ*, erklärt von SCHMELZER. Berlin 1884.

Ders., *ΝΟΜΟΙ* ἢ περὶ νομοθεσίας πολιτικός recogn. HERMANNUS. Lipsiae 1899.

PLINIUS CAECILIUS SECUNDUS, Epistolarum libri IX, rec. MUELLER. Leipzig 1903.

PLUTARCHIUS, Vitae, rec. DOEHNER. Paris 1847.

Pollio Trebellius in script. histor. August. von PETER. Leipzig 1884. Bd. II, S. 73 ff.

POLYBIUS, Historiae retract. BUETTNER WOBST. Leipzig, vol. I 1905; vol. II 1889; vol. III 1893; vol. IV, V 1904.

Post, Der Ursprung des Rechts. Prolegomena zu einer allgemeinen vergleichenden Rechtswissenschaft. Oldenburg 1876.

Ders., Die Anfänge des Staats- und Rechtslebens, ein Beitrag zu einer allgemeinen vergleichenden Staats- und Rechtsgeschichte. Oldenburg 1878.

Ders., Bausteine für eine allgemeine Rechtswissenschaft auf vergleichend-ethnologischer Basis, Bd. II 1881.

Ders., Grundriß der ethnologischen Jurisprudenz, I 1894; II, 1895.

Pufendorf, De jure naturae et gentium libri VIII, ed. ultima, Amstelod. 1704.

Puntschart, Bernhöfts Staat und Recht. In der Krit. Vierteljahrsschr., neue Folge VI (alte Folge XXV), S. 74—91.

Pütter, Begriff und Wesen des praktischen europäischen Völkerrechts in den Beiträgen zur Völkerrechtsgeschichte und Wissenschaft. Leipzig 1843.

Quinctilianus, Institutionis oratoriae libri XII, rec. Bonnel. Leipzig, vol. I 1884; vol. II 1889.

Ders., Declamationes XIX majores, edid. Lehnert. Leipzig 1905, declam. 244—388, recitavit Ritter. Leipzig 1814.

van der Ramhorst, Dissertatio ad leg. 5, Cod. ad. leg. Jul. maj. (Jahreszahl und Ort nicht feststellbar).

Ranke, Weltgeschichte, II. T. Leipzig 1882.

Rehm, Allgemeine Staatslehre. Freiburg i. B. 1899.

Ders., Geschichte der Staatsrechtswissenschaft. Freiburg und Leipzig 1896.

Rein, Das Kriminalrecht der Römer von Romulus bis auf Justinianus. Leipzig 1844.

Reut, Dissertatio juridica de majestate in persona ministri ex odio privato laesa. Lipsiae 1745.

Riemstyk, De crimine, quod vulgo laesae majestatis dicitur. Utrecht 1807.

Rivier, Lehrbuch des Völkerrechts. Stuttgart 1899.

Robortellus, Franciscus Utinensis, De judiciis et omni consuetudine causas agendi apud Romanos, im Thesaurus antiquitatum Romanarum congestus a Graevio, Lugd. Bat. 1696, S. 13ff.

Rosshirt, Lehrbuch des Kriminalrechts, nach den Quellen des gemeinen deutschen Rechts und mit besonderer Rücksicht auf die Darstellung des römischen Kriminalrechts. Heidelberg 1821.

Ders., Über Hochverrat und über die angrenzenden Verbrechen, im Neuen Arch. d. Krim. Rechts, Bd. IX, 1. Stück. Halle 1826, S. 140ff.

Rubino, Untersuchungen über römische Verfassung und Geschichte. Cassel 1839.

Rudorff, Römische Rechtsgeschichte, 2 Bde. Leipzig 1857—1859.

Rüssel, De notione crim. laes. majest. jure naturali definienda. Lipsiae 1819.

Sallustius, Bellum Catilinae; bellum Jugurthinum; ex historiis orationes et epistulae, edid. Eussner. Leipzig 1893.

SAVIGNY, Geschichte des römischen Rechts im Mittelalter, 7 Bände. 1831—1851.
Ders., System des heutigen römischen Rechts, I—VIII. Berlin 1840—1848.
SCHILLER, Die römischen Staats-, Kriegs- und Privataltertümer im Handb. d. klass. Altertumswissenschaft, herausgeg. von MÜLLER, Bd. IV. Nördlingen 1887.
Ders., Geschichte der römischen Kaiserzeit, 2 Bde. Gotha 1883 u. 1887.
SCHILTER, Praxis juris Romani in foro Germanico juxta ordinem edicti perpetui, tom. I—III, ed. 3. Francof. et Lips. 1713.
SCHLEIERMACHER, PLATONS Werke, T. III, Bd. I, Der Staat. Berlin 1828.
SCHLOSSER, Weltgeschichte, Bd. I—IV, 10. Aufl. Oberhausen und Leipzig 1870/72.
SCHMALZ, Handbuch der Rechtsphilosophie. Halle 1807.
SCHMIDT, Allgemeine Staatslehre. Leipzig; Bd. I 1901, Bd. II 1903.
SCHMIDT, Der Staat. Eine öffentl.-rechtl. Studie. In den staats- und völkerrechtl. Abhdlgn., herausgeg. von JELLINEK und MEYER, Bd. I, Heft 6. Leipzig 1896.
SCHOLLENBERGER, Das Bundesstaatsrecht der Schweiz. Geschichte und System. Berlin 1902.
SCHÖMANN, Griechische Altertümer, I u. II, 3. Aufl. 1873.
Ders., siehe MEIER.
SCHOTT, Abhandlung über das Verbrechen der beleidigten Majestät überhaupt und dessen Bestrafung. Tübingen 1797.
SCHRADER, Sprachvergleichung und Urgeschichte, 2. Aufl. Jena 1890.
Ders., Indogermanisches Reallexikon. 1901.
SCHRÖDER, Deutsche Rechtsgeschichte, 4. Aufl. Leipzig 1902.
SCHULDINGIUS, Jurisprudentia vetus antejust., Lugd. Bat. 1717; neue Ausg. von AYRER. Lips. 1737.
SCHULIN, Lehrbuch der Geschichte des römischen Rechts. Stuttgart 1889.
Ders., Das griechische Testament verglichen mit dem römischen. Basel 1882.
SCHULZE, Lehrbuch des deutschen Staatsrechts, I. 1881, II. 1886.
SCHÜTZE, Lehrbuch des deutschen Strafrechts, 2. Aufl. Leipzig 1874.
SCHWEGLER, Römische Geschichte im Zeitalter der Könige, I., Abt. 1 u. 2 Tübingen 1853; II., erste Hälfte 1856.
SCHWEPPE, Römische Rechtsgeschichte und Rechtsaltertümer mit erster vollständiger Rücksicht auf GAIUS und die vatikanischen Fragmente, Aufl. 3 von GRÜNDLER. Göttingen 1832.
SEECK, Kaiser Augustus. Monographien zur Weltgeschichte, Bd. XVII. Bielefeld, Leipzig 1902.
SEIDLER, Das juristische Kriterium des Staats. Wien, Tübingen 1905.
SELL, Die recuperatio der Römer. Braunschweig 1837.
SENECA, Controversiae, herausgeg. von J. FR. GRONOVIUS zu Leyden 1649, in SCHWEIGERS Handb. d. klass. Bibliographie II, 2, S. 904ff.

SENECA, L. ANNAEUS, De beneficiis libri VII; de clementia libri II, edid. HOSIUS. Leipzig 1900.

Ders., Oratorum et rhetorum sententiae divisiones colores, rec. ADOLF KIESSLING. Leipzig 1872.

Ders., Dialogorum libri XII, herausgeg. von HERMES. Leipzig 1905.

SERVIUS Grammaticus, In Vergilii carmina commentarii, vol. I, II, III, rec. THILO. Leipzig 1881—1902.

SIGONIUS, Fasti consulares ac triumphales ac triumphi acti a Romulo rege usque ad Ti. Caesarem. Basel 1559.

SPANGENBERG, Juris Romani tabulae negotiorum sollemnium. Lipsiae 1822.

Spartianus Aelius in: Scriptores historiae Augustae von PETER. Leipzig 1884, Bd. I, S. 1ff., 127ff.

STAMMLER, Wesen des Rechts und der Rechtswissenschaft in der syst. Rechtswissensch. S. 1ff. (Die Kultur der Gegenwart, II, 8.)

STEINMETZ, De perduellionis crimine. Groning. 1821.

STOERK, Zur Methodik des öffentlichen Rechts. Wien 1885.

STREBEL, Dissertatio juris criminalis exhibens commendationem succinctam in legem unic. Cod. „Si quis imperatori maledixerit". Jena 1719.

SUETONIUS, Duodecim Caesares et minora quae supersunt opera, Baumgartenii-Crusii comment., ex curs. Ernestii et annotationibus variorum novisque illustr. K. BENEDICT. HASE. Parisiis 1828.

Ders., Textausgabe von ROTH. Leipzig 1891/93.

TACITI historiarum libri, edid. HALM. Lipsiae 1887.

Ders., Libri ab excessu Divi Augusti. Ausgabe von DRÄGER. Leipzig 1868 (ohne Zusatz: „Annalen" zit.).

TAUST, Iustitiae divinae vestigia in vindicando crimine laesae majestatis consectatus. Halae-Magdeburg 1772.

Thesaurus juris Romani continens rariora meliorum interpretum opuscula etc., tom. I, Lugd. Batav. 1725, tom. II 1726, tom. III 1727, tom. V 1735.

ULLMANN, Völkerrecht im Handb. d. öffentl. Rechtes, Bd. I, Allgem. T., 2. Halbbd., II. Abt., 2. Aufl. Freiburg i. B. 1898.

Valerii Maximi factorum et dictorum memorabilium libri IX. Cum Julii Paridis et Januarii Nepotiani epitomis, herausgegeben von KÄMPF. Leipzig 1888.

VANIČEK, Griechisch-lateinisches etymologisches Wörterbuch, Bd. I und II, Leipzig 1877.

Ders., Fremdwörter im Griechischen und Lateinischen. Leipzig 1878.

VARRO, siehe BRUNS, pars posterior.

Vegeti Flavi Renati epitoma rei militaris, herausgeg. von LANG. Leipzig 1885.

Velleius Paterculus ed. HALM 1876.

VERGILII Aeneis rec. RIBBECK. Lipsiae 1891.

VICTOR, De viris illustribus urbis Romae. Mit Kommentar und Wörterb. nebst Beitr. zur Textkritik von KEIL. Breslau 1872.

VIEHOFF, Handbuch der deutschen Nationalliteratur, 3 Teile, 20. Aufl. Braunschweig 1887.

Vitruvii de architectura libri X, edid. ROSE. Leipzig 1899.

Vocabularium jurisprudentiae Romanae jussu instituti Savignyani, tom. I. Berlin 1903.

VOCKESTAERT, De Corn. Sulla legislatore. Lugd. Batav. 1816.

VOIGT, Das jus naturale aequum et bonum und jus gentium der Römer, 4 Bde. 1856/75.

Ders., Die Zwölf Tafeln. Leipzig 1883.

Vopiscus Flavius in den Script. hist. August. von PETER. Leipzig 1884. Bd. II, S. 148ff.

WÄCHTER, Lehrbuch des römisch-teutschen Strafrechts. Stuttgart, I. T. 1825, II. T. 1826.

WALTER, Geschichte des römischen Rechts bis Justinian. 2 Bde., 3. Aufl. 1860/61.

WARD, Inquiry into the foundation and history of the law of nations in Europe, from the time of the Greeks and Romans to the age of H. GROTIUS. London 1795.

WEBER, Allgemeine Weltgeschichte, 2. Aufl., III u. IV. Leipzig 1883.

WEISKES Rechtslexikon.

WEISKE, Hochverrat und Majestätsverbrechen, das crimen majestatis der Römer. Leipzig 1836.

WHEATON, Histoire des progrès du droit des gens depuis la paix de Westphalie. Leipzig 1841.

WILLEMS, Le droit public romain depuis l'origine de Rome jusqu'à Constantin le Grand ou les antiquités romaines. Louvain, Paris, Bonn 1872; 5. Aufl. 1883.

WINTER, Das Majestätsverbrechen. Berlin 1815.

DE WITTE, Dissertatio de crimine majestatis. 1754.

WUNDT, Allgemeine Logik und Erkenntnistheorie. 3. Aufl. Stuttgart 1906.

ZACHARIAE, Über den Versuch des Verbrechens des Hochverrats im Archiv des Kriminalrechts, neue Folge, Jahrg. 1838, S. 221ff., S. 344ff. und S. 532ff.

ZACHARIAE VON LINGENTHAL, Jus Graeco-Romanum. Leipzig 1856/70.

Zeitschrift für vergleichende Rechtswissenschaft.

Zeitschrift für die gesamte Strafrechtswissenschaft.

ZIRKLER, Die gemeinrechtliche Lehre vom Majestätsverbrechen und Hochverrat aus den Quellen entwickelt, 2. Ausg. Stuttgart 1838. — Beurteilung dieser Schrift im Archiv des Kriminalrechts, neue Folge, Jahrgang 1837, S. 164—169.

ZOELLER, Latium und Rom. Leipzig 1878.

ZOEPFL, Grundsätze des allgemeinen und deutschen Staatsrechts, I., 4. Ausg. Heidelberg und Leipzig 1855.

ZONARAS, Epitome historiarum I—VI, edid. DINDORF. Leipzig 1868/75.

Zumpt, Studia Romana sive de selectis antiquitatum Romanarum capitibus commentationes IV. Berolini 1859.

Ders., Über die tribunizische Gewalt der römischen Kaiser. In den Verhandlungen der 18. Versammlung deutscher Philologen, Schulmänner und Orientalisten in Wien. Wien 1859.

Ders., Die Schwurgerichte der römischen Republik, I. Abt. bis zur Sullanischen Gesetzgebung. Berlin 1868.

Ders., Die Beamten- und Volksgerichte der römischen Republik, I. Abt. bis zur Gesetzgebung der XII T.; II. Abt. seit der Gesetzgebung der XII T. Berlin 1865.

§ 1.

Einleitung.

. . . Aber wenn wir finden, daß dieses also war, so fragen wir die Bücher, die uns geblieben sind, mindestens umsonst, wie dieses also geworden ist. Sie geben darauf so wenig eine Antwort, wie die Überlieferung der früheren Republik die gewaltige Erscheinung des Rom erklärt, welches in Alexanders Spuren die Welt unterwarf und zivilisierte.

MOMMSEN.

Der Staat ist eine geschichtliche Erscheinung, eine Tatsache. Jedes geschichtliche Gebilde ist das Produkt seiner Zeit; wie dieses ein ewiges Werden und Vergehen, ein Auf und Nieder in der Entwickelungsgeschichte der Menschheit bedeutet, so ist auch der Staat eine dauerndem Wandel unterworfene Schöpfung irdischen Seins. Und doch begreifen wir, wenn wir in empirischer Betrachtungsweise das Wesen des Staates zu erfassen suchen, den historischen Bildungsprozeß nicht etwa als ein Wirrnis zusammenhangslos aneinander gereihter Daten von mehr oder minder großer geschichtlicher und politischer Bedeutung, sondern vielmehr, wie gesagt, als einen Prozeß, als eine Genesis logischer Erscheinungsformen. Wir forschen nach den individuellen Merkmalen, die — das Spiegelbild des Charakters der einzelnen Völker — auch ihre Staatsformen unverkennbar zeichnen, und wir finden sie. Sie sind der ruhende Pol, der den Stürmen der Zeit trotzt und jede staatliche Neugestaltung, jede Umbildung in letzter Linie zurückführt auf eine einheitliche, geradezu ewige Idee, die den bestimmten Staatstypus prägt.

Der römische Staat ist hierfür nur ein Beispiel unter vielen, aber vielleicht das treffendste. In der legendaren Zeit der Königsherrschaft, in der leidenschaftlichen Ära der fehdereichen Republik und in der glorienumwobenen Epoche des sich verzehrenden Kaisertums, niemals hat das römische Gemeinwesen jenen großen Gedanken verloren oder gar verleugnet, der unverrückbar und fest die Bausteine für dieses großartigste Weltengebäude fügte: „Trotz der wandelnden Formen steht es fest, so lange es eine römische Gemeinde gibt, daß der Beamte unbedingt befiehlt, daß der Rat der Alten die höchste Autorität im Staate ist und daß jede Ausnahmebestimmung der Sanktionierung des Souveräns bedarf, d. h. der Volksgemeinde!"[1]

Das typische Merkmal der römischen Staatsformen, die bis zur Vollendung gesteigerte Einheit der inneren Gestaltung ist uns der Majestätsgedanke. Ihm begegnen wir im Sakralrecht und im Völkerrecht, im Staats- und im Strafrecht gleichermaßen.

Die Äußerungsformen dieser gewaltigen Idee, ihre Gewandung und ihren kernigen Inhalt darzulegen, das soll den Gegenstand dieser Abhandlung bilden.[2]

---

[1] Mommsen, Röm. Gesch. I S. 81.

[2] Hinsichtlich der Anlage sei folgendes bemerkt: Die Zurückführung des gesamten römischen Verfassungslebens auf eine einheitliche fundamentale Idee ist ein zur Aufgabe gestellter Stoff, der einer scharf umrissenen Abgrenzung ermangelt. Die Tendenz der Arbeit ist, eher weiter zu gehen, als durch Beschränkung des zu behandelnden Gebietes den freien Blick zu beeinträchtigen. Handelt es sich doch nicht um die Führung eines mathematischen Beweises, sondern vielmehr um die systematische Induktion eines staatsrechtlichen Axioms. Deshalb sind die sakralrechtlichen und namentlich die völkerrechtlichen Erörterungen, ohne natürlich erschöpfend zu sein, mit größerer Ausführlichkeit gepflegt worden. Sie sowohl, wie die sakralrechtlichen Darlegungen sind jedoch nur Teile eines Ganzen, des „Staatsrechts" im weitesten Sinne, wie ja eine Trennung, die hier aus Gründen der Einteilung geboten erschien, dem römischen Recht Gewalt antut; es ist ein durchaus einheitliches Recht und will als solches behandelt sein. Daher rechtfertigt sich denn die Verwendung des Wortes „Staatsrecht" im Thema der Arbeit.

Die Quellenbelege waren nicht als toter Ballast und Beweismaterial gedacht, sondern als lebendige Unterstützung und als bestes Mittel zum Verständnis des Textes. Sie sind deshalb meist ausführlicher niedergelegt worden, als es der Umfang dieser Schrift eigentlich gestattet. Bisweilen allerdings wird der Leser nicht umhin können, die zitierte Stelle im Zusammenhange, im Originale nachzuprüfen. Dort endlich, wo die römischen Rechtsverhältnisse nur mittelbar zur Erhärtung unserer Behauptungen herangezogen sind, haben wir von ausgiebigem Quellennachweis (so namentlich im völkerrechtlichen Teil) Abstand nehmen zu dürfen geglaubt.

Erster Teil.

Die majestas im Staatsrecht.

Erstes Kapitel.

§ 2.

Das Wort majestas.

„Es ist eine hoffnungslose Aufgabe," sagt MOMMSEN,[1] „bei einem Worte wie «sacrosanctus», das recht dazu geschaffen ist, sich da einzustellen, wo Begriffe fehlen, unklarem Gerede ein Ziel zu setzen." Das gilt mit nicht geringerem Recht von dem Worte „majestas". Es ist niemals ernstlich versucht worden, weder in den Zeiten der Republik, noch später, zur Zeit der Blüte des Cäsarentums, die Vokabel „majestas", deren Ehrfurcht gebietender Klang nur zu leicht über die wahre innere Bedeutung hinwegzutäuschen vermochte, in die festbegrenzten Formen juristischer Formulierung umzugießen.

Die Untersuchung hat ihren Ausgang zu nehmen von der Etymologie der Vokabel „majestas". Wir verstehen unter „majestas" den Zustand des „majorem esse"[2] und die durch diesen Zustand geschaffene Überlegenheit vor anderen,[3] wie „potestas" den Zustand des „potiorem esse" zum Ausdruck bringt.[4] MOMMSEN[5] betont ausdrücklich, „majestas" bezeichne die Höherstellung, die von dem Geringeren Rücksicht heischende Überordnung; nicht etwa die höhere Macht,[6] vielmehr das größere Ansehen. Freilich

---

[1] Staatsrecht II, 1 S. 290 Anm. 2.

[2] Schon SCHMALZ sagt II, c. 3 S. 39: Denn so wie bei sichtbaren Dingen die Substantiven das Urwort zu sein pflegen, von dem etwa Adjektiven abstammen, so ist bei nicht sinnlichen Gegenständen gemeinhin das Adjektiv Urwort und das Substantiv abgestammt.

[3] Wörtlich: Der Zustand des Größerseins; „majestas a magnitudine dicta" PAUL. Diac. MÜLLER S. 136, s. REIN S. 504; desgl. Festus v. majestas.

[4] MOMMSEN, Strafr. S. 538 Anm. 2; KNITSCHKY S. 35; WEISKE S. 33 ff.

[5] a. a. O.

[6] Das ist rein etymologisch zutreffend; aber schon KNITSCHKY — a. a. O. — hat, wie gezeigt werden wird, recht, wenn er die „majestas", übertragen

aus den Elementen des Wortes ist dies nicht zu folgern. Es ist von vornherein darauf hinzuweisen, daß man eine Vorstellung von dem Wesen des Majestätsbegriffs, wenn es einen solchen überhaupt gibt, nur aus den bestimmten Wendungen erhalten kann, in denen „majestas" gebraucht wird, aus den Verbindungen, die der bloßen Vokabel — in ihrer Nacktheit ist „majestas" nichts anderes — erst das charakteristische Gepräge verleihen. Schon daraus ist ersichtlich, daß wir uns unter „majestas" nicht etwas Starres, Unveränderliches zu denken haben;[1] die Mannigfaltigkeit der Verbindungen bedingt im Vorstellungskreise der Römer auch eine Verschiedenheit des Begriffes selbst.

Solche Verbindungen[2] nun sind:

1. „majestas deorum"[3] („templi").
2. „majestas populi Romani" (Romani nominis).[4]

---

auf den Staat, mit der Machtstellung identifiziert, welche die Staatsgewalt nach innen wie nach außen tatsächlich besitzt.

[1] Weiske S. 35.

[2] Es können an dieser Stelle aus der übergroßen Zahl nur die wichtigsten zusammengestellt werden. Vgl. zu dem Ganzen: Dirksen, Manuale, S. 560/1.

[3] Livius I, 53, 3: Concepit animo eam amplitudinem Jovis templi, quae digna . . . ipsius etiam loci majestate esset; XXII, 3, 4: Consul ferox ab consulatu priori et non modo legum aut patrum majestatis, sed ne deorum quidem satis metuens. — Cicero, de div., I, 38, 82: Si sunt di neque ante declarant hominibus, quae futura sint . . . aut non censent esse suae majestatis praesignificare hominibus, quae sunt futura . . .; . . . neque hoc alienum ducunt majestate sua (nihil est enim beneficentia praestantius) etc.; de nat. deor. II, 30, 77: At et ignorantia rerum aliena naturae deorum est, et sustinendi muneris propter imbecillitatem difficultas minime cadit in majestatem deorum. — Quinctilian III, 7, 7 (Inst. orat.): Verum in deis generaliter primum majestatem ipsius eorum naturae venerabimur, deinde . . . — Macrob. Sat. I, 12, 18: Sed Piso uxorem Vulcani Majestam non Majam dicit vocari. — Ovid, Met. II, 847:

Non bene conveniunt nec in una sede morantur
Majestas et amor.

IV, 540: Annuit oranti Neptunus et abstulit illis
Quod mortale fuit, majestatemque verendam
Imposuit . . .

Ferner: l. 32 § 4 Dig. IV, 8; l. 1 pr. Cod. I, 1.

[4] Cicero, orat. part. XXX, 105: Majestas est in imperii atque in nominis populi Romani dignitate, . . .; de or. II, 39, 164: Si majestas est

3. Die besonders staatsrechtlich zu beachtende Wendung: „majestatem populi Romani comiter conservanto“.[1]

amplitudo ac dignitas civitatis, . . .; Philipp. I, 9, 21: qui majestatem populi Romani minuerit . . .! Philipp. III, 5, 13: Tantus autem est consensus municipiorum coloniarumque provinciae Galliae, ut omnes ad auctoritatem huius ordinis majestatemque populi Romani defendendam conspirasse videantur. (Man achte hier auf die strenge Gegenüberstellung von „majestas populi“ und „auctoritas senatus“. Ähnlich auch CICERO, de leg. III, 12, 27, wo „potestas“ = „majestas“ gesetzt und der „auctoritas“ gegenüber gestellt wird. Identifiziert werden die Begriffe bei LIVIUS IV, 2, 4: Reminiscerentur quam majestatem senatus ipsi a patribus accepissent . . .; XXII, 3, 4 s. o. S. 4 Anm. 3. — FLOR. I, 5: Hic et senatus majestatem numero ampliavit. — PLINIUS, ep. VIII, 6, 4: Erat enim contra majestatem senatus, si ferreis praetorius uteretur. — VOP.: Prob. XI, 3: Atque utinam id etiam Florianus exspectare voluisset, nec velut hereditarium sibi vendicasset imperium, vel illum, vel alium quempiam majestas vestra fecisset.) Ferner CICERO, de inv. II, 17, 53: Majestatem minuere est de dignitate aut amplitudine aut potestate populi aut eorum, quibus populus potestatem dedit, aliquid derogare; Pro Rab. perd. VII, 20: Fit senatus consultum, ut . . . operam . . . darent, ut imperium populi Romani majestasque conservaretur; Ad Her. II, 12, 17: Cum definitione utemur, primum adferemus brevem vocabuli definitionem, hoc modo: „Majestatem is minuit, qui ea tollit, ex quibus rebus civitatis amplitudo constat . . . magistratus, suffragia . . ., qui amplitudinem civitatis detrimento afficit. — QUINCTILIAN VII, 3, 35: Majestas est in imperio atque in omni populi Romani dignitate. — CAESAR, bell. Gallic. VII, 17: Nulla tamen vox est ab iis audita populi Romani majestate . . . indigna; bell. Alex. c. 34. LIVIUS XXVI, 31, 1: „Non a deo inquit majestatis populi Romani imperiique huius oblitus sum, ut . . .; II, 7, 7: . . . confessionemque factam populi, quam consulis majestatem vimque majorem esse; II, 48, 8: Auctores sumus tutam ibi majestatem Romani nominis fore. Ferner siehe l. 7 § 1 Dig. XLIX, 15; l. 1 § 1 Dig. XXXXVIII, 4; l. 3 eod.; l. 8 eod.; l. 11 eod.

[1] LIVIUS XXXVIII, 11, 1: „conditiones pacis fuerunt autem hae“: „Imperium majestatemque populi Romani gens Aetolorum conservato sive dolo malo!“ CICERO, Pro Balbo XVI, 35: Adjunctum illud etiam est, quod non est in omnibus foederibus: „majestatem populi Romani comiter conservanto“. Id habet hanc vim, ut sint illi in foedere inferiores . . . cum alterius populi majestas conservari jubetur, de altero siletur, certe ille populus in superiore conditione causaque ponitur, cuius majestas foederis sanctione defenditur. — Pro Rab. perd. VII, 20: s. o. S. 4 Anm. 4. — l. 7, § 1 Dig. XLIX, 15: Liber autem populus est is, qui nullius alterius populi potestati est subjectus; sive is foederatus est item, sive aequo foedere in amicitiam venit, sive foedere comprehensum est, ut is populus alterius

4. „majestas patris" (s. paterna).[1]

5. „majestas magistratus, imperii, consulis, praetoris, tribunicia" etc.[2].

6. „majestas principis" (Caesaris).[3]

---

populi majestatem comiter conservaret. hoc enim adjicitur, ut intellegatur alterum populum superiorem esse, non ut intellegatur alterum non esse liberum: et quemadmodum clientes nostros intellegimus liberos esse, etiamsi neque auctoritate neque dignitate neque viri boni nobis praesunt, sic eos, qui majestatem nostram comiter conservare debent, liberos esse intellegendum est u. a. m.

[1] Vell. Pat. I, 10, 3: Ex iis duos natu majores, unum P. Scipioni P. Africani filio nihil ex paterna majestate praeter speciem nominis vigoremque eloquentiae retinenti etc. — Livius IV, 45, 8: „Quando nec ordinis huius ulla", inquit, „nec rei publicae est verecundia, patria majestas altercationem istam dirimet: filius meus extra sortem urbi praeerit . . .!"; VIII, 7, 8 und 15: oblitus itaque imperii consulumque edicti . . . „quandoque . . . tu . . . neque imperium consulare neque majestatem patriam veritus adversus edictum nostrum extra ordinem in hostem pugnasti . . .". Man achte hier auf die teilweise Identifizierung (§ 8) und Gegenüberstellung (§ 15) von „imperium" und „majestas". — Quinct., declam. 376: Interim noli mihi patriam majestatem opponere. — Val. Max. VII, 7, 5: movit profecto Pisonem patria majestas, donum vitae, beneficium educationis etc.

[2] Livius II, 57, 3: Ab Appio petitur, ut tantum consularem majestatem esse vellet, quanta esse in concordi civitate posset; IV, 14, 2: . . . quod bellum repens aut dictatoriam majestatem . . . quaesisset . . .; II, 55, 9: huic tantae tempestati cum se consules obtulissent, facile experti sunt, parum tutam majestatem, sine viribus esse; II, 7, 7, s. o. S. 5 Anm. 4 zu S. 4. — Cicero in Pis. XI, 24: Magnum nomen est, magna species, magna dignitas, magna majestas consulis; Phil. XIII, 9, 20: . . . neque consulis designati majestas a parricidio deterreret . . . Siehe ferner: In Anton. XIII, 9; in Verrem II, 1, 33; ad fam. XV, 5 u. XII, 15, 2 (s. u.). — Sueton, Tib. 30: Quin etiam speciem libertatis quantam induxit, conservatis senatui ac magistratibus et majestate pristina et potestate. — Livius XXVIII, 27, 12: . . . quid adversus summi imperii majestatem ausi sitis. — l. 11, Dig. I, 1; l. 9, Dig. II, 1; Asconius in Corn. etc. etc.

[3] Sueton, August. 25: . . . ambitiosius id existimans, quam aut ratio militaris, aut temporum quies, aut sua domusque suae majestas postularet; Vesp. 7: Auctoritas et quasi majestas quaedam ut scilicet inopinato et adhuc novo principi deerat; haec quoque accessit etc.; Domit. 12: Satis erat, objici qualecunque factum dictumve adversus majestatem principis. — Horaz, Epist. II, 1 v. 258:

. . . sed neque parvum
Carmen majestas recipit tua, . . . —

7. Verbindungen allgemeiner Natur.[1]

Wir werden uns nun fragen müssen, geben uns derartige Verbindungen, wie sie aus den angeführten Stellen ersichtlich sind, irgend einen Anhalt für die Behauptung, daß sich die Römer unter „majestas" etwas rechtlich Bedeutsames, Charakteristisches vorgestellt haben; berechtigen sie uns zu der Annahme eines bestimmten, bewußt gebrauchten Begriffes, der die besonders geartete Qualität des Subjektes, dem die „majestas" eignet, rechtlich wiedergeben soll, oder haben wir es hier wirklich nur mit juristisch inhaltslosen Phrasierungen zu tun, denen nachzuforschen der Jurist kein Interesse haben kann. Da lehrt nun in erster Linie die Betrachtung des römischen Strafrechts, daß

TREB. POLLIO: Galien. XIV, 11: Constat de genere, non satis tamen constat de dignitate vel, ut coeperunt alii loqui, de majestate. — l. 7 § 3 Dig. XLVIII, 4; l. 7 Cod. IX, 8; l. 1 Cod. IX, 61; l. un. Cod. X, 5; l. 1 Cod. II, 16; l. 4 Cod. X, 1.

[1] 1. Die „majestas", die den Charakterstolz, die Mannestugenden, ja Eigenschaften des Römers allgemein umfaßt, in zahlreichen Wendungen wie „nostra (l. un. Cod. de thes. X, 5), vestra majestas (z. B. SALLUST, Jug. XXXI, 9: ... itaque postremo leges majestas vostra divina et humana omnia hostibus tradita sunt. — VOP. PROB. XI, 3 s. o. S. 5 Anm. 4 zu S. 4)". PHAEDR. fab. II, 5, 53: Tum sic jocata est, tanta majestas duci. LIVIUS IX, 10, 7 ff.: Progressi fetiales ubi ad portam venere, vestem detrahi pacis sponsoribus jubent, manus post tergum vinciri. Cum apparitur verecundia majestatis Postumi laxe vinciret: ... — PLINIUS, Hist. nat. IX, 60; JUSTINIUS, Hist. Phil. X, 2; VAL. MAXIMUS, VII, 7.

2. „majestas" = Konstitution, Grundgesetze. SALLUST, Jug. XXXI, 17: majores vostri parandi juris et majestatis constituendae gratia bis per secessionem armati Aventinum occupavere. — „majestas legum": LIVIUS XXII, 3, 4, s. o. S. 4 Anm. 4. „majestas juris": CICERO, Ep. ad fam. XII, 15, 2: Quam indignitatem deminutionemque majestatis non solum juris nostri, sed etiam imperii populique Romani.

3. „majestas regia". CAESAR, bell. civ. III, 106, 4: In hoc omnis multitudo majestatem regiam minui praedicabat.

4. „majestatis judicium". l. 20 Dig. XLVIII, 2; vindicta majestatis, l. 33 Dig. XLVII, 10; imperatoria majestas s. z. B. JUSTIN., prooem. der Institut.

5. „majestas" des Kapitols, des Tempels, der Berge, der Stadt, ja sogar der Kinder (JUVENAL, Satyr. XI v. 106; VITRUV. POLLIO, de archit., II, 18, 17; LIVIUS I, 53; VARRO, de re rust. II, 5).

6. „majestas aetatis ac dignitatis", GELLIUS XVIII, 3.

in den Zeiten der späten Republik, vornehmlich aber in der Kaiserzeit die „majestas“ in der Form des „crimen majestatis“ (crimen laesae-imminutae majestatis) bestimmt juristisch fixiert worden und zu einem Verbrechensbegriff gesetzesmäßig erhoben worden ist. Aber damit ist die begriffsmäßige Verwendung nicht erschöpft. Sie tritt unverkennbar auch auf dem Gebiete des römischen Staatsrechts zutage, wenn man auch nicht verkennen darf, daß die praktische Verwirklichung des Majestätsgedankens lediglich strafrechtlicher Natur gewesen ist.

Daher ist es denn nur natürlich, daß man im Anschluß an die Gestaltung der Majestätsidee während der Kaiserzeit und der Periode des absoluten Cäsarentums, in der gerade das „crimen majestatis“ eine ungeheuere Geltung erlangte — es war eine politisch wirksame Waffe in der Hand des launenhaften Despoten —, den Majestätsgedanken immer nur vom strafrechtlichen Standpunkte aus erfaßte, ohne sich zu fragen, ob nicht Wurzeln und Ursprung anderwärts zu suchen seien. Auffallend ist es jedenfalls, wenn man sich bei dem Studium dieses Deliktes immer mit der Tatsache abfand, daß das „crimen majestatis“ die Rechtsnachfolge der alten „perduellio“ angetreten habe, erst relativ spät, etwa um 150 v. Chr., plötzlich geprägt worden sei, obgleich bei näherer Prüfung ein sachlicher Unterschied zwischen perduellio und crimen majestatis nicht zu konstruieren ist, die Unterscheidung auch jeder quellenmäßigen Unterstützung entbehrt.[1] Wenn man es für überflüssig gehalten hat, wenigstens den Versuch zu wagen, dem eigentlichen Wesen der „majestas“ auf den Grund zu spüren, den Majestätsgedanken als solchen nicht bloß kriminell zu erfassen, so konnte dies für das Verständnis auch des strafrechtlichen Begriffes nicht gerade von Nutzen sein. Und dies um so mehr, als schon rein äußerlich Verbindungen wie „majestatem populi Romani comiter conservanto“, „majestas deorum, patris“ etc. auf ganz andere Seiten dieses Begriffes hinzudeuten scheinen. MOMMSEN hat vielleicht zum ersten Male die nicht bloß strafrechtliche Bedeutung der „majestas“ er-

[1] Diese Frage wird unten des näheren behandelt; es mag genügen, hier darauf hinzuweisen.

kannt,[1] besonders betont hat er allerdings den zwiefachen Charakter des Majestätsbegriffes nirgends.

Wann sich die Römer zum ersten Male eines charakteristischen, bestimmten Wertes des Ausdruckes „majestas“, insbesondere in einer der späterhin so geläufigen Wendungen bewußt geworden sind, und wann sie ihn zuerst als terminus technicus geprägt haben, ist in Ermangelung jeder ernsthaften Überlieferung schwer zu sagen. Dazu kommt, daß die Römer infolge ihrer tiefwurzelnden Abneigung vor jeglicher Abstraktion strengen, präzisen Definitionen abhold waren. Bedenkt man, daß es sich um einen Begriff des öffentlichen Rechts handelt, das von den Römern erst relativ spät und im Verhältnis zum Privatrecht wissenschaftlich doch nur mittelmäßig und oberflächlich bearbeitet worden ist, so werden wir die Schwierigkeit begreifen, auch nur Anhaltspunkte für die von uns gesuchten Resultate zu finden. — Man hat sich nun bei Gelegenheit der Darstellung der strafrechtlichen Seite des Majestätsbegriffs bezüglich der Frage seines Ursprungs, seines Alters und seiner Entstehung auf die römischen Schriftsteller quellenmäßig berufen.[2] Aber die Zeit ist längst vorüber, in der man die Überlieferung, namentlich die sogenannten Klassiker, autoritativ zur Grundlage für die Beurteilung ebenso historischer, wie rechtsbedeutsamer Verhältnisse gemacht hat.[3] Die Erkenntnis hat sich durchgerungen, daß nur bei vorsichtiger, skeptischer Benutzung des überkommenen Materials der Forscher, der die Antike mit modernem Maße messen will, zu einem frucht-

---

[1] Dies zeigen seine Ausführungen, Strafrecht S. 538: „In den Strafprozeß ist der Begriff ohne Zweifel gelangt“ usw., und das. Anm. 3 Gesagte; vgl. auch Staatsrecht I S. 669; II, 2 S. 731, 784; III, 1 S. 664 und namentlich 2 S. 1033. Jellinek, Allg. St. S. 284; Kärst S. 84; auch Holtzendorff, Völkerr. I S. 280 bleiben an der Oberfläche.

[2] So vor allem von den neueren Dieck S. 51 ff.; Weiske S. 33 ff.; Rein S. 506 und zahllose andere. Hierauf ist bei der Untersuchung über das Verhältnis der „perduellio“ zum „crimen majestatis“ näher einzugehen.

[3] Die Bedeutung und der Wert der römischen Geschichtsschreibung für die moderne Forschung kann hier nicht näher erörtert werden. Man vergleiche hierzu die zahllosen einschlägigen Werke, bes. Bernhöft § 1—3; Bröker; Lewis; Schwegler (Buch 1 u. 2 u. 21); Niese; Zöller; auch Rein S. 8 ff.

baren Ergebnis gelangen kann. Und was von der römischen Geschichte gilt, gilt in noch viel höherem Grade vom römischen Recht, speziell dem Staatsrecht; denn hier erwachsen ganz besondere Schwierigkeiten. Setzt man den Beginn einer bewußt gepflegten römischen Staatsrechtswissenschaft in den Anfang des 2. Jahrhunderts v. Chr.[1] und zieht man in Betracht, daß für die Forschung verwendbare Literatur historischer[2] und rechtlicher[3] Natur erst 500 Jahre nach Gründung der Stadt aufzutauchen beginnt, so bietet uns dies für die ältesten Zeiten des Königtums und der Republik gar keinen Gewinn. Denn daß die für uns in erster Linie maßgebenden Geschichtswerke der Kaiserzeit an eine fragwürdige und zweifelhafte Überlieferung älterer Zeiten anknüpfen und bei der völligen Veränderung der politischen und sozialen Verhältnisse ein durchaus falsches Bild von den Anfangszuständen geben, ist nachgerade ebensowenig zu leugnen, wie die Tatsache, daß die Römer überhaupt erst sehr spät begonnen haben, öffentlich rechtlich zu abstrahieren. Naturgemäß konnte daher auch von einer Begriffsformulierung erst die Rede sein, als man sich gewöhnt hatte, gewisse konkrete Tatbestände in ein und denselben Vorstellungskreis zu bannen, wozu es einer schon relativ fortgeschrittenen Entwickelung des abstrakten Denkens bedurfte.[4] Die Begriffsformulierung nun ist keineswegs Begriffsentstehung; denn der Begriff ist längst vorhanden, bevor der

---

[1] M. Porcius Cato, 234—149, gilt als erster Theoretiker des Staatsrechts; vgl. Rehn, Gesch. S. 141 ff.

[2] Die ältesten Geschichtsschreiber waren Q. Fabius Pictor und L. Cincius Alimentus, etwa um 200 v. Chr.

[3] Die leges regiae reichen allerdings ins frühe Kindheitsalter Roms hinauf — Livius VI, 1; Dionys II, 24; Pompon l, 2 § 2 Dig. I, 2 —, sie sind aber wirklich nicht mehr als klägliche Bruchstücke, und zwar lediglich sakralrechtlichen Inhalts. Siehe die Zusammenstellung bei Bruns, pars pr. S. 1—15.

[4] Im Ausgange der Republik und zu Beginn der Kaiserzeit erreicht die wissenschaftliche Behandlung staatsrechtlicher Fragen in sehr kurzer Entwickelung ihren Höhepunkt, um ebenso schnell wieder abzuflauen. Rehn, Gesch. S. 153; Bernhöft S. 18. — Zu bedenken ist auch, daß das Staatsrecht im Verhältnis zum Privatrecht für die Abstraktion ein schwieriges und durchaus nicht ebenbürtiges Feld bietet. Störk S. 75.

ihn wiedergebende Laut, das tönende Wort geprägt ist, und es ist jedenfalls irrig, von einem „Begriff" zeitlich erst zu sprechen, wenn eine bestimmte Vokabel gefunden ist, die den entsprechenden konkreten Vorstellungsinhalt veranschaulicht. Der Begriff ist kein spontanes psychologisches Gebilde, sondern das Produkt einer oft langen Reihe bestimmter Denkprozesse. Er steht nicht unvermittelt da, sondern entwickelt sich allmählich und regelmäßig erst auf Grund einer zeitraubenden, psychologisch ereignisvollen Bildungsgeschichte.[1]

Nach alledem sind wir nicht berechtigt, aus der Tatsache, daß erst von den Schriftstellern der späten Republik und der Kaiserzeit über die „majestas" gehandelt wird, auf Alter und Entstehung, ja auf das Wesen des Begriffes überhaupt zu schließen. Es gibt nur einen Weg, der verspricht, zu einem nicht nur rein hypothetischen Resultat zu führen, d. i. die analytische Erklärung aus dem Begriffe selbst heraus. Es wird zu prüfen sein, welches charakteristische Bild sich die Römer von der „majestas" gemacht haben, welcher tiefere einheitliche Gedanke der Majestätsidee zugrunde liegt und welche praktische Verwendung dieser Gedanke im Rechtsleben der Römer gefunden hat.

Zweites Kapitel.

§ 3.

Die sakralrechtliche Majestät.

Es ist unzweifelhaft, daß die Wurzeln der Majestätsidee bis in die Urzeiten der römischen Gemeindeorganisation hinaufreichen, in jene der exakten Forschung noch so gut wie verschlossene Epoche der sakralen Rechtsbildung, bis zu der hinauf wir die Entwickelung jeglichen Rechtslebens der Indogermanen überhaupt verfolgen können. Davon ist zunächst auszugehen, daß bei den Ariern ursprünglich der Rechtsbegriff mit ihrem Götterbegriff als untrennbar vereint erscheint. Das Recht jener Periode wird, soweit es überhaupt einer positiven Gestaltung fähig ist, nicht als menschliche Schöpfung begriffen, sondern als der unmittelbare

[1] S. hierzu Mach S. 124 ff.; Wundt S. 43 ff.

Ausbruch des göttlichen Willens in der Form des Orakels, Vögelfluges und dergl. mehr.[1] Die Regelung der realen Lebensverhältnisse, der Naturordnung, des irdischen Seins und der gesamten Weltorganisation, allgemein dessen, was die Römer mit der „ratio" umfassen, ist das Werk des den Ursprung allen Lebens verkörpernden Gottes. Der Gottesbegriff aber ist wie bei den Ariern, so auch bei den Italikern fundiert in der Personifizierung der unerklärlichen, die höchste Macht verkörpernden Naturgewalt. Die italische Deifizierung nun gipfelt in der Prägung des Zeusbegriffes, des „Jovis pater genitor". Er thront unsichtbar hinter den Wolken auf dem Gipfel des höchsten Berges; das über die Gefilde dahinziehende Ungewitter ist das gerechte Strafgericht für die Übeltaten der frevelnden Menschheit, der durch die Wolken zuckende Blitz der göttliche Rachestrahl, der den Schuldigen trifft, den Unschuldigen warnt.[2] Die Autorität dieses höchsten Gottes ist die seiner Person gezollte „majestas";[3] sie ist den Römern der Sakralrechtsperiode die Quelle allen Rechts, jeglicher Satzung; sie wird zum Ausgangspunkt für das rechtliche Fühlen und Denken des Volkes. Die „Pfadbereiter", „pontifices",[4] die bei den frühesten Wanderungen der Arier zu

[1] Hierzu und zu dem Folgenden vgl. Marquardt III S. 1—120.

[2] Servius, ad Aeneidem III, 12: Cum ambae virgines in templo deorum Lavini simul dormirent et quae minus casta erat fulmine exanimata, alteram nihil senisse. Festus p. 12: Attestata dicebantur fulgura, quae interato fiebant, videlicet significationem priorum attestantia.

[3] Wenn Antonius Contius p. 121 ff. und etliche Schriftsteller des 16. und 17. Jahrh. die Giganten in ihrem Kampfe gegen die Olympier zu Majestätsverbrechern stempeln, so harmoniert das sicherlich mit der uralten Auffassung der Römer von diesem sagenhaften Berichte. Es geht natürlich nicht an, sie als Majestätsverbrecher im Sinne der späteren Gesetzgebung, etwa nach der lex Cornelia majestatis oder nach der lex Julia de majestate hinzustellen; eine solche Antizipation dürfen wir natürlich jenen Schriftstellern nicht nachmachen. — Vgl. hierzu die oben unter „majestas deorum" zitierten Stellen.

[4] Varro, de ling. lat. V, 83; Bruns, pars post. S. 54: Pontifices, ut Scaevola Quintus Pontifex Maxumus dicebat, a posse et facere ut pontifices: ego a ponte arbitror; nam ab his sublicius est factus primum, ut restitutus saepe, quom in eo sacra ut uls et cis Tiberim non mediocri ritu fiant; Festus p. 293 (Thewrewk S. 414).

finden sind und denen das wichtigste Amt, die Vornahme der „sacra“, die Feststellung, ob dem strengen Ritual entsprochen, ob der Pfad wirklich ein „geheiligter“ ist, obliegt,[1] sind von Anbeginn die berufenen Interpreten und Exegeten des göttlichen Willens. Sie sind die Verkünder des „jus sacrum“, sie wahren die göttliche Majestät. So entsteht allmählich unter ihrer Leitung jener gewaltige Komplex sakralen Kultusrechts,[2] das die notwendige Vorbedingung und die wesentliche Grundlage für das sich in logischer Entwickelung aus ihm bildende weltliche Recht ward.[3] Die Gestalt, in der uns das römische Recht in den „XII T.“ entgegentritt, ist, wenn auch seinem innersten Wesen nach losgelöst von dem religiösen Element, doch nicht frei von sakralen Bestandteilen; wir schließen daraus mit Recht, daß es einer wechselreichen Periode sakraler Rechtsbildung bedurfte, um die Emanzipation des Rechtes aus der religiösen Hülle zu erreichen. Der tief eingreifenden Folge dieses allmählichen Übergangs und der Umwertung der rechtlichen Begriffe als einer rechtshistorischen Tatsache sind sich die Römer nicht bewußt geworden. Das, was späterhin als „jus“ *κατ' ἐξοχήν*, weltlich bürgerliches Recht, begriffen wird, führt man zurück auf göttliches Wirken.[4] Noch in spätester Zeit machen die Römer kein Hehl daraus, daß das Recht nicht durch den Willen des Volkes, sondern durch göttliches Walten entstehe.[5] Das zeigt sich evi-

---

[1] Schrader S. 607.

[2] Hierzu gehören die oben erwähnten leges regiae.

[3] Die Bedeutung des römischen Sakralrechts für die ganze Auffassung des weltlichen Rechts ist eine so große, daß es im Rahmen dieser Abhandlung nicht einmal unternommen werden kann, die leitenden Grundgedanken zu präzisieren. Und doch wäre dies eigentlich vonnöten, da der Majestätsgedanke ursprünglich ein rein sakralrechtlicher Begriff gewesen ist, der nach Abstoßung der ritualen Kruste auf das human-weltliche Recht von dauerndem Einfluß geblieben ist. Die Vorstellung von der Majestät des *Ζεύς πατήρ*, die sich bei den Indogermanen durchweg vorfindet, hat einen tieferen Sinn, sie bringt uns die den Völkern schon auf frühester Stufe innewohnende Idee der sittlichen Pflicht am natürlichsten zum Ausdruck. Siehe hierzu Bernhöft 35 ff.; vgl. auch zu dem Ganzen Leist (insbesondere S. 175 ff. und die dort Zitierten).

[4] Siehe hierzu Schrader S. 506.

[5] Vortrefflich sagt Jhering Geist II, 1, S. 59 ff.: „Daß aber die Römer,

dent auf dem Gebiete des öffentlichen Rechts. Wie in Sparta die Lykurgische und in Athen die Polonische Verfassung der Urheberschaft des Delphischen Gottes zugesprochen wird,[1] so wird in Rom die von den Plebejern erkämpfte Konstitution dem Schutze der Götter unterstellt. Es ist bezeichnend, daß nach dieser Vorstellung der die Verfassung verletzende Römer der strafenden Gerechtigkeit der Götter unterlag, denen er zwecks Entsühnung zu opfern war; das wollen die Römer ausdrücken, wenn sie vom „sacer", „sacratus" etc. sprechen; der ganze Gedanke der Sazertät und der sacratio aber basiert auf der Majestätsidee, sie liegt der ursprünglichen Auffassung des vorgeschichtlichen Kriminalrechts zugrunde.

Es kann hier das altrömische Blutschuldrecht nicht ausführlich erörtert werden; es sei aber auf folgendes hingewiesen. Der

---

wenn sie auch den Willen des Volkes als formalen Grund der Gültigkeit der Gesetze bezeichneten und bezeichnen mußten, dennoch nicht diesen Volkswillen, d. h. die Willkür als Prinzip des Rechts ansahen, nicht der Ansicht waren, «daß das Recht erst im Staate durch das Gesetz entstehe», läßt sich bis zur Evidenz nachweisen. Zuerst erinnere ich an das «fas», das in dem Willen der Götter seinen Grund hatte und dem Prinzipe nach der Volkssouveränität eine unüberwindliche Schranke entgegensetzte. Sodann aber: stützte sich nicht auch das «jus», wie alles was im Staate bestand und geschah, wenigstens auf die Zustimmung der Götter, wenn es auch den Willen des Volkes zu seinem Inhalt hatte? Man nenne immerhin die Einholung der Zustimmung der Götter durch die Auspizien eine leere Formalität, durch die das Volk sich in seinem materiellen Wollen nicht beschränkt finden konnte, der Idee nach ist damit wenigstens die Unterordnung des Volkswillens unter den göttlichen anerkannt, und auch in der Praxis hat sich derselbe nicht selten dem durch Zeichen kundgegebenen Willen der Götter fügen müssen. Das ganze erste Buch der Schrift von Cicero über die Gesetze ist der Ausführung des Gedankens gewidmet, daß der bloße Volkswille, wenn auch Form, so doch nicht Prinzip des Rechtes sei (Cicere, de legibus I, 16: Quod si populorum jussis ... jura constituerentur, jus esset latrocinari, jus adulterare ... si haec suffragiis aut scitis multitudinis probarentur. Siehe auch II, 4, 5 eodem), und seine Reden (Cicero, pro Caecina XXXIII; pro Balbo XIII; pro domo XXX) enthalten eine Reihe schwungvoller Ergüsse, in denen er für das Recht des Subjekts gegenüber dem souveränen Volksbelieben in die Schranken tritt." Man vergleiche hierzu auch noch die folgenden Ausführungen Jherings.

[1] Plutarch, Lyk. V, 13.

Ausgangspunkt des Erinys- und Vindictabegriffes, die dem Gewaltherrn („rex", „pater familias") von den Göttern verliehene Autorität („auctoritas dignitasque" d. i. „majestas"), die ihm das Recht zur Vornahme der „animadversio" gewährte,[1] knüpft fraglos an den den Italikern bekannten Begriff des Götterfriedens an. Wie er die Voraussetzung für die Vornahme jeder glücklichen staatlichen Transaktion ist,[2] die man nur „auctoribus diis" vornehmen zu dürfen glaubt,[3] so gilt die Störung desselben als Verletzung der Majestät der deifizierten Persönlichkeit.[4] Auf demselben Boden ist der Gedanke des Gottverfallenseins, der eine allgemeine indogermanische Vorstellung ist, erwachsen. Was bei den Griechen der „ἐναγής" ist,[5] ist bei den Römern der „homo

[1] Gellius, noct. Att. VI (VII), 14: Altera est, quam ii, qui vocabula ista curiosius diviserunt, τιμωρίαν appellant. Ea causa animadvertendi est, cum dignitas auctoritasque („majestas"!) eius, in quem est peccatum, tuenda est, praetermissa animadversio comtemptum eius pariat et honorem levet.

[2] Livius VI, 41: Nunc nos, tamquam jam nihil pace deorum opus sit, omnes caerimonias polluimus; XLII, 2: Cum bellum Macedonicum in exspectatione, priusquam id susciperetur, prodigia expiari pacemque deum peti precationibus, qui editi ex fatalibus libris essent, placuit; VI, 12: Dictator castris eo die positis, postero cum auspicato prodisset hostiaque Caesar pacem deum adorasset, und zahllose andere Stellen.

[3] Livius IX, 14: agentibus divina humanaque, quae adsolent, cum acie dimicandum est ... auspicia secunda esse pullarius nuntiat, litatum praeter ca est egregii: auctoribus diis, ut videtis, ad rem gerendam proficiscimur. Livius X, 40: Consul laetus auspicium egregium esse et deis auctoribus rem gesturos pronuntiat.

[4] Das zeigt sich z. B. beim Tempelraub, der sich als eine Injuriierung der im geheiligten Bezirke: templum — von θέμις und plere (?) — waltenden Gottheit darstellt. Noch spät werden Majestätsverbrechen und „sacrilegium" identifiziert (hierüber siehe Näheres Teil II). Ferner beim Eidesbruch, vgl. Leist a. a. O. S. 229: „si prior defexit publico consilio dolo malo, tum tu, ille Diespater, populum Romanum sic ferito, ut ego hunc porcum hodie feriam tantoque magis ferito, quanto magis potes pollesque;" id ubi dicit, porcum saxo silice percussit....; beim votum, wo die deifizierte Persönlichkeit dem sich Obligierenden am nahesten gegenübersteht (se numinibus obligat) und die Verletzung des der Gottheit geschuldeten Respektes durch die Entsendung der „fulgura postulatoria" gestraft wird; vgl. Zitate bei Leist S. 231.

[5] ἐν αγής ist: der ἐν ἄγει — ἄγει — ὤν; ἄγος ist das den Göttern Verfallensein; so z. B. bei der Kylonischen Blutschuld: Plut., Sol., XII; τὸ Κυλώνειον ἄγος . . . κληθέντες ἐναγκεῖς! vgl. Leist 316, Note e.

sacer". „At homo sacer is est," sagt Festus,[1] „quem populus judicavit ob maleficium; neque fas est eum immolari, sed qui occidit, parricidi non damnatur." Die zu seinem Schutze erlassenen Gesetze sind die „leges sacratae",[2] deren Verletzung das „deis, Jovi sacrum esse" nach sich zieht. In der Sazertät nun berühren sich das älteste geschichtlich erkennbare Straf- und Staatsrecht, deren konkrete Betätigungsformen infolge der noch absoluten Grenzenlosigkeit vielfach ineinander übergehen und sich decken. Auf beiden Gebieten aber ist die geradezu treibende Kraft der noch in der ursprünglichsten Form lebendige Gedanke an die Majestät der Gottheit.

Das Strafrecht zunächst wird von dieser Vorstellung in vollstem Maße beherrscht, es bildet ja ursprünglich einen integrierenden Bestandteil des Sakralrechts.[3] Das gilt einmal von dem gegen das Gemeinwesen begangenen Delikt („perduellio"), dem ältesten und wichtigsten aller Zeiten. Liegt hier der Grund zur peinlichen Ahndung in der notwendigsten aller strafrechtlichen Forderungen, der unbedingten Erhaltung des äußeren und inneren Bestandes der Gemeinde, so kommt in der formellen Gestaltung der Bestrafung die Idee der persönlich strafenden Gottheit klar zum Ausdruck. In der allerältesten Zeit exekutiert sie selbst mit Hilfe des Blitzstrahls; später,[4] da bereits Menschen mit magistratischen Funktionen die Strafe vollstrecken, handeln

---

[1] p. 318 — s. Bruns fontes, pars post. S. 34.

[2] Festus a. a. O. — Bruns, S. 35: Sacratae leges sunt, quibus sanctum est, qui quid adversus eas fecerit, sacer alicui deorum sit cum familia pecuniaque. Sunt qui esse dicant sacratas, quas plebes jurata in monte sacro sciverit. — Livius II, 8, 1, 2: Latae ... leges (a Valerio Poplicola) ... de ... provocatione adversus magistratus ad populum sacrandoque cum bonis capite ejus, qui regni occupandi consilia inisset; III, 55, 7: ... et cum religione inviolatos eos tum lege etiam fecerunt sanciendo, ut qui tribunis plebis ... nocuisset, eius caput Jovi sacrum esset; II, 33, 3: Sunt, qui duos tantum in sacro monte creatos tribunos esse dicant ibique sacratam legem latam. Vgl. noch II, 54, 9; III, 32, 7; V, 11, 3; XXXIX, 5, 2. — Cicero, de legibus II, 7, 18; pro Tullio 47. — Asconius in Corn. p. 75 und andere Stellen mehr. Siehe auch zum Ganzen Danz II S. 187.

[3] Mommsen Strafrecht, S. 6.

[4] Aber jedenfalls noch in vorchristlicher Zeit; Belege aus dem bürgerlichen Strafrecht der geschichtlichen Epoche sind nicht zu finden.

diese auf göttliches Gebot, gehorsam der höchsten aller Pflichten: Die Sakration wird als mit der göttlichen Exekution die magistratische notwendig vereinigend behandelt.[1] Da die Strafe aber die sakrale Entsühnung der Gemeinde bedeutet, für die in ältester Zeit allein die Person des Frevlers in Betracht kommen kann, so ist sie, die regelmäßig Todesstrafe ist, aufzufassen als Opferhandlung, als „religiös-politischer“ Akt von eminenter Bedeutung. Dieser allgemein indogermanische Zug kann nicht zweifelhaft sein; die Vorstellung des unmittelbaren Gegenüberstehens der physischen und deifizierten Persönlichkeit von Mensch und Gott verlangt eben die Hingabe des Schuldigen in die Macht der Gottheit, soll die Gemeinde von der auf ihr lastenden Schuld befreit werden; diese Hingabe, die nach ältester Auffassung zweifellos zu Eigentum der betreffenden Gottheit,[2] namentlich der unterirdischen Götter[3] erfolgt — dieselbe Idee tönt in der „adjudicatio“ der XII T. nach —, dieses Verfallensein mit Hab und Gut ist die Strafe für die Verletzung der göttlichen Majestät, hineinpassend in die naive Anschauungsweise der Italiker von dem menschlich-göttlichen Verhältnis, wie es z. B. in dem beiderseitigen „do ut des“-Standpunkt charakteristisch pointiert ist. So ist in rechtshistorischer Zeit schließlich das parricidium,[4] das

---

[1] Mommsen, Strafrecht S. 900 Anm. 1.

[2] Festus, s. oben S. 16 Anm. 2: Alicui deorum. — Dionys II, 10: *Εἰ δέ τις ἐξελεγχθείη τούτων τι διαπραττόμενοις ἔνοχος ἦν τῷ νόμῳ τῆς προδοσίας, ὃν ἐκύρωσεν ὁ Ῥωμύλος. Τὸν δὲ ἁλόντα τῷ βουλομένῳ κτείνειν ὅσιον ἦν ὡς θῦμα τοῦ καταχθονίου Διός· ἐν ἔθει γὰρ Ῥωμαίοις, ὅσους ἐβούλοντο νηποινὶ τεθνάναι, τὰ τούτων σώματα θεῶν ὅτῳ δή τινι, μάλιστα δὲ τοῖς καταχθονίοις κατονομάζειν· ὃ καὶ τόθ᾽ ὁ Ῥωμύλος ἐποίησε.*

[3] Dionys II, 10, s. Anm. 1. Vgl. hierzu die analogen Stellen, die die ebenfalls Sazertät bewirkende Verletzung des Obsequiums gegenüber dem „parens“ betreffen: die sog. lex des Serv. Tullius bei Festus p. 230; Bruns, fontes, pars post. S. 24 (plorare!) und pars prior, S. 7 Nr. 13 u. S. 14 Nr. 6: Si nurus, sacra divis parentum estod. — Sie parentum puer verberit, ast olle plorassit, puer divis parentum sacer esto! — Daneben kommen aber noch andere Gottheiten, namentlich Ceres und Jupiter in Betracht. Livius III, 55, 7, s. o. S. 16 Anm. 2.

[4] Siehe Festus (P. 221) bei Bruns, pars post. S. 22: Parricidii quaestores appellabantur, qui solebant creari causa rerum capitalium quaerendarum. Nam parricida non utique is, qui parentem occidisset, dicebatur, sed

sich zum gemeinen Bürgermord schlechtweg verallgemeinert hat, das Sakralverbrechen κατ' ἐξοχήν und wie der gottverfallene „puer divis parentum sacer esto",[1] so ist nach der lex Numae Pompilii[2] der „parricida" den „diis manibus" schlechtweg verfallen.

Die zweite Betätigungsform des Sazertätgedankens ist mehr staatsrechtlicher Natur; sie konnte erst in Erscheinung treten, als der Gedanke des kriminellen Gottverfallenseins sich als vulgäre Anschauungsweise durchgesetzt hatte, und sie ist geradezu die Konsequenz dieser Auffassung geworden, logisch angewandt von der im Kampfe mit den Patriziern siegreichen, römischen Plebs: Wir meinen die auf dem „Mons Sacer" errungene plebejische Konstitution! Diese von den Jungbürgern erstrittene Verfassung wäre ohne die Vorstellung von der göttlichen Majestät praktisch undurchführbar gewesen. Das im frühen Strafrecht wirkende Prinzip von der religiösen Idee der Sühnung ist auch bei der Schaffung des Volkstribunats rechtlich die Stütze, ja Basis geworden, die die nunmehr schrankenlose Ausübung der plebejischen Selbsthilfe nicht als bloße Lynchjustiz erscheinen ließ, sondern vielmehr als Wahrung des durch göttliche Satzung festgestellten Rechtes.[3] Indem die revolutionäre Menge in corpore auf dem Mons Sacer jenen denkwürdigen Eidschwur leistete, jeden Eingriff in die Unverletzlichkeit der Person des plebejischen Vorstandes als ein todeswürdiges Verbrechen zu ahnden, stellte man die neue Verfassung, die gerade in dieser Bestimmung ihre wirksamste Spitze hatte, dem Schutze der Götter anheim.[4] Man stempelte die Satzung zur „lex sacrata";[5] damit aber war ein

---

qualemcunque hominem indemnatum. Ita fuisse indicat lex Numae Pompilii regis his composita verbis: „Si qui cet."

[1] Siehe hierzu Pernice, Labeo II, 2, 1 S. 29 ff., bes. S. 32.

[2] Si qui hominem liberum dolo sciens morti duit, paricidas esto (Bruns, pars prior S. 10 Nr. 12).

[3] Über die rein kriminelle Bedeutung der revolutionären Bewegung s. Teil II.

[4] Festus p. 318; Bruns, pars. post. S. 35: Sacrosanctum dicitur, quod jurejurando interposito est institutum, si quis id violasset, ut morte poenas penderet.

[5] Livius II, 33, 3 s. o. und Festus p. 318 (Bruns a. a. O.): Sunt qui

bewußter Gegensatz zur altüberkommenen gesetzmäßigen Gemeindeverfassung konstruiert worden, parallel der nunmehr herrschenden Auffassung von der nebeneinander geltenden menschlichen und göttlichen Satzung, „jus“ und „fas“. Die Gemeindeverfassung ist „lex publica“, die autonomen Beschlüsse der plebs sind „lex sacrata“; die von der gesamten Bürgerschaft gewählten Konsuln sind „magistratus populi Romani“, die „tribuni plebis“ nicht;[1] jene sind Träger des „imperium“, diese nicht;[2] die „potestas“ der einen ist „legitima“, die der anderen „sacrosancta“; daher jene „lege“, diese „religione inviolati“ sind.[3] So beweist denn dieses wichtige geschichtliche Ereignis zur Genüge, wie stark noch um die Wende des 5. Jahrhunderts v. Chr. die Vorstellung vom Gottverfallensein, von der über dem mensch-

---

esse dicant sacratas, quas plebes jurata in monte sacro sciverit. Sacer mons appellatur trans Anienem, paulo ultra tertium miliarium, quod eum plebs cum secessisset a patribus creatis tribunis plebis, qui sibi essent auxilio, discedentes Iovi consecraverunt.

[1] Dies kommt schon äußerlich zur Geltung in dem Mangel der den ordentlichen Magistraten zukommenden Prärogativen; s. hierzu Mommsen, Gesch. I S. 275.

[2] Livius VI, 37, 4: non posse aequo jure agi, ubi imperium penes illos, penes se auxilium tantum sit. nisi imperio communicato, nunquam plebem in parte pari rei publicae fore.

[3] Siehe die schon oben zitierten Stellen des Festus von „sacer mons“ und „sacrosanctus“. Livius II, 33, s. desgl. oben; III, 55, 7 und 8: . . . et cum religione inviolatos eos tum lege etiam fecerunt sanciendo, ut qui tribunis plebis . . . nocuisset, ejus caput Iovi sacrum esset, und: Hac lege juris interpretes negant quemquam sacrosanctum esse, sed eum, qui cuiquam eorum nocuerit, sacrum sanciri . . . tribunos vetere jurejurando plebis, cum primum eam potestatem creavit, sacrosanctos esse. — Dionys VII, 22: *καινὴν δὲ καταστησάμενος ἀρχὴν ἐπὶ τῷ καθελεῖν τὴν τῶν ὑπάτων, ἱερὰν καὶ ἄσυλον ἐποίησεν αὐτὴν νόμῳ*, . . .; VI, 89: *ὁ δὲ Βροῦτος ἐκκλησίαν συναγαγὼν συνεβούλευσε τοῖς δημόταις ἱερὰν καὶ ἄσυλον ἀποδεῖξαι τὴν ἀρχήν, νόμῳ τε καὶ ὅρκῳ βεβαιώσαντας αὐτῇ τὸ ἀσφαλές.* — Plutarch, Tib. Gracch. XV: *ἔφη γὰρ ἱερὸν τὸν δήμαρχον εἶναι καὶ ἄσυλον, ὅτι τῷ δήμῳ καθωσιῶται καὶ τοῦ δήμου προέστηκεν.* — Appian, bell. civ. II, 108: *ἥτε γὰρ πρόφασις τῆς κολάσεως περὶ τῆς βασιλικῆς ἐπωνυμίας ἦν, ἥτε τῶν δημάρχων ἀρχὴ ἱερὰ καὶ ἄσυλος ἦν ἐκ νόμου καὶ ὅρκου παλαιοῦ.* — IV, 17: *ἱερὰ δ' ἐστὶν ἡ ἀρχὴ καί ἄσυλος ἐκ τῶν νόμων καὶ τὰ μέγιστα ἴσχυεν, ὡς καὶ τῶν ὑπάτων τινὰς ἐς τὰς φυλακὰς ἐμβαλεῖν.* Im strafrechtlichen Teil wird auf die hier angeführten Stellen Bezug zu nehmen sein.

lichen Rechte stehenden göttlichen Macht und von der strafenden Gewalt des in seiner „majestas“ getroffenen Gottes im Volke lebendig ist. Wie bei den Griechen ist auch in Rom das religiöse Moment das Fundament des sich aus ihm nach und nach entwickelnden weltlich-bürgerlichen Rechtes geworden; der „fas“-Begriff ist noch in späten Zeiten als die Stütze des „jus“-Begriffes zu erkennen. Beide Völker haben zuerst im Sakralwesen die Kunst rechtlicher Folgerung, sogar in geringem Umfange den Versuch rechtlicher Abstraktion geübt; daß diese Periode religiös-rechtlicher Natur keine kurze Spanne gewesen ist, ersehen wir daraus, daß noch in rechtshistorischer Zeit, in der uns die Römer bereits sakralfreies Recht geben, die Anklänge, ja selbst die unverfälschte Erhaltung altüberkommener Riten nichts Seltenes sind. Die von Leist[1] angeführten Belege deuten die allmähliche Bildung des weltlichen Rechtes im Schoße des Sakralrechts mit großer Wahrscheinlichkeit an.[2]

---

[1] A. a. O. S. 519 ff.

[2] Leist beruft sich — a. a. O. — auf das von Livius (II, 33) zitierte Provokationsgesetz, das „lex sacrata“ ist. Durch eine „lex sacrata“, sagte er, wird der betreffende Punkt sowohl unter das divine Recht, dessen Schutz direkt die Götter ausüben (das „fas“), wie unter das weltliche Recht (das „jus“) gestellt. Dann fährt er fort: „Bei Wiederholung der Provokationsbestimmung wird dies auch besonders hervorgehoben; Livius III, 55: Sanciendo novam legem, ne quis ullum magistratum sine provocatione crearet; qui creasset, eum jus (der jetzt schon voranstehende Begriff des weltlichen Rechtes) fasque (der alte, auf dem divinen Recht beruhende Sazertätbegriff) esset occidi, neve ea caedes capitalis noxae haberetur. Vgl. hierzu Festus p. 318: At homo sacer is est, quem populus judicavit ob maleficium; neque fas est, eum immolari, sed qui occidit, parricidi non damnatur, nam lege tribunicia prima cavetur »si quis eum, qui eo plebei scito sacer sit, occiderit, parricida ne sit!« Bei der wiederholten Sakrosankterklärung der »tribuni plebis« tritt es schon sehr deutlich hervor, daß der Sinn für Stellung eines Stückes der Verfassung unter den Schutz des alten sakralen Rechtes bereits wesentlich abgeschwächt war. Es wurden einige der alten Religionszeremonien der alten Sakration allerdings vorgenommen, ohne daß aber die Gesamtheit des Volkes sich wie früher durch einen Eid gebunden hätte (»plebes jurata«), also ohne daß die eigentliche volle Sakration stattfand; Livius III, 55: et cum plebem hinc provocatione, hinc tribunicio auxilio satis firmassent, ipsis quoque tribunis, ut sacrosancti viderentur, cuius rei prope jam memoria aboleverat (!) relatis quibusdam ex magno

Die konsequente Durchführung der Idee nun von der göttlichen Autorität in der schon vorgeschrittenen rechtshistorischen Kulturperiode, die nicht mehr in der den Gott personifizierenden Naturerscheinung, sondern im Menschen den rechtsetzenden Faktor erblickt, mußte notgedrungen dazu führen, dasjenige irdische Organ mit dem Prärogativ der Majestät zu bekleiden, das die Rechte der Gottheit auf Erden wahrzunehmen, die Durchsetzung des göttlichen Willens zu erzwingen berufen war, d. i. der „pater" in der Familie, der „rex" in der Gemeinde. Damit aber tritt an die Stelle des sakralrechtlichen Wertes die Betonung der staatsrechtlichen Funktion des Majestätsbegriffes; in diesem Sinne nun genommen ist er geradezu die Idee des römischen Verfassungsprinzips geworden, wie im folgenden zu zeigen sein wird.

Drittes Kapitel.

§ 4.

Die gewaltherrliche Majestät.

Das römische Gemeinwesen führt in der genetischen Entwickelung seiner Struktur auf die Ausbildung der Familiengewalt mit einer Durchsichtigkeit zurück, wie wir sie bei den übrigen indogermanischen Völkern nicht finden.[1] Diese Erscheinung hat ihren Grund vornehmlich darin, daß gerade die familienrechtlichen

---

intervallo caerimoniis renovarunt. Infolge dieser nur teilweisen Anwendung religiöser Zeremonien ohne die volle Sakrosankterklärung »jurejurando interposito« war der Mittelbegriff entstanden, daß etwas durch Sanktion der lex für »sacrum« erklärt war, ohne doch wirklich »sacrum« zu sein; Livius III, 55: et eum religione (durch jene Zeremonien!) inviolatos esse tum lege etiam fecerunt sanciendo, ut qui tribunis plebis aedilibus judicibus decemviris ... nocuisset, ejus caput Jovi sacrum esset (es ist die Sanktion durch weltliche lex, daß der Schuldige, der nicht wirklich »sacer« war, »sacri loco« stehen solle) familia ad aedem Cereris Liberi Liberaeque venum iret. So ist man also schon dahin gelangt, statt wirklicher Festhaltung des alten sakralen Rechtes sich mit weltlich legaler Feststellung des dem Sakralrecht Gleichzuachtenden zu begnügen usw."

[1] „Keines," sagt Mommsen, Gesch. I S. 36, „kommt dem römischen Volke gleich an schlichter, aber unerbittlicher Durchführung der von der Natur selbst vorgezeichneten Rechtsverhältnisse."

Institute mit Schärfe und Präzision erfaßt sind. Die rücksichtslose Allmacht der schrankenlosen römischen „patria potestas" insbesondere ist den Griechen ebenso fremd, wie den Germanen. Der ursprüngliche Kern dieser „potestas"[1] ist, wie oben bereits angedeutet wurde, hervorgegangen aus der sakralen Stellung des Familienhauptes, und nur so ist die Tatsache seiner unabänderlichen Herrschergewalt über die Familie zu erklären. Sie findet ihren Niederschlag in dem auf religiöser Grundlage beruhenden Obsequiumverhältnis,[2] dessen Verletzung das „sacrum esse" nach sich zieht.[3] Die wichtigste Verpflichtung aus diesem Verhältnis religiöser Unterwerfung stellt diejenige Handlung dar, durch die das Fortbestehen der Manen des Versterbenden gewährleistet wird: Die Vornahme der Totensakra für den dahingeschiedenen pater familias; sie sichern ihm die erwünschte Ruhe im Hades und wahren die innige Verbindung mit der Deszendenz. Die Erfüllung der Totensakra ist die Betätigung des höchsten und wichtigsten Amtes, dessen der nunmehrige pater familias als Sohn des Verstorbenen zu walten hatte. In ihr spiegelt sich jene Vorstellung von dem kontinuierlichen Fortbestande der patria potestas und von dem die römische Familie ebenso wie die römischen Verfassungsformen beherrschenden gewaltigen Prinzip der Einheit wieder.

Hier nun liegt der Ausgangspunkt für die machtheischende Gewalt des „pater".[4] Er ist in erster Linie der Interpret des

---

[1] Das Wort geht bis in die Urzeiten der indogermanischen Völker zurück.

[2] Ebenfalls „Grund- und Stamminstitut des römischen Rechtes", Leist S. 12.

[3] S. oben S. 17 ff.

[4] Die Beweise für den sakralrechtlichen Grundton der hausväterlichen Stellung sind mannigfacher Natur; hingewiesen sei darauf, daß der dem „pater" unterworfene Personenkreis seinerseits als sakrale Vereinigung aufgefaßt wird. Dies beruht ebenfalls auf der Pflicht der Exsequien, deren Vollziehung das heiligste Recht des Entschlafenen gegen die Deszendenz ist. Diese Bestattungspflicht trifft die drei Grade der Kinder, Kindeskinder und Kindeskindeskinder; nunmehr überträgt man die „Parentalien" von den parentes auch auf die durch diese Verbundenen und gelangt damit also zum Familienkreise der Geschwister, Geschwisterkinder und Geschwisterkindes-

göttlichen Willens für die gottgefällige Erledigung aller Familienangelegenheiten und genießt gerade in dieser Funktion das Vorrecht der Majestät, wie der Gott selbst. Noch in der späten Kaiserzeit bildet den Mittelpunkt des Familienlebens der Larenkult, die Verehrung des „lar familiaris“; in ihr exzelliert der Gewalthaber vor allen: Er verrichtet die nötigen Gebete, er spendet die Libationen, er bekränzt — vor allem bei Familienfesten — die Hausgottheit und bringt ihr Dankopfer dar, er sorgt auch, daß das „ewige Licht“ nimmer verlischt.[1] Alle diese Erscheinungen finden wir analog im öffentlichen Leben wieder.

Steht der pater schon in den sakralen Verrichtungen exponiert, gesondert von der familia da, so ist er in weltlichen Angelegenheiten erst recht der „major“ in ureigenster Bedeutung. Auch hier spielt das sakrale Element namentlich das Obsequiumverhältnis hinein. Wer sich gegen den Willen des Vaters auflehnt, widersetzt sich dem Willen Gottes; das ist eine uralte indogermanische Anschauung.

Der römische pater allein ist der Träger von Rechten und Pflichten, soweit sie die Familie betreffen, er allein repräsentiert

---

kinder, die sich sakral von den übrigen Verwandten scheiden. Wie ferner alles, was rechtlicher Norm unterliegt, in rituelle Formen gebracht ist, so stellt sich auch die Geburt als Kulminationspunkt im Kulte der Geschlechtsgötter dar; die Darbringung des Neugeborenen vor den Verwandten ist ein rein sakraler Akt. Sodann die Kardinalpflicht des pater, die ständige Erfüllung der Privatsakra, deren Unterbrechung den schlimmsten Fluch dem Hause auflädt, weshalb mit allen Mitteln dem Verwaistwerden desselben gesteuert werden muß: Die uralte Institution der Adoption hilft künstlich, wo die Natur versagt. Dazu kommt dann der gesamte Begräbnis- und Totenkultus und daran knüpfen sich im engsten Zusammenhange die ersten festen Grundsätze über die persönliche und vermögensrechtliche Stellung des Erben an, für die ebenfalls die Verpflichtung zur Fortsetzung der Familiensakra von entscheidender Bedeutung ist. So reiht sich in dieser Kette sakraler Institutionen Glied an Glied; wird eins in frevelndem Sinne gesprengt — wenn das Kind den parens schlägt, das Auge des Gottes den unbestatteten Leichnam erblickt, die schwangere Witwe durch Wiederverheiratung sich gegen die sacra des Verstorbenen versündigt — dann ist man den Göttern verfallen, deren Majestät verletzt ist. So ist die Familiengewalt sittliche Herrschaft auf streng sakraler Grundlage! (Siehe zu dem Ganzen die vortrefflichen Ausführungen bei Leist S. 11—57).

[1] Mommsen, Gesch. I S. 165.

die familia, gebietet über Leib und Leben der einzelnen Mitglieder. Sein Wille ist allmächtig, weil nur er einen Willen haben, ihn äußern und betätigen kann. Die Rechtsregeln vom „jus vitae ac necis,[1] vom „peculium", „mancipium", von der Ehe und dergleichen mehr geben ja von der Allmacht des römischen Familienvaters ein anschauliches Bild. Daß das römische Recht die dem pater zustehende Gewalt besonders stark und unerschütterlich ausgebaut hat,[2] haben wir schon gestreift. Man vergleiche hiermit das deutsche und griechische Recht. Auch hier finden wir scheinbar gleiche Machtbefugnisse des Hausvaters, aber es fehlt das konsequent durchgeführte Einheitsprinzip der Familiengewalt und die dasselbe zum Ausdruck bringende Allmacht und Unabänderlichkeit des familienväterlichen Herrscherwillens. So werden im deutschen Rechte die Familienbande gelöst im Augenblicke, wo der Sohn die wirtschaftliche Selbständigkeit erlangt, die Tochter durch die Heirat aus der angestammten Familie scheidet; die Gewaltrechte des Vaters sind erloschen. Ganz anders in Rom. Kein Ereignis, keine irdische Macht kann die Herrscherwillkür des pater familias beschränken oder gar vernichten. Wie weit das älteste römische Recht hierin ging, ersieht man daraus, daß körperliche oder geistige Gebrechen irgendwelcher Art das Gewaltverhältnis in keiner Weise beeinflussen können; der kindische Greis, wie der wahnsinnige Krüppel üben in gleicher Weise die rechtlichen Funktionen der patria potestas, wie der Mann im Vollbesitze seiner Kräfte. Zwar kann das hausunterworfene Kind in eine andere Familie fortadoptiert werden, die Tochter kann durch Heirat in das Gewaltverhältnis ihres Ehemanns gelangen; dann tritt wohl ein Wechsel in der Person des Gewalthabers ein, nicht aber in dem vom Rechte

---

[1] Doch ist dieses Recht nicht als roher Willkürakt, sondern als Ausfluß domestikaler, durch das Sakralrecht tatsächlich beschränkter Strafgewalt geübt worden.

[2] Mit Recht spricht Gaius I, 55 von einem national-eigenartigen Rechtsinstitut, wenn er sagt: Item in potestate nostra sunt liberi nostri, quos justis nuptiis procreauimus, quod jus poprium ciuium Romanorum est: fere enim nulli alii sunt homines, qui talem in filios suos habent potestatem, qualem nos habemus.

statuierten Gewaltprinzip, das die konzentrierte Familieneinheit ermöglicht. Diesem Gedanken, daran sei noch erinnert, verdankt auch das agnatische Prinzip, das das frühere Rechtsleben der Römer in hohem Maße beherrscht hat, seine Bedeutung; der durch den pater familias geschaffene Zusammenhang ist tatsächlich und rechtlich das stärkste und wichtigste Rechtsband.[1]

Man muß sich in diese typisch römischen Rechtsgedanken hineinleben, um die ganze Wucht und Größe der väterlichen Allmacht zu verstehen. Sie findet denn auch ihre treffendste Termination in der Vokabel „majestas", die technisch mit der „potestas" identifiziert wird.[2] In der „patria postestas" hat der Majestätsgedanke seine ersten realen Formen angenommen.

---

[1] Leist S. 97.

[2] Dies ist aus den Quellen mit Fug zu entnehmen (s. die oben S. 6 angeführten und die noch im Laufe der Abhandlung angeführten einschlägigen Stellen über majestas patris). Wenn bei den römischen Schriftstellern, den Historikern und Poeten ebenso, wie bei den Rechtslehrern die Vokabel „potestas" wesentlich bevorzugt erscheint, so ist allerdings nicht zu verkennen, daß ein feiner Unterschied zwischen der „majestas patris" und der „patria potestas" vielleicht bewußt gemacht worden ist. „Potestas" soll mehr die rechtliche Machtsphäre des Vaters mit der aus ihr strömenden Herrscherbefugnis bezeichnen; hier ist der Vater nicht „pater", sondern vielmehr „rex". „Majestas" dagegen bedeutet mehr das dem pater als „parens" geschuldete Ansehen (s. schon oben S. 17); sie ist der Ausdruck für die durch heilige Scheu vor dem Erzeuger von allerfrühester Kindheit an eingeimpfte Achtung auf der Basis des sakralen Obsequiumverhältnisses. So namentlich Livius IV, 45, 8 (s. oben S. 6) und VIII, 7, 15 (ebenda). In Wirklichkeit aber treten hier nur zwei Seiten ein und desselben Begriffes in Erscheinung, und es kann sich um eine sachliche Scheidung schon deshalb nicht handeln, weil die in der „potestas" zum Ausdruck gelangenden Machtbefugnisse, wie oben gezeigt ist, ja ursprünglich auf die lediglich sakralpriesterliche Hoheit des Familienvaters zurückführen. Ob man sich dessen allerdings späterhin noch bewußt gewesen ist, erscheint sehr fraglich; die doch im ganzen spärlichen und inhaltslosen Quellenstellen beweisen hier, wie so häufig, recht wenig. Da aber nirgends auf ein differenzierendes Merkmal beider Termini ausdrücklich hingewiesen wird — bei Livius VIII, 7, 8 und auch sonst wird „majestas" mit „imperium" identifiziert, das seinerseits oft für „potestas" steht (s. unten) —, so gehen wir nicht fehl, auch auf formelle Gleichsetzung abzustellen, was sachlich ein und dieselbe Grundlage hat. Vgl. hierzu auch Lange S. 128. — Gleichzeitig sei bemerkt, daß das eigentliche Wesen des Majestätsgedankens unter Berufung auf positive

Die patria majestas nun schlägt die Brücke zur „majestas populi Romani"; es ist zunächst auf die typische Eigenheit des römischen Verfassungslebens einzugehen.

Viertes Kapitel.

Die majestas populi Romani.

§ 5.

1. Allgemeine Einführung.

Von dem ersten Augenblicke an, wo wir dem römischen Staate in der Geschichte begegnen, fesselt uns ein mit geradezu rücksichtsloser Schärfe gekennzeichnetes staatsrechtliches Charakteristikum, das die mannigfachen Gebilde des römischen Gemeinwesens beherrscht, das Prinzip der Einheitlichkeit, der Einheit der organischen Struktur.[1] Erstaunlich ist die Klarheit und Unerbittlichkeit der Durchführung dieses Prinzips, wie wir gesehen haben, bei der römischen Familie. Es ist auf die öffentlich rechtlichen Verhältnisse adäquat übertragen worden. In der Souveränität[2] des populus ist die großartige Idee für alle Zeiten festgehalten worden. Die starre unistische Form der Familie, die in der allumfassenden unbeschränkten und unbeschränkbaren Machtbefugnis des Familienhauptes zum Ausdruck kommt, die so exakt durchgeführt wird, daß nicht einmal der Tod des pater die Familieneinheit zu lösen vermag, ist das Vorbild für die ursprünglichen[3] und die späteren[4] Staatsformen Roms ge-

Belegstellen allein ebensowenig gedeutet werden kann, wie allgemein durch den Hinweis auf die vokabelmäßige Verwertung des Wortes majestas. Selbst beim „crimen majestatis", dem einzigen Falle, in dem die Römer zu definieren versuchen (s. unten Teil II), sind sie über eine klägliche Umschreibung der Vokabel nicht hinausgelangt.

[1] „Es ist keine Redensart," sagt Schmidt, Allg. Staatsl. II, 206, „wenn man den Römern eine in ihren Elementen unzerlegbare politische Geistesrichtung, eine besondere Fügsamkeit in die politische Konzentration, einen früh entwickelten Sinn für die Einheit des Staates zuschreibt."

[2] Über die Frage, ob wir berechtigt sind, moderne Staatsrechtsbegriffe auf antike Verhältnisse anzuwenden, siehe den folgenden Paragraphen.

[3] Bernhöft S. 69 ff.

[4] Schrader S. 568 ff.

wesen.[1] Die Familie wird in der Vorstellung der Römer zur Gemeinde, zur „civitas“,[2] der natürliche „pater“ zum erkorenen „rex“, „der wie der Hausherr im Hause nicht der mächtigste, sondern der allein mächtige ist, im Staate nicht der erste, sondern der einzige Machthaber ist“.[3] Die Römer haben dieses Prinzip nicht genug betonen können; sie haben es sichtbar dargestellt im ewig flammenden Herd und der wohlversperrten Vorratskammer der Gemeinde, in der Institution der Vesta und der Penaten;[4] sie haben ihm vornehmlich Ausdruck verliehen durch die dem römischen Volke zugebilligte Majestät, dem staats- und völkerrechtlichen Fundamente der römischen Verfassung: der sich in der „majestas populi Romani“ offenbarende Gedanke von der Souveränität des Volkes ist die typische Signatur der römischen Staatsform gewesen.

---

[1] Das einzige, was der Familie als reinem Personenverbande abgeht, ist das dem Staate eigentümliche Gebietsmerkmal. Noch spät ist das Bewußtsein lebendig, daß die Familie ein staatsähnlicher Körper im Staate, die ursprünglichste politische Organisation ist. (Cicero, de off. I 17, 54: Nam cum sit hoc natura commune animantium, ut habeant lubidinem procreandi prima societas in ipso conjugio est, proxima in liberis, deinde una domus, communia omnia. Id autem est principium urbis et quasi seminarium rei publicae. Sequuntur fratrum conjunctiones, post consobrinorum sobrinorumque, qui cum una domo jam capi non possint, in alias domos tamquam in colonias exeunt. Sequuntur connubia et adfinitates, ex quibus etiam plures propinqui; quae propagatio et suboles origo est rerum publicarum.) Darum sagt Schmidt, Der Staat S. 71, völlig zutreffend: Es ist sehr wohl möglich, daß die Familie sich auch innerhalb der weiteren politischen Bildungen als eigener Willensorganismus mit speziellem sozialem Wirkungskreise erhält. Das war z. B. der Fall bei der altrömischen (bzw. überhaupt altindogermanischen) Agnatenfamilie: Diese wie auch ihre weitere Form, die gens, war in der Tat eine dem Staat eingegliederte politische Institution und Organisationsform, die sich ihrer Eigenschaft als besonderer Lebenseinheit sehr stark bewußt war und gelegentlich sich sogar vom Staate ganz emanzipieren konnte. Man denke an die Erzählung vom Sonderkriege der Fabier gegen Veji.

[2] Die „domus familiae“ wird zum „domicilium imperii“. Cicero in Catil. or. III, I, 1: Rem publicam, Quirites . . . atque hoc domicilium clarissimi imperii . . . consecratam ac restitutam videtis.

[3] Mommsen, Gesch. I 63.

[4] Mommsen a. a. O.

Ähnlich wie der hellenische tritt uns der römische Staat als Stadtstaat, als ein in den Grundlinien bereits fertiges Gebilde entgegen. Bestehend aus einer unbegrenzten Zahl von Geschlechtern (gentes) und aufgebaut auf der durch schärfste Einheitlichkeit ausgezeichneten Familie, ist der populus Romanus, die spätere civitas Romana gleich der Summe der Vollbürger (Quiriten). Es ist bezeichnend für die dem Römer stets lebendig gebliebene Vorstellung von dem innigen Zusammenhange zwischen Familie und Staat, daß man bei der staatsrechtlichen Betrachtung die die väterliche Gewalt begründende Geburt in den Vordergrund rückte und nunmehr die auf ihr beruhende Geschlechtsgenossenschaft aus den patres, den Stammvätern, und ihrer Deszendenz, den patricii (= qui patrem ciere possent),[1] bestehend betrachtete. So lag denn nichts näher, als den die familia beherrschenden Gedanken der Zentralisation auf die Bürgerschaft zu übertragen; ihr in rechtsförmlicher Weise festgestellter Wille konnte nach dieser Anschauung allein die Aktionsbasis werden für sämtliche den populus als Staat betreffenden Angelegenheiten, und die in der souveränen Willensäußerung der Gemeinde bekundete unitarische Tendenz wurde zum eigentlichen Kern des typischen römischen Verfassungsprinzips erhoben.[2] Am schärfsten kommt diese Auffassung darin zum Ausdruck, daß man die Vollbürgergemeinde personal erfaßt, dem souveränen Volke Persönlichkeit zuschreibt und Majestät beilegt. Dem populus, der als Person gedacht mit dem Staate identifiziert wird, haftet dieses „Erhabensein“, dieses „Mehrsein“ vor anderen notwendig an;[3] es ist zu deuten als die Übertragung der schon den patres eignenden majestas auf die große Körperschaft, welche ursprünglich durch die versammelten Väter na-

---

[1] Livius X, 8, 10.

[2] Die römische Centurienverfassung und die Tribusordnung ist aus dem spezifisch römischen Streben heraus nach Vereinheitlichung und Konzentration (namentlich militärischer Natur) geboren worden. Die Expansionspolitik der Römer ging einen durchaus logischen und natürlichen Weg, wenn sie die Aufsaugung der föderierten Territorien durch Angliederung dieser als „Neutribus“ an das Staatsganze bewerkstelligte.

[3] Göttling S. 148.

mentlich nach außen vertreten wird. Dann aber führt diese Bekleidung des als nationale Einheit verstandenen populus mit dem Prärogativ der Majestät zurück auf die Auffassung, daß die um den Palatinus angesiedelten Quiriten eine Sakralgenossenschaft bilden. Dies folgt schon aus der sakralen Natur der altrömischen Gentilverfassung, wie ja die gentilizische Volksorganisation den arischen Völkern überhaupt in ihrem Entwickelungsgange zum Staat (πόλις, civitas) die Bahn gewiesen hat. Wie das sakrale Band die ursprüngliche Festigung der Familie in straffer Zusammengehörigkeit ermöglichte zur Wahrung der Haussakra gegenüber der Familiengottheit, so bindet die Gesamtheit der Geschlechter der mächtig wirkende Gedanke an die einheitliche Vollziehung der Stammsakra gegenüber den in althergebrachter Übung verehrten Stammgöttern, deren Schutz und Wohlgeneigtheit der Eckstein jeglicher staatlicher Existenz nach altarischer Anschauung ist. Hieraus erst schöpft man den Mut zur weltlichen Tat, vor allem zur Organisation des Gemeinwesens, dessen Bestand göttlichem Willen unterliegt. So ist gerade in Rom die Religion zur Staatsreligion κατ' ἐξοχήν geworden, und die von der civitas vorgenommenen Staatshandlungen sind in erster Linie Sakralhandlungen. Dies gilt im Innenverhältnis ebenso wie nach außen; und wenn wir das sorgsam ausgebildete Ritual des Fetialrechts bei der Kriegsansage und der Einleitung der Feindseligkeiten gegen einen benachbarten Stamm richtig verstehen, so klingt hier der mythologisch durchsichtige Gedanke an einen persönlichen Kampf von Stammesgöttern gegen Stammesgötter nach. Darum sieht jeder durch die spezifische Stammesgottheit geeinte Stamm gerade in der Überlegenheit seiner Götter die eigene Stärke in politischer und kriegerischer Beziehung; so erst wird das Bewußtsein des Ansehens, des Geachtetseins, der Würde und des Prävalierens vor den Nachbarstämmen vermittelt, wie es in der internationalen Phrase „majestatem populi Romani comiter conservanto“ zum Ausdruck gelangt.[1,2]

---

[1] Sie wird unten eingehend zu erörtern sein.

[2] Der Nachweis, daß die nationale Einheit Roms durch seine Religion bedingt gewesen ist, läßt sich weit ausspinnen. Die römische Götterwelt

Damit aber stehen wir, wenn wir zunächst jedes nähere Eingehen auf die konkrete Ausgestaltung der Majestätsidee hintansetzen und uns lediglich darauf beschränken, in der majestas einen Begriff öffentlich rechtlicher Natur zu erkennen, vor der Frage, ob die majestas in Rom war, was etwa die Souveränität für das moderne Staatsrecht bedeutet, insbesondere ob die majestas in der erwähnten internationalen Phrase als völkerrechtlicher Souveränitätsbegriff zu fassen sei oder nicht.

---

ist vergeistigt das Spiegelbild des irdischen Rom. Jede Erscheinung, jede Handlung menschlichen Seins kehrt im Leben und Weben der Götter wieder; die treibende Kraft aber bleibt immer der ernste Glaube an die eigenen Götter im heiligen Raume, dem „templum". Die praktische Seite des römischen Götterkultus liegt gerade darin, daß durch ihn der Stamm zu nationaler Einheit geschweißt wird, wie sich jede auswärtige Gemeinde nach lateinischer Vorstellung ebenfalls unter der Herrschaft seines national eigenartigen Götterkreises in Krieg und Frieden in innigem Zusammenschluß findet, zum Schutze ihres templum und der darin waltenden Gottheit. Entsprechend dem anfangs rein kriegerischen Charakter der römischen wie italischen Ansiedelung steht im Mittelpunkte des ganzen Kultuswesens Mars, „der speerschwingende, tötende Gott — Mars, Mavors, Mors — der den Feind niederwerfende, göttliche Verfechter der Bürgerschaft". Jede Gemeinde hat ihren eigenen Mars, um den sie sich schart zu Schutz und Trutz. „Der Gott des Italikers," sagt Mommsen, Gesch. I S. 171, „ist vor allen Dingen ein Hilfsinstrument zur Erreichung sehr konkreter irdischer Zwecke; wie denn den religiösen Anschauungen des Italikers durch seine Richtung auf das Faßliche und Reelle diese Wendung überhaupt gegeben wird und nicht minder scharf noch in dem heutigen Heiligen-Kult der Italiener hervortritt." Wer die einzelnen Kulte vom Mars und Jupiter beginnend bis herab zum Terminus daraufhin durchgeht, wird die Worte bestätigt finden. Der praktisch politische Gewinn aber war das schon von den frühesten Kindheitstagen des römischen Volkes an beginnende Aufkeimen eines alle Bürger umschließenden Vaterlandsgefühles, und indem jeder als bewußter Teil des Ganzen dem Vater in unbedingtem Gehorsam sich unterwarf, wie dem machtheischenden Staat, weil er in beider Gebot den unbezwinglichen Willen der Gottheit sah, ward dem Italiker vergönnt, was dem Hellenen ein unerreichbares Ziel bleiben mußte: Von der nationalen Einheit zur politischen fortzuschreiten und mit zwingender Hand den ganzen Erdkreis zu umspannen! S. Mommsen a. a. O.

2. Majestät und Souveränität.

Erster Abschnitt.

§ 6.

Die völkerrechtliche Souveränität.

Die vorliegende Untersuchung ist schwierig, weil es sich um Übertragung moderner Begriffe auf rechtliche Verhältnisse einer längst entschwundenen Zeit handelt und das Analogisieren ein stets gefährlicher Betrieb ist.[1] Der Souveränitätsbegriff, wie ihn

---

[1] Die der modernen Forschung erwachsende Schwierigkeit, ein für uns bereits verschollenes Rechts- und Kulturleben zu rekonstruieren und durch Vergleichung mit modernen Verhältnissen verständlich zu machen, hat man nicht verkannt. Daher ist es begreiflich, wenn man sich hier und da scheut, überhaupt mit modernen Rechtsbegriffen zu operieren. So sagt diesbezüglich z. B. Bernhöft S. 19: Selbst die Fragestellung, wer in Rom Träger der Souveränität gewesen sei, hat zu schiefen Anschauungen geführt, weil der Begriff der Souveränität in Recht und Sprache so vollständig fehlt, daß sogar das Wort im Lateinischen unübersetzbar ist. Wir unsererseits sind außerstande, die verwandten Begriffe „majestas, imperium . . .“ wiederzugeben, wenn wir nicht etwa farblose Ausdrücke, wie Hoheit, Herrschaft oder Oberbefehl gelten lassen wollen. — Soweit Bernhöft mit diesen Worten die prinzipielle Frage der Parallelisierung antiker Verhältnisse mit durch moderne Begriffe wiedergegebenen Situationen berührt, ist ihm sicherlich beizutreten; nichts hat sich mehr gerächt, als das Bestreben, antikes Rechtsleben à tout prix durch moderne Schlagwörter verständlich zu machen. Aber was Bernhöft von „majestas“ und „imperium“ sagt, daß es unmöglich sei, hier einen scharf umrissenen, juristisch faßbaren Begriff zu geben, ist jedenfalls irrig; der Begriff der Souveränität mag in der lateinischen Sprache gefehlt haben — er hat es, wie gezeigt werden wird, nicht —, im Recht jedenfalls hat er zweifellos nicht gefehlt; vgl. hierzu den Text.

Vortrefflich sagt Rubino (Vorrede S. XV, XVI): „Als Hauptaufgabe der Wissenschaft stellt sich aber hiernach diese dar: Die staatsrechtlichen Begriffe der Römer auf ihrem eigenen Boden zu gewinnen, und auf ihm allein die Fortbildung derselben zu verfolgen. Zwei Fundgruben sind dafür vorhanden, die eine liegt in den Instituten selbst mit den an dieselben geknüpften Gebräuchen, Formen und den dabei üblichen Ausdrücken [diese Fundgrube ist die für die Majestätsidee ergiebigste!]; die andere ist in den Aussprüchen kompetenter . . . Schriftsteller . . . enthalten, in denen sich die nationale Vorstellungsweise kundgibt; die Ergebnisse aus beiden stimmen, obgleich die ersteren die sicherste Ausbeute darbieten [dies halte man sich auch in unserer Abhandlung stets vor Augen], fast immer überein und dienen

die Neuzeit verwendet, geht im wesentlichen auf JEAN BODIN zuzück; er hat ihm wenigstens diejenige Fassung gegeben, wie sie für die modernen Anschauungen und Erörterungen von maßgebender Bedeutung geworden ist; der Begriff als solcher ist natürlich keine Schöpfung[1] BODINS, sondern ein Postulat des staatlichen Gemeinwesens überhaupt. BODIN hat in der in lateinischer Fassung erschienenen Ausgabe[2] seines berühmten Werkes „Les six livres de la République" den Begriff der Souveränität (summa potestas) durch die Vokabel „majestas" mit Bewußtsein, ja mit Absicht wiedergegeben[3] und damit bewiesen, daß seine Doktrin mit der auf dem römischen Recht basierenden Lehre des Mittelalters zusammenhängt.[4] Souveränität ist nun zunächst

sich gegenseitig zu ergänzen und aufzuhellen. Die Begriffe eines Volkes aber sind sein wichtigstes Eigentum; sie sind in ihrer vollen Bestimmtheit zugleich das charakteristischste wie das höchste Erzeugnis seines Lebens. Um zu ihrer Erkenntnis zu gelangen, muß man sich daher vor nichts mehr hüten, als vor der Verleitung durch Analogien (!), von denen NIEBUHR einen so freien und kühnen Gebrauch macht, welche er aus allen Zeiten und Völkern zusammenträgt — wobei, abgesehen von anderen Bedenken, die Gefahr schwerlich zu vermeiden ist, daß jedes individuelle Gepräge, jede nationale Farbe verwischt werde."

[1] Dies nimmt BODIN auch gar nicht für sich in Anspruch; sagt er doch nur (ed. tert. I, 8 p. 123): principio definienda fuit majestas, quam nec philosophorum, nec juris consultorum quisquam definiit.

[2] Namentlich lib. I, cap. 10 p. 230 f., 232 etc.

[3] Er weist ausdrücklich in Anlehnung an FESTUS (s. die oben zitierten Stellen) auf den etymologischen Zusammenhang mit magnitudo hin. Genauer ist die Ableitung von der komparativen Form „major" zu wählen (s. o.).

[4] REHM, Allgem. Staatsl. S. 44 Anm. 6, sagt ganz mit Recht: „Solch inneren Zusammenhang zeigen vor allem zwei Lehren auf, die Lehre von den Rechtsschranken der Souveränität und die rechtliche Konstruktion des Protektoratsverhältnisses. In ersterer Richtung steht BODIN noch völlig auf dem Boden, daß göttliches und natürliches Recht Rechtsschranken der Souveränität sind. In letzterer Beziehung liegt der Zusammenhang darin, daß BODIN den Nachweis, daß ein Klientelverhältnis zwischen Staaten die volle Unabhängigkeit des beschützten Staates in keiner Weise schmälere, mit denselben Worten anführt, mit welchen PROCULUS in l. 7 § 1 Dig. XLI, 95 zu begründen unternimmt, daß ein Staat dadurch, daß er zu einem anderen in das Verhältnis des „foedus iniquum" trete, keineswegs seine „libertas" einbüße. In beiden Fällen wird die Wendung gebraucht, das Klientelverhältnis begründe nur die Verpflichtung, die „majestas" des anderen Teils

nur, jedenfalls dem geschichtlichen Ursprunge nach, eine politische Vorstellung,[1] von der sich datenmäßig gewiß nicht feststellen läßt, wann sie sich zu einem juristischen Begriff verdichtet hat.[2]

„comiter" zu observieren (eos, qui majestatem nostram comiter conservare debent, liberos esse intellegendum est." — [Statt l. 7 § 1 Dig. XLI, 95 muß es heißen: l 7 § 1 Dig. XLIX, 15. Die Stelle ist S. 58 angegeben.] — Bei alledem ist auch nicht zu vergessen, daß bei dieser Terminierung ein innerer, historischer Grund mitspricht. Der Souveränitätsbegriff Bodins, der für die moderne Auffassung ausschlaggebend geworden ist, ist, wie im Text betont, nicht die Schöpfung dieses gelehrten Diplomaten; Begriffe können überhaupt niemals von einem Einzelmenschen geschaffen werden, weil der Begriff das an den Terminus gebundene Bewußtsein der Gesamtmenschheit einer betreffenden Kulturperiode von denjenigen Reaktionen ist, die diese Vielheit von einer bestimmt bezeichneten Klasse von Objekten (Tatsachen) hat; vgl. hierzu Mach S. 124 ff. (Der Terminus allerdings kann die Schöpfung eines einzelnen sehr wohl sein.) Die Umwandlung des Souveränitätsbegriffes war die logische Folge der Umwandlung des französischen Staatswesens im Ausgange des Mittelalters gewesen, die allerdings von Bodin wissenschaftlich originell betrachtet und zum ersten Male in scharfen Umrissen gezeichnet worden ist. Aber der innere Zusammenhang der Doktrin mit den Lehren der italienisch-römischen Jurisprudenz und in letzter Linie die theoretische Zurückführung des Souveränitätsbegriffes auf das römische Staatsrecht, eine der Erscheinungen der Rezeption des römischen Rechtes, ist unverkennbar. Bodin hat nicht Neues geschaffen, er hat Vorhandenes neu geformt. Es bedarf heute keines Nachweises mehr, daß vornehmlich römisches Staatsrecht rezipiert worden ist (Rehm a. a. O. S. 41 ff. und Gesch. S. 214; ganz vortrefflich Laband, Rede, wenn er S. 30 sagt: Die Rezeption des römischen Rechtes fängt im Staatsrecht an, von hier aus wurden dem Siegeslauf des fremden Rechtes die Wege geebnet — und S. 39: Die Entwickelung des absoluten Staates und die Rezeption des römischen Rechtes sind ein und derselbe historische Vorgang); noch im Ausgange des 13. Jahrhunderts war der römische Gedanke der höchsten Gewalt des Volkes in Frankreich so lebendig, daß man im Monarchen nicht den Herrn kraft eigenen Rechts, sondern die Stelle im Staatsorganismus sah, die ihre Gewalt aus der einzigen ursprünglichen Quelle schöpft, dem Willen des Volkes, ganz analog der römischen Lehre von der „lex regia", aus der dann die Absetzbarkeit des Königs gefolgert wurde. 300 Jahre später entwickelte Bodinus das starre Prinzip des römischen Cäsarismus, indem er den Satz: „quod principi placuit, legis habet vigorem" — si veut le roi, si veut la loy — zum Ausgangspunkte seiner Lehre machte; näheres s. Text.

[1] Jellinek, Allg. Staatsl. I 394.

[2] Die Untersuchung über die Entstehung juristischer Begriffe, über ihre Wertung und Umwertung im Rechtsleben eines Volkes, ja der Völker

Entstehung und Ursprung eines Begriffes werden sich, wenn überhaupt, nur schwer feststellen lassen. Vielleicht bildet hier die Prägung eines bestimmten Wortes, die Verwendung und Übung einer technisch gefaßten Vokabel einen gewissen Anhalt dafür, wann zum ersten Male die erfahrungsmäßig konstatierten, in sich divergierenden Reaktionen des definierten Objektes zu jener abstrakten Vorstellung kondensiert sind, die wir als psychisches Gebilde „Begriff" nennen; aber es bleibt eben nur ein Anhalt, ist keine zeitlich bestimmbare Angabe, da erfahrungsgemäß der Begriff sich erst bildet, wenn das tatsächliche Geschehnis, der objektive Tatbestand, dem die Vorstellung entnommen ist, schon längst besteht.[1] Man kann also bei einer geschichtlichen Untersuchung über die Entstehung des Souveränitätsbegriffes die Entwickelung, gestützt auf das altfranzösische „sovrain", a priori nicht nach Frankreich verlegen.[2] Denn gerade die Vokabel beweist hier nichts; nicht einmal daß wir sagen können, der Souveränitätsbegriff führe, so wie wir ihn heute verstehen, ausschließlich zurück auf jene eigentümliche staatsrechtliche Position der Barone und Grafen, der Herzöge und Könige des alten Frankreichs etwa zur Zeit des 10. Jahrhunderts. Denn inhaltlich, und das ist das allein Entscheidende, tritt uns das, was wir heute „Souveränität" nennen, und was man damals unter „souveraineté" verstand, schon im römischen Staatsrecht entgegen, wenn auch vielleicht in anderer Form; und dies soll in dem doppelten Sinne gemeint sein, den wir heute der Souveränität beilegen: Im Sinne der Unabhängigkeit nach außen und Überordnung nach innen, der Souveränität im völker-

---

überhaupt zu den verschiedenen Zeiten ihres Werdeganges gehört in das Gebiet der Rechtsphilosophie und in das der vergleichenden Rechtswissenschaft. Bis jetzt ist es nicht gelungen, auch nur Anfänge dieser für das gesamte öffentliche und private Recht eminent bedeutsamen Feststellungen und Untersuchungen zu erzielen. Unseres Wissens existiert kein Werk, das die Lösung dieser dankenswerten Aufgabe versucht hätte, und es ist erstaunlich, daß die Rechtswissenschaft diese für jede Forschung überhaupt empfindliche Lücke bislang auszufüllen nicht vermocht hat.

[1] S. bereits oben.

[2] Rehm, Allg. Staatsl., 44.

rechtlichen und staatsrechtlichen Sinne.[1] Es ist allerdings lebhaft gestritten worden, ob man im römischen Rechte von einer völkerrechtlichen Souveränität sprechen könne, zunächst weil es im Altertume überhaupt kein Völkerrecht gegeben habe.[2] Aber

---

[1] Die theoretischen Erörterungen über die Zulässigkeit dieser Scheidung gehören nicht hierher; es mag uns vorläufig genügen, daß sie rechtlich durchaus zulässig mit dem Sprachgebrauche harmoniert.

[2] So z. B. v. Liszt, Völkerrecht S. 14, 15; v. Martens I S. 65, 66; Bonfils S. 35, 36 und die dort Zitierten; sodann Jellinek, Allg. Staatsl. I S. 337, 338, der zwar anerkennt, daß Wort und Begriff den Römern geläufig waren, aber trotzdem erklärt, daß die altorientalischen und antiken Staaten es niemals zu einem Völkerrecht gebracht haben. Das ist doch nur so zu verstehen, daß wir den modernen Völkerrechtsbegriff, der sich auf der Gemeinschaft der christlichen, zivilisierten Staaten aufbaut, den antiken Verhältnissen nicht anpassen dürfen. Wenn Jellinek S. 338 sagt, die Möglichkeit einer Rechtsordnung komme für die antiken Staaten selbst nicht zum Bewußtsein, weil in der von den Römern angenommenen Lehre der Stoiker der Weltstaat als die dem Staatsbegriffe entsprechende Verwirklichung behauptet wird, so ist dies allerdings richtig für die Zeit, wo es keine Staaten mehr gab, sondern nur einen einzigen Staat, das „imperium Romanum", das römische Weltreich. Es gilt aber nicht für jene Zeit, in der der aufstrebende Stadtstaat mit den als souverän anerkannten Peregrinenstaaten und dem Auslande überhaupt in Beziehung trat und bewußt alle Teile bindende Rechtsnormen statuiert wurden. — Richtiger neuerdings v. Martitz bei Hinneberg S. 427, wenn er in der Einleitung sich folgendermaßen ausläßt: „Rechtsregeln, welche von einem Volke im Verkehr mit Fremden in Anwendung gebracht werden, können auf die aus dem Altertum übernommene, von allen Kultursprachen angenommene Bezeichnung als Völkerrecht erst dann Anspruch machen, wenn eine Mehrheit von Völkern in ihnen den Ausdruck einer sie gegenseitig bindenden rechtlicher Ordnung anerkennt. Inhalt, Umfang und Geltungsbereich einer solchen Ordnung mag verschieden sein. Die Geschichte hat mannigfache weitere und engere Verbände völkerrechtlicher Art sich bilden und sich lösen sehen. Von ihnen aber kommt keiner an allgemeiner Bedeutung für die Geschichte der Menschheit, an Festigkeit der auch nach heftigen Erschütterungen sich immer wieder zusammenfügenden Grundlagen, an verhältnismäßiger Reife der juristischen Durchbildung, an äußerer und innerer Entwickelungsfähigkeit derjenigen Völkergemeinschaft gleich, welche in Europa seit Ausgang des Mittelalters auf der Grundlage christlicher Weltanschauung und Gesittung erwachsen ist." — Zutreffend im ganzen Rivier S. 18 Abs. I, bis auf die letzten drei Sätze. S. ferner von den älteren: Müller-Jochmus I S. 17 und die in der Vorrede Zitierten: Schmelzing, Schmalz, Oppenheim, auch Heffter.

diese Auffassung verkennt die internationalen Beziehungen des römischen Staates vollständig; es soll im folgenden der Nachweis geführt werden, daß die römische Staatenwelt ein positives Völkerrecht geschaffen und zur Grundlage eben dieser internationalen Beziehungen gemacht hat.

§ 7.

I. Allgemeines.

Die Völkerrechtsnormen regeln den wechselseitigen Verkehr mehrerer Staaten zueinander, soweit durch ihn Rechtsverhältnisse zwischen den Staaten als Rechtssubjekten geschaffen werden. Es sind als Voraussetzung für die Existenz völkerrechtlicher Regeln gegeben: 1. das Vorhandensein mehrerer souveräner Staaten, 2. ein wechselseitiger, rechtsbedeutsamer Verkehr derselben untereinander und 3. die bewußte Unterwerfung unter Normen, die die einzelnen Staaten als die Glieder einer Rechtsgemeinschaft[1] binden. Die vielfach[2] vertretene Ansicht, daß nur durch die Weltanschauung des Christentums ein Völkerrecht geschaffen werden konnte,[3] verkennt die Tatsache, daß die Entstehung völkerrechtlicher Normen in erster Reihe geknüpft ist an die Anerkennung der selbständigen Persönlichkeit des Staates ohne Rücksicht auf gemeinsame religiös-ethische Überzeugungen; sie sind erst ein zweites und ferneres Postulat, dem übrigens die römische Staatenwelt durchaus gerecht wurde. Das römische Völkerrecht ist ein Teil des jus gentium;[4] es gehören

---

Sodann Osenbrüggen, Holtzendorff I S. 242 ff., Karlowa I S. 281 ff., Klüber I S. 29, 30 usw.

[1] Was sie ist, sagt Jellinek (Subj. öff. R. S. 313): Die Anerkennung gemeinsamer, durch die gemeinsamen Zwecke gegebenen Rechtsnormen schafft aus der faktischen Gemeinschaft eine Gemeinschaft im Rechtssinne.

[2] S. z. B. die bei Müller-J. S. II Zitierten.

[3] Man kann höchstens mit Rivier a. a. O. S. 16 sagen: Unser heutiges europäisches Völkerrecht ist im wesentlichen eine Errungenschaft des Christentums.

[4] Karlowa a. a. O., Müller-J. a. a. O., Krüger S. 121. — Schon von den Römern sind die Wahrheiten ausgesprochen worden, die wir heute nur nachzubeten brauchen, daß „necessitas" und „ratio" die geschwisterlichen

dahin in erster Reihe alle diejenigen Normen, die das Verhältnis des römischen Staates als eines Ganzen gegenüber den übrigen als gleichwertig anerkannten Gemeinden und Staaten regeln, vornehmlich Kriegsrecht, Bündnisrecht, Gesandtschaftswesen, Vertragsrecht. Die allmähliche Entwickelung des römischen Gemeinwesens vom Stadtstaat zum italischen Territorialstaat und weiterhin zum omnipotenten Weltstaat hat sich auf völkerrechtlichem Wege vollzogen. Solange Rom als Stadtstaat den souveränen Peregrinenstaaten gegenüber eine prävalente Stellung nicht einnahm, kam der völkerrechtliche Charakter seiner auswärtigen Beziehungen am klarsten und schärfsten zum Ausdruck. Zwar war in den frühesten Zeiten auf Grund der römischrechtlich-sakralen Auffassung, der römische Staat reiche so weit, wie die römischen Götter, die anderen italischen Gemeinden so weit, wie ihre Gottheiten wirksam Schutz verleihen könnten, der Charakter des Staatswesens ein wesentlich exklusiver. Der Römer, der auf fremdes Gebiet gelangte, konnte Sklave eines Angehörigen des nicht befreundeten Peregrinenstaates werden; römische Sachen fielen als herrenlos der Okkupation anheim und umgekehrt;[1] aber schon in dieser Anerkennung absoluter Koordination,[2] selbst-

---

Quellen sind, aus denen die gemeinsame Rechtsüberzeugung fließt: Modestinus, l. 40 Dig. de leg. I, 3: Omne jus aut necessitas fecit, aut consensus constituit, aut firmavit consuetudo. Und Cicero, de re publ. III, 22: Est quidem vera lex recta ratio, naturae congruens, diffusa in omnes, constans, sempiterna ...; nec erit alia lex Romae, alia Athenis, alia nunc, alia posthac; sed et omnes gentes et omni tempore una lex et sempiterna et immutabilis continebit, unus quisque erit communis quasi magister et imperator omnium Deus; ille legis huius inventor, disceptator, lator ... etc.

[1] l. 5, § 2 Dig. XLIX, 15: In pace quoque postliminium datum est: nam si cum gente aliqua neque amicitiam neque hospitium neque foedus amicitiae causa factum habemus, hi hostes quidem non sunt, quod autem ex nostro ad eos pervenit, illorum fit, et liber homo noster ab eis captus servus et eorum: idemque est, si ab illis ad nos aliquid perveniat.

[2] So heißt es ausdrücklich vom peregrinus: „qui suis legibus utitur"; Cicero, de off. I, 12, 37: Equidem etiam illud animadverto, quod, qui proprio nomine perduellis esset, is hostis vocaretur, lenitate verbi rei tristitiam mitigatam. Hostis enim apud majores nostros is dicebatur, quem nunc peregrinum dicimus. Iudicant duodecim tabulae: „Aut Status Dies Cum Hoste", itemque: „Adversus Hostem Aeterna Auctoritas!" Quid ad

ständiger Machtäußerung[1] und unabhängiger Staatsgewalt lag die Basis der sich entwickelnden Völkerrechtssätze sowie der völkerrechtlichen Souveränität. Wenn man daher die über die „noxae deditio“ aufgestellten Rechtssätze auf den römischen Staat in seinem Verhältnis zu einem fremden Gemeinwesen für den Fall anwandte, daß jener oder dieses nicht publico nomine, sondern von einem Untertan durch eine private Rechtsverletzung in seiner Integrität geschmälert war, so findet dies seine Erklärung in der Anerkennung beider Staaten als gleichgeordneter Rechtssubjekte, auf die gewisse Sätze des Privatrechts analoge Anwendung finden können, ähnlich wie in dem heutigen modernen Völkerrecht.

Es wird sich nun darum handeln, die wichtigsten Äußerungen der Völkerrechtsregeln der römischen Staatenwelt zu erörtern.

§ 8.

II. Götteraustausch.

Die Vermutung liegt nahe, daß, wie das gesamte weltlichbürgerliche Recht der Römer aus dem Sakralrecht geflossen ist und an ihm seine wesentlichste Stütze gefunden hat, auch die internationalen Beziehungen, und zwar zunächst, soweit sie friedlicher Natur waren, zwischen Rom und den übrigen Gemeinden ihren Ausgang von jenem hochbedeutsamen sakralen Akt genommen haben, der sich uns als Austausch der Gemeindegötter darstellt. Erinnert man sich des strengen Zusammenschlusses der eng verbundenen Sakralgenossenschaft und ihres fast feindlichen Ver-

---

hanc mansuetudinem addi potest, eum, quicum bellum geras, tam molli nomine appellare? Quamquam id nomen durius effecit jam vetustas; a peregrino enim recessit et proprie in eo, qui arma contra ferret, remansit. — Varro, de ling. lat. V, 3 (Bruns, pars post. S. 53): Multa verba aliud nunc ostendunt, aliud ante significabant, ut hostis; nam tum eo verbo dicebant peregrinum, qui suis legibus uteretur; nunc dicunt eum, quem tum dicebant perduellem.

[1] Daher geben die Römer uns auch die rechtlichen Merkmale des Staatsgebietes ganz genau: Pompon, l. 239 § 8 Dig. de v. s. L, 16: Territorium est universitas agrorum intra fines cuiusque civitatis: quod ab eo dictum, quidam aiunt, quod magistratus eius loci intra eos fines terrendi, id est, summovendi jus habent.

haltens zu der unter fremden Göttern lebenden externen Gemeinde, so will es ohne die Annahme von dem Bestehen gewisser ältester Bestimmungen über Reziprozität fast unerklärlich scheinen, daß fremde Götter in Rom, die römischen aber in der fremden Gemeinde heimisch werden konnten. In einem solchen Austausch von Gottheiten, meist nach gütlicher Beilegung von Streitigkeiten oder nach Abschluß eines Freundschaftsvertrages mit einer auswärtigen Gemeinde, ist nicht etwa das zu sehen, was wir in übertragenem Sinne heute internationale Höflichkeit (courtoisie) nennen würden, vielmehr ist die Anschauung lebendig, daß nunmehr, da die fremden Götter gastliche Aufnahme im fremden Lager gefunden haben, auch die Bürger sich des „hospitium publicum" erfreuen dürfen. Zu betonen ist, daß nach ältester Auffassung nicht der Vertrag als solcher, sondern der Götteraustausch den Rechtsgrund für die Aufnahme gegenseitiger Beziehungen schafft. So wird auch in der üblichen Deditionsformel der Übertragung der Götter usw. in das neue Gewaltverhältnis ausdrücklich gedacht. Die Formel finden wir bei LIVIUS I, 38.[1,2] Auf

[1] Rex interrogavit „Estisne vos legati oratoresque missi a populo Conlatino, ut vos populumque Conlatinum dederetis?" „sumus"; „estne populus Conlatinus in sua potestate?" „est"; „deditisne vos populumque Conlatinum, urbem, agros, aquam, terminos, delubra, utensilia, divina humanaque omnia in meam populique Romani dicionem?" „dedimus", „at ego recipio!"

[2] Es ist bereits die mythologische Anschauung der Römer gestreift worden, daß jede menschliche Handlung, soweit sie irgendwelche rechtliche Bedeutung hat, ebenso jedes Ereignis in der Natur, in der Geschichte oder in der Politik sich in der Götterwelt widerspiegelt. Es liegt in der Natur der römischen Gottesverehrung, das göttliche Wirken bis ins einzelne zu erkennen und zu erklären. Deshalb geht man in der Erkenntnis, daß die konkreten Lebens- und Rechtsbeziehungen unter dem Schutze besonderer Gottheiten stehen, nicht fehl, jede religiöse Zeremonie, jedes sakrale Moment immer nur als die Schale des den Kern bildenden eigentlichen Lebensaktes zu betrachten. Das ist gerade die bewundernswert praktische Seite der römischen Religion, daß sie nüchtern den Begriff und sein Bild auseinander zu halten vermag. Darin liegt auch die Erklärung für die Leichtigkeit, mit der neue Kulte, neue Götter, neues Zeremoniell in Rom heimische Aufnahme fanden; eine eigentümliche Erscheinung, wenn man bedenkt, daß bei der schwerlastenden Strenge des römischen Formelwesens und dem die ganze Lebensordnung des Römers beherrschenden Geiste des Konservativismus die religiöse Auffassung am Buchstaben haftete und sich zu einer freieren

diesem Wege hat sich vermutlich auch jener älteste Verschmelzungsprozeß vollzogen, der die Inkorporation der Hügelbürgerschaft in die Palatingemeinde zur Folge hatte; die Assimilation beider Gemeinden wird eine tatsächlich so adäquate gewesen sein, daß es nur noch des sakralen Austauschaktes der Gemeindegottheit, d. i. des Gottes Mars zur rechtlichen Fixierung der erfolgten Vereinigung bedurft haben wird.[1]

§ 9.

III. Kriegsrecht.

Eine wichtigere, wenn auch kaum ältere Grundlage für die Ausgestaltung der internationalen Beziehungen ist das Kriegs- und Bündnisrecht gewesen. Schon die ältesten Kriege der Römer, von denen wir in rechtshistorischer Zeit hören, sind keine schrankenlosen Raub- und Beutezüge; sie stellen vielmehr nach römischer Auffassung ein formales Rechtsverfahren dar.[2] Auch dieses Rechtsverfahren ist ursprünglich ein ritueller Vorgang, der an den ältesten Kult,[3] den Marskult, erkennbar anknüpft. Die

---

Gestaltung nicht aufschwingen konnte. Weil aber jede neue Lebensbetätigung eine Offenbarung bestimmten göttlichen Waltens war, die ihrerseits einen neuen Kult verlangte, so konnte der Götterkreis niemals ein geschlossener bleiben und mußte schließlich bis ins Unendliche wachsen. Aus diesen Gründen aber ist gerade die römische Götterlehre, das Kult- und Sakralwesen für den modernen Forscher von nicht zu unterschätzender Bedeutung; er wird da, wo die Religion in die Betätigungen des alltäglichen Lebens hinübergreift, mit Recht seine Rückschlüsse ziehen können und in jedem rituellen Vorgange einen Rechtsakt mehr oder minder bedeutsamer Natur vermuten.

[1] So wird denn auch leicht verständlich, daß fortan in der römischen Gemeinde ein doppelter Marskult (der des Mars und Quirinus), zwiefache Marspriestertümer, Springer- und Wolfsgilden existieren.

[2] Karlowa I S. 281; Müller-J. S. 153; Osenbrüggen S. 37. — „Jure gentium agere", sagt Bernhöft S. 218 „und lege agere waren parallele Institute."

[3] Mommsen, Gesch. I S. 165: Die ältesten Gemeindepriestertümer beziehen sich auf den Mars. Vor allem der auf Lebenszeit ernannte Priester des Gemeindegottes, „der Zünder des Mars" (Flamen Martialis), wie er vom Darbringen des Brandopfers benannt ward, und die zwölf „Springer" (salii),

Verehrung des Mars[1] ist keine spezifisch römische, sie ist vielmehr auch bei den latinischen und sabellischen Stämmen, bei den italischen überhaupt, seit Urzeiten anzutreffen. Hierauf ist zu achten, denn diese Erscheinung erklärt den Parallelismus der kriegsrechtlichen Grundsätze und Normen, die sich seit jeher zwischen den italischen Gemeinden auf der Basis absoluter Parität im Flusse der Entwickelung befinden. Dies wird noch unterstützt durch die universelle Stellung, die gerade der Gott Mars im altitalischen Götterkreise einnimmt; er bildet nicht nur den Mittelpunkt einer besonderen Göttergruppe, er ist vielmehr der Hauptgott, die „Gottheit"; er ist nicht allein der Kriegsgott, wie ihn die Hellenen im Ares verehren, sondern er hat eine weit allgemeinere Bedeutung,[2] und hierin liegt nicht zum letzten die

---

eine Schar junger Leute, die im März den Waffentanz zu Ehren des Mars aufführten und dazu sangen.

[1] Maurs, Mavors-mors, Mar-Mer, Marmar, Ma-Mers.

[2] So ist er ursprünglich der Gott des Wachstums. Mars Gradivus — später erklärt als der „Weitausschreitende" — der Schirmer der Felder und Herden und der Weissager der Zukunft. Er ist anfänglich die Gottheit κατ' ἐξοχήν der latinischen usw. Gemeinden. Jede Gemeinde hat ihren Mars, der stärker und gewaltiger ist, als der der fremden Gemeinde. Um seine heilige Stätte schart sich die Sakralgenossenschaft in innigem Zusammenschluß und im Bewußtsein souveräner Einheit. Ihm wird in schweren Zeiten der „heilige Lenz" gelobt, und wenn die junge Mannschaft mit dem Schwerte in der Hand auszieht zur Begründung neuer Sitze, dann steht sie unter dem Schutze des heimischen Mars. So wird er speziell zum Gott des Krieges, zum voranstürmenden (gradivus, s. o.) Schlachtengott; beim Ausbruch des Kampfes schlägt der Feldherr an Lanze und Schild des Mars und ruft ihn herbei zu Schutz und Wacht. Besonders die Lanze spielt im römischen Recht eine bedeutsame Rolle: nicht nur daß sie das Zeichen des Krieges ist — Festus, v. Caelibari S. 63 (Bruns, pars post. S. 4): Hasta summa armorum et imperii est — und S. 101 v. hastae (Bruns a. a. O. S. 10): . . . quia signum praecipuum [belli] est etc. — unter ihrem Wahrzeichen vollzieht sich auch der im „justum piumque bellum" gemachte Kriegserwerb, späterhin der Eigentumserwerb überhaupt (Gaius IV, 16: festuca autem utebantur quasi hastae loco, signo quodam justi dominii: quia maxime sua esse credebant, quae ex hostibus cepissent; unde in centumviralibus judiciis hasta praeponitur). Für die römische Gemeinde speziell ist der Marsgott von höchster Bedeutung geworden, denn das ihm geheiligte Tier, der Wolf, ist das Wahrzeichen der civitas Romana: er ist als Erzeuger des Romulus zum Stammherrn des populus Romanus erhoben worden! — Diese kurzen

Ursache für die Entstehung jener religiös-ethischen Überzeugung, auf deren Basis sich die italischen Gemeinden zu gemeinsamem Verkehr und zur Verwirklichung gleicher Lebensinteressen gefunden haben. Die wichtigsten Momente des kriegsrechtlichen Verfahrens[1] seien kurz berührt.

Ausführungen mögen hier genügen; sie werden im Zusammenhange mit dem oben S. 39 Anm. 2 Gesagten das Vorhandensein einer religiös-ethischen Überzeugung erweisen, die die italischen Gemeinwesen zu einer Kulturgemeinschaft vereinte, nicht anders wie das Christentum die zivilisierten europäischen Staaten. Wie hätten auch sonst allgemein anerkannte Grundsätze über Unverletzlichkeit der Gesandten, Unverbrüchlichkeit der Verträge, über das im Kriege zu beobachtende Verfahren u. dgl. m. entstehen können; ohne das Bewußtsein der Übereinstimmung bestimmter Ideenkreise, und ohne die durch die Identität der Kulte und Gemeinwesen als reiner Sakralgenossenschaften bedingte Vorstellung von einem inneren Zusammenhange der civitates untereinander wäre es niemals möglich gewesen, präzis diejenigen Rechtsformen für die hier in Betracht kommenden Gebilde zu schaffen, wie wir sie bei den italischen Volksstämmen schon so frühzeitig finden. Deshalb kann man nicht einfach die Existenz völkerrechtlicher Erscheinungen des klassischen Altertums hinwegleugnen mit der Begründung, ein Völkerrecht könne sich nicht entwickeln, so lange der Staatsfremde als Feind, als Ungläubiger oder als Barbar gilt (s. v. Liszt, Völkerr. S. 15). Das ist eine einseitige Betrachtung; man darf sich nicht auf den Standpunkt des heutigen, modernen europäischen Völkerrechts stellen; für dieses allerdings bietet das Völkerrecht des Altertums, wie Rivier (S. 17) mit Recht bemerkt, vorwiegend (nicht ausschließlich!) ein geschichtliches und rechtsvergleichendes Interesse. Wenn er (S. 18) sagt, daß dem so achtbaren römischen Völkerrechte noch das Bewußtsein einer natürlichen außervertragsmäßigen Gemeinschaft unter den Völkern fehle, welches nur vom Christentum eingegeben werden konnte, so ist das nicht richtig. Dieses Bewußtsein war, natürlich in ganz modifizierter Weise, sehr wohl vorhanden, und das von Pompon in l. 5 § 2 Dig. XLIX, 15 wiedergegebene Prinzip, entsprungen rein praktisch politischen Bedürfnissen, widerstreitet dem nicht. — Im übrigen vgl. den Text.

[1] Daß der Krieg kein Willkürakt, sondern rechtlichen Normen unterworfen ist, die gleichwertig wie die jura pacis zu beobachten sind, ist den Römern ein schon ganz natürlicher Gedanke. Von den zahllosen Quellenstellen, die den sine justa causa und formlos begonnenen Krieg als rechtswidriges Tun betrachten, seien außer den noch im folgenden zu berücksichtigenden Belegen angeführt: Livius III, 25, 3: is . . . justo ac pio bello persequabatur; III, 25, 6: legati . . . venerunt questum injurias et ex eo foedere res repetitum; III, 25, 8: haec . . . „sacrata quercus et quidquid eorum est, audiant foedus a vobis ruptum nostrisque et nunc querellis ad-

Zunächst war es ein schon bedeutender Fortschritt, daß man in genauer Formulierung bindende Normen über den Kriegsanlaß und die Kriegsindiktion aufstellte und allseitig anerkannte. Gewiß war, wie in den Zeiten der durch den rohen Instinkt bedingten zügellosen Eroberungs- und Plünderungssucht der wilden Horden, das unmittelbare Ziel des Krieges auch jetzt noch der Erwerb; aber man stand doch bereits auf dem sittlich hohen Punkte, daß er ein gerechtfertigter sein mußte.[1] Dies war er aber nur dann, wenn der Krieg selbst mit göttlichem Willen begonnen und unter göttlicher Zustimmung geführt wurde; der so

---

sint et mox armis, cum deorum hominumque simul violata jura exequemur"; V, 27, 6: sunt et belli sicut pacis jura, justeque ea non minus quam fortiter didicimus gerere; XXX, 16, 9: tamen cum victoriam prope in manibus habeat, pacem non abnuere, ut omnes gentes sciant populum Romanum et suscipere juste bella et finire; XLV, 22, 5: certe quidem vos estis Romani, qui ideo felicia bella vestra esse, quia justa sunt, prae vobis fertis; nec tam exitu eorum, quod vindicatis, quam principiis, quod non sine causa suscipiatis, gloriamini. — Der nicht gehörig angesagte Krieg war „latrocinium". Livius XXXVIII, 45, 4ff. (namentlich 7): Cum ibi nullam belli causam inveniret . . . circumegisse exercitum ad Gallograecos . . . Quid eorum, Cn. Manli, factum est, ut istud publicum populi Romani bellum et non tuum privatum latrocinium ducamus?

[1] Die Theorie vom Kriegerwerbe folgte aus dem sakralen Kriegsgange als einem rechtlichen Verfahren. Sie ist ein weiterer Beweis für die Auffassung, daß der Krieg Rechtsverhältnisse schaffe. Die Rechtsgültigkeit des Erwerbes sieht man ursprünglich im „capere propitiis diis", weshalb man auf das „justum piumque esse" des Krieges so großen Wert legt (s. die oben S. 41 Anm. 2 zitierte Stelle des Gaius). Gewährt der Gott den Sieg, so verleiht er damit das imperium über den Besiegten, das Eigentumsrecht an dem eroberten Lande und die Befugnis zum Verkaufe der erbeuteten Sachen. So schafft der gerechte Krieg einen Besitzstand optimo jure, der auch einen privatrechtlichen Titel in sich birgt. Dies gilt noch in den spätesten Zeiten; der Glaube an anthropomorphe Götter konnte schwinden, aber die Vorstellung, daß das im „bellum justum" Erworbene rechtsgültig Eigentum verschaffe, mußte auch unter der Herrschaft des weltlich-bürgerlichen Rechtes lebendig bleiben. Nur war jetzt die Motivierung zu modifizieren; man fand sie — noch in den Zeiten der klassischen Jurisprudenz — gegeben in der Lehre von der in der Kriegsinstitution zum Ausdruck gelangenden naturalis ratio. Näheres gehört nicht hierher. Siehe zu dem Ganzen Leist § 59, S. 451ff.

errungene Sieg galt als Gabe der Götter.[1] Ihr Schutz nun ist dem versagt, der eigenmächtig den status quo verletzt, und indem die Gottheit zur rächenden Führerin der verletzten Gemeinde wird, kämpft diese den gerechten Kampf, das „justum piumque bellum“ gegen den Friedensbrecher: Friedensbruch — das ist die generelle Idee — ist die justa causa belli;[2] das Verbot des „*ἄρχειν χειρῶν ἀδίκων*“ eine Norm des interpopularen Rechts.[3]

Man kann, will man überhaupt generell disponieren, vier Fälle scheiden, in denen ein rechtsamer casus belli gegeben ist:

1. Bruch des durch die „fides“ geschaffenen Friedenszustandes.[4]

---

[1] Das ist eine allgemein gräcoitalische Anschauung, die schon von Homer an zahlreichen Beispielen exemplifiziert wird; für die Italiker gilt dasselbe. Die gleiche Auffassung waltet bei den Altindern ob, Leist S. 432 ff.

[2] So läßt Livius I, 24, 7 ff. den pater patratus bei Abschluß des foedus zwischen Albanern und Römern also sprechen: . . . populus Romanum prior non deficiet, si prior defexit puplico consilio dolo malo, tam tu, ille Diespiter, populum Romanum sic ferito, ut ego hunc porcum . . . etc. Ebenso Ilias III, 98:

φρονέω δὲ διακρινθήμεναι ἤδη
Ἀργείους καὶ Τρῶας, ἐπεὶ κακὰ πολλὰ πέποσθε
εἵνεκ᾽ ἐμῆς ἔριδος καὶ Ἀλεξάνδρου ἕνεκ᾽ ἀρχῆς.

Ferner 351:

Ζεῦ ἄνα, δὸς τίσασθαι ὅ με πρότερος κάκ᾽ ἔοργεν.

[3] Das sind die alle okzidentalen Völker umspannenden Rechtsgedanken. Von den Griechen sagt Schömann, Griech. Altert. II, 4, 8: „Welche Veranlassungen den beiden größten Kriegen, dem thebanischen und dem troischen, nach der Sage zugrunde liegen, ist bekannt. Bei beiden redet aber die Sage auch schon von einem völkerrechtlichen Verfahren: Sowohl nach Theben. wie nach Troja waren Gesandtschaften geschickt worden, um Abstelluug der Beschwerden, Genugtuung und Ersatz zu fordern, und nur weil das abgeschlagen worden, hatte man zu den Waffen gegriffen. Derselbe völkerrechtliche Grundsatz wurde dann auch in der geschichtlichen Zeit regelmäßig befolgt: Es galt für Unrecht, Krieg zu beginnen, bevor man den Versuch gemacht hatte, sich auf friedlichem Wege mit dem Gegner auseinanderzusetzen . . . . War der Krieg beschlossen, so galt als Grundsatz des Völkerrechts, daß man die Feindseligkeiten nicht ohne vorherige Ankündigung begann.“

[4] Über die internationalen Friedensverträge s. weiter unten. — Aus der großen Anzahl der hier anzuführenden Quellenstellen (s. Leist S. 443) sei hingewiesen auf Livius VIII, 39: Minime id mirum esse, si impio bello et contra foedus suscepto, infestioribus merito deis quam hominibus, nihil

2. Unterstützung gemeinsamer Feinde und injuria gegenüber den socii populi Romani.[1]

3. Inkursion und Depopulation.[2]

4. Läsion der legati.[3]

Liegt nun einer dieser Fälle vor, so spielt sich das eigentliche Verfahren der Indiktion in der Weise ab, daß der Gegner zunächst formell zur Sühnung des zugefügten Unrechts aufgefordert wird. Das ist das sogenannte „res repetere",[4] das von den Fetiales vorgenommen wird. Die subtile Art der Ausgestaltung des „jus fetiale" ist bewundernswert, es ist die Quelle der „aequitas belli";[5] modernes Recht hätte hier nichts Durchdachteres schaffen können. Schon in den ältesten Zeiten hochbedeutsam, bestehend aus 20 Mitgliedern, ist das Fetialkollegium die Institution der civitas Romana zur Ausübung spezifisch völkerrechtlicher Funktionen.[6] Im wesentlichen war ihre Auf-

---

prospere agerent: expiandum id bellum magna mercede luendumque esse; und VII, 31, wo der sakrale Charakter des jus gentium betont wird: utilitate fides antiquior . . . arma deos priusquam homines violatura, adversus Samnites vobis negamus; legatos, sicut fas jusque est, ad socios atque amicos precatum mittemus, ne qua vobis vis fiat.

[1] Stellen s. bei Leist S. 444.

[2] Das war namentlich in den ältesten Zeiten der Hauptanlaß zur Ansage des gottgefälligen Verteidigungskrieges. Näheres bei Leist S. 442.

[3] Darüber ist unten ausführlicher zu handeln.

[4] Zahlreiches Belegmaterial ist übersichtlich bei Leist S. 447 ff. zusammengestellt. S. auch Osenbrüggen S. 28. — Der eigentliche Zweck des „res repetere" war seinem Wesen nach dasselbe, was wir im modernen Recht unter der friedlichen Beilegung von Streitigkeiten durch Vereinbarung der streitenden Mächte (etwa Vergleich, Verzicht, Anerkennung) verstehen; es soll der Ausbruch des Krieges noch in letzter Stunde verhindert werden durch alleinige Vermittelung der beteiligten Staaten. Der ganze Vorgang zeigt einen ausgesprochen rechtlichen Charakter; Bernhöft S. 221.

[5] Cicero, de off. I, 11, 36: Ac belli quidem aequitas sanctissime fetiali populi Romani jure perscripta est.

[6] Es kann hier nur das Wesentlichste Berücksichtigung finden. Man vgl. zu dem Ganzen Karlowa I S. 281 ff.; Bernhöft S. 218; Müller-Jochmus S. 154 ff.; Osenbrüggen S. 19; Pauly III S. 466; Marquardt III S. 415, wo die gesamte einschlägige Literatur angegeben ist. — Über die Entstehung des „collegium fetialium" s. Livius I, 32; Plutarch, Numa XII; Dionys II, 72. Spielt vielleicht auch hier die oben erörterte Frage des Austausches

gabe eine zweifache.[1] Einmal bestand sie darin, die ordentlichen Magistrate in den Angelegenheiten der auswärtigen Politik — jus belli ac pacis — durch ihre Rechtsbelehrung zu unterstützen;[2] sodann aber eignete ihnen Gesandtencharakter, insofern als sie den Sakralakt des „res repetere" vorzunehmen hatten.[3] Dies war die eigentliche Domäne dieses eigenartigen sachverständigen Priesterkollegiums. Unter Anrufen der Götter, der feindlichen Grenzen und der das jus gentium beherrschenden göttlichen Satzungen konstatiert der Fetiale, daß gerechter Anlaß zum Kriege vorliege und das bellum ein „justum piumque"

---

der Marsgottheit hinein, so daß das Fetialenkollegium als eine Korporation der kombinierten Priesterkollegien der Palatin- und Quirinalgemeinde zu denken ist? — Die etymologische Ableitung ist ungewiß: Varro (V, 86) von fides; Servius in Aeneid. (I, 62; IV, 242 etc.) von foedus; Ennius von fidus (= foedus?); Festus (v. fetiales p. 91 — Thewrewk S. 65): fetiales a ferendo dicti: apud hos enim belli pacisque faciendae jus est; Müller-J. S. 158: fetialis, fecialis, foecialis a fando sive faciendo (Nieupoort, de ritib. Rom. p. 219).

[1] Varro, de ling. lat. V, 86 — bei Bruns, pars post. S. 54: Fetiales quod fidei publicae inter populos praeerant: nam per hos fiebat, ut justum conciperetur bellum, et ubi desitum, ut foedere fides pacis constitueretur. Ex his mittebantur, antequam conciperetur, qui res repeterent, et per hos etiam nunc fit foedus, quod „fidus" Ennius scribit dictum. — Nonius v. fetiales — bei Bruns, pars post. S. 66: Itaque bella et tarde et magna diligentia suscipiebant, quod bellum nullum nisi pium putabant geri oportere; priusquam indicerent bellum is, a quibus injurias factas sciebant, fetiales legatos res repetitum mittebant quattuor, quos oratores vocabant. —

[2] Livius XXXI, 8, 3: ... consultique fetiales ab consule Sulpicio, bellum quod indiceretur regi Philippo, utrum ... an ... XXXVI, 3, 7: consul deinde M'. Acilius ex senatus consulto ad collegium fetialium rettulit, ipsine ... an ... etc.

[3] Damit hing naturgemäß noch eine Reihe von Tätigkeiten zusammen, die ebenfalls zur Kompetenz der fetiales gehörten. So vor allem die Kriegsansage, von der unten zu sprechen ist; ferner die Geltendmachung der vom populus Romanus zur Bedingung gestellten Forderungen durch den princeps fetialium, den „pater patratus" (pater patratus ad jus jurandum patrandum i. e. sanciendum fit foedus. Leist S. 228): Livius I, 32, 7: peragit deinde postulata; VIII, 14, 5, 6: ... ut eius, qui cis Tiberim deprehensus esset, usque ad mille passum clarigatio esset ...; die Untersuchung angeblicher Völkerrechtsverletzungen; so insbesondere, wenn der Krieg „sine justa causa" begonnen oder „non rite" indiziert war (s. Karlowa a. a. O.); die Dedition

sei.[1] Wird daraufhin dem beteiligten Gemeinwesen volle Sühne geboten,[2] so entfällt die justa causa belli.[3] Verharrt der Gegner aber im Widerstande, so ist zunächst die Mission des entsandten Fetialen erledigt, da die Erwägung der weiteren

der an der Völkerrechtsverletzung Schuldigen an den verletzten Staat als Zeichen der Sühne: NONIUS a. a. O.: Si cuius legati violati essent, qui id fecissent, quamvis nobiles essent, uti dederentur civitati, statuerunt, fetialesque viginti, qui de his rebus cognoscerent judicarent statuerent, constituerunt. — LIVIUS IX, 10: A. CORNELIUS ARVINA fetialis ita verba fecit: Quandoque hisce homines injussu populi Romani Quiritium foedus ictum iri spoponderunt atque ob eam rem noxam nocuerunt, ob eam rem, quo populus Romanus scelere impio sit solutus, hosce homines vobis dedo. — CICERO, de orat. I, 40, 181: Et enim si C. Mancinum ... quom propter invidiam Numantini foederis pater patratus ex S. C. Numantinis dedidisset eumque ille non recepissent posteaque Mancinus domum revenisset neque in senatum introire dubitasset, P. RUTILIUS M. F. tribunus plebis jussit educi, quod eum civem negaret esse, quia memoria sic esset proditum, quem pater suus aut populus vendidisset aut pater patratus dedidisset, ei nullum esse postliminium. Ebenso II, 32, 137: — GELLIUS, noct. Att. XVII, 21, 36: ob eamque causam populi jussu Samnitibus per fetiales dediti recepti non sunt. S. auch l. 18 Dig. L, 7. — Endlich der Friedensschluß, vgl. z. B. CICERO, de leg. II, 9, 21: Foederum pacis belli indotiarum ratorum fetiales in dices nontii sunto bella discertando. Näheres s. weiter unten.

[1] LIVIUS I, 32, 6 ff.: Legatus ubi ad fines eorum venit, unde res repetuntur, ... „audi, Jupiter“, inquit, „audite fines“, cuiuscunque gentis sunt, nominat — „audiat fas! Ego sum publicus nuntius populi Romani; juste pieque legatus venio verbisque meis fides sit.“ „... si ego injuste impieque illos homines illasque res dedier mihi exposco tum patriae compotem me nunquam siris esse.“ VIII, 6: dii pium movere bellum ... est caeleste numen.

[2] Herausgabe des erbeuteten Viehs usw., Freilassung der Gefangenen, Ausantwortung des Vermögens, noxae deditio der Schuldigen. Letzteres ist die Wiederkehr jenes dem Gottverfallensein entspringenden Gedankens, der beim parricida, dem Hauskinde, das den parens schlägt, und späterhin auch bei der noxae deditio des Privatrechts auftritt; s. hierzu die Ausführungen oben S. 17 u. 18.

[3] Werden die Streitigkeiten trotzdem begonnen, so ist der Krieg kein „justum piumque bellum“, entbehrt daher des göttlichen Schutzes. LIVIUS IX, 1: Expiatum est, quidquid ex foedere ruptum irarum in nos caelestinum fuit. Satis scio, quibuscunque diis cordi fuit, subigi nos ad necessitatem dedendi res, quae de nobis ex foedere repetitae fuerunt, is non fuisse cordi tam superbe ob Romanis foederis expiationem spretam ... quid enim ultra fieri ad placandos deos mitigandosque homines, quam quod nos ferimus?

Rechtsverfolgung, insbesondere die Fassung des Kriegsbeschlusses eine Frage rein staatsrechtlicher Natur ist, also der Entscheidung der staatsrechtlich zuständigen Stellen unterliegt. Wir sehen, eine scharfe Trennung inner- und außerstaatlicher Behördenkompetenz![1]

Der entscheidende Akt des Kriegsverfahrens endlich, das „indicere bellum“ ist wieder rein völkerrechtlicher Natur: Es ist der hochsolenne Augenblick, in dem der pater patratus die hasta (!) in das feindliche Gebiet hinüberschleudert: Cum enim volebant bellum indicere, pater patratus, h. e. princeps fetialium proficiscebatur ad hostium fines et praefatus quaedam solemnia clara voce dicebat, se bellum indicere propter certas causas, aut quia socios laeserant aut quia nec abrepta animalia nec obnoxios redderent. Et haec clarigatio dicebatur a claritate vocis. Post quam clarigationem hasta in eorum fines missa indicabatur jam pugnae principium.[2] Dieses ganze, aus den geschilderten Akten bestehende sakrale Verfahren hat noch bis zu den spätesten Zeiten der römischen Republik vorgeherrscht, wenn es auch vereinfacht wurde und den sakralen Charakter abstreifte. Noch Cicero hebt hervor, daß die Feststellung des „justum piumque bellum“ auf der Grundlage der „fetialis religio“ eine notwendige Forderung der belli aequitas sei, weshalb die Institution der fetiales überhaupt wie ihre Exegetentätigkeit auch jetzt noch an Aktualität nichts verloren hat.[3]

---

[1] Livius I, 32, 10: „Ego vos testor, populum illum“ — quicunque est, nominat — „injustum esse neque jus persolvere, sed de istis rebus in patria majores natu consulemus, quo pacto jus nostrum adipiscamur!“

[2] Serv. in Aeneid. IX, 53. — Livius I, 32, 12/13: fieri solitum, ut fetiales hastam ferratam aut sanguineam praeustam — wir befinden uns also hier noch in einer Zeit, in der es kein Kupfer gab — ad fines eorum ferret et . . . diceret . . . id ubi dixisset, hastam in fines eorum emittebat.

[3] Cicero, de off. I, 11, 36: Ac belli quidem aequitas sanctissime fetiali populi Romani jure perscripta est. Ex quo intellegi potest, nullum bellum esse justum, nisi quod aut rebus repetitis geratur aut denutiatum ante sit et indictum; — de re publ. II, 17: sanxit fetiali religione, ut omne bellum, quod denuntiatum indictumque non esset, id injustum esse atque impium judicaretur.

§ 10.

IV. Bündnisrecht.

Das Bündnisrecht schließt sich eng an den Krieg als Rechtsverfahren an. Es ist unleugbar zu einer Vervollkommnung ausgebildet worden, wie wir sie sonst im Altertum nicht finden;[1] seine für das römische Recht große Bedeutung liegt vornehmlich darin, daß es die Quelle wurde für jenes Weltprivatrecht, jus gentium, das seit dem 3. Jahrhundert v. Chr. die Grundlage aller Rechtsordnung geworden ist. Auf Grund des uralten Prinzips, daß jeder Fremde „hostis“ und als solcher rechtlos ist, stellt sich die Anbahnung und Wahrung friedlicher Beziehungen mit einem auswärtigen Staate dar als Ausnahmezustand, der den normal gedachten Kriegszustand zwischen Rom und dem Auslande örtlich und zeitlich unterbricht. Als „Ausland“ ist ein zwiefaches zu scheiden:

1. die Summe der auswärtigen, in dauernd abhängiger Verbindung mit Rom verknüpften inländischen Gemeinwesen, deren außerstaatliche Rechtsbeziehungen in der hegemonialen Entwickelungsgeschichte Roms in Latium und Italien ihre Rolle gespielt haben,

2. das eigentliche „Ausland“, d. h. die außerhalb Italiens liegenden autonomen Staaten.

Die interessantesten, zugleich auch markantesten völkerrechtlichen Erscheinungen in der frühesten Geschichte Roms sind der latinische Stammbund und der italische Städtebund. Ihre rein völkerrechtliche Stellung ist hier darzulegen.

§ 11.

1. Der latinische Stammbund.

Was zunächst den latinischen Stammbund betrifft, so ist davon auszugehen, daß Rom und die umliegenden Städte des

[1] Auch hier können nur die leitenden Gesichtspunkte in knapper Form gegeben werden. Im übrigen sei verwiesen auf die Ausführungen bei Leist § 60; Karlowa I S. 286 ff.; Mommsen, Staatsr. III, 1 S. 590 ff.; Schulin S. 46 ff.; Göttling S. 216 ff.; Rubino, nam. Absch. IV; Osenbrüggen S. 65 ff.; Müller-J. S. 138 ff., 181 ff. usw.

„nomen Latinum“, wie Alba, Praeneste usw. in Anbetracht gleicher Sprache, gleicher Gesittung und Entwickelungsbedingungen schon frühzeitig Glieder einer staatlichen Konföderation werden mußten.[1] Die gemeinsame an den Jupiter- und Marskult anknüpfende religiös-ethische Überzeugung der einzelnen Sakralgenossenschaften wird das Ihrige zu diesem Zusammenschluß getan haben. Die souveränen Gaue vereinen sich in friedlichem Sinne alljährlich zu gemeinsamer Abhaltung der „Feriae Latinae“, um dem Stammesgott, dem Jupiter Latiaris auf dem Mons Albanus[2] zu opfern. Hier liegt der Ursprung dieses als ewig gedachten Bundes,[3] aus dem heraus Rom als Vorort und

---

[1] Mommsen a. a. O. S. 608, vermutet, daß es vordem noch eine Epoche gegeben habe, in der sich die gleichsprachigen Bewohner Mittelitaliens, die Latini, in einem Gemeinwesen gleichberechtigt zusammengefunden haben. „Das Auseinandersiedeln in einzelne Mauerringe und die zu deren Verteidigung erforderliche Organisation wird erst tatsächlich, dann auch rechtlich zu dem Auseinanderfallen des einheitlich geordneten Stammes in eine Anzahl souveräner Wehrmannschaften (populi) geführt haben.“ Dieses Auseinanderfallen aber, meint Mommsen, sei kein vollständiges gewesen, sondern vielmehr eine Umwandlung in eine bündische Gesamtwehrgenossenschaft. Hier knüpfen wir an.

[2] Der Gau von Alba war der vornehmste und älteste unter den latinischen Eidgenossenschaften. Mommsen, Gesch. I, 39.

[3] Vermutungen und Rückschlüsse über den rechtlichen Inhalt der ältesten Formation des Bundes sind, ohne das Bild zu trüben, kaum möglich. Man kann vielleicht folgendes sagen: Lediglich das starke Bewußtsein national-sakraler Zusammengehörigkeit wird den Bundesgedanken haben reifen lassen. Bindende Normen sind wohl schon deshalb nur in kargem Maße geschaffen worden, weil die volle Selbständigkeit und Autonomie der einzelnen Gaue gewahrt blieben. So vor allem, wo das wichtigste Recht, nämlich das „jus belli ac pacis“ in Frage stand. Deshalb ist auch die Anschauung jedenfalls irrig, die schon für diese Zeit annimmt, daß die römisch-latinische Föderation dem Ausland gegenüber durch Rom repräsentiert worden sei. — Aber wie bei jeder Genossenschaft wird auch beim Latinerbunde eine Zentralgewalt existiert haben mit Rechten und Pflichten, Befugnissen und Gewalten. Daß der Bund Gerichtsbarkeit hatte und im Falle einer Bundesrechtsverletzung sogar auf Tod erkennen konnte, wissen wir. Der Gedanke des Gottverfallenseins, des „sacrum esse“ und des als Sühnung der Eidgenossenschaften vollbrachten Menschenopfers hat hier die ältesten Formen gegossen. Begründet ist ferner die Annahme von der Existenz eines Schiedsgerichtes zwecks Schlichtung von Streitigkeiten unter den

Führerin in langsamer, aber beharrlicher Entwickelung sein Haupt emporrichten sollte. Die Zerstörung Albas, der „alten heiligen Metropole Latiums“,[1] durch die römische Wehrmannschaft ist der gewichtigste Markstein in dem politischen Werdegange des aufstrebenden Vororts: Rom übernimmt damit die Rechtsnachfolge in die Primatialstellung innerhalb der Bundesgenossenschaft, es wird die berufene Vertreterin der beim latinischen Feste vereinigten Sakralgemeinden gegenüber der Gottheit und begründet so die eidgenössische Hegemonie.[2]

Die Formation des Bundes in der jetzigen Gestalt hat ein unverkennbar völkerrechtliches Gepräge. Sein Hauptzweck ist die Schaffung eines ewigen Schutz- und Trutzverhältnisses sowie Wohlfahrtsförderung der einzelnen Glieder ganz ähnlich den Zwecken des Staatenbundes oder Bundesstaates des modernen Völkerrechts:[3] „Friede soll sein zwischen den Römern und allen Gemeinden der Latiner, solange Himmel und Erde bestehen; sie sollen nicht Krieg führen untereinander noch Feinde ins Land rufen, noch Feinden den Durchzug gestatten; dem Angegriffenen

---

einzelnen Bundesgliedern, die Existenz eines Bundesfeldherrn für den Fall eines gemeinsamen Krieges und das Vorhandensein eines strikten Fehdeverbotes für die Zeit der Abhaltung der Feriae Latinae. Ausführliches bei MOMMSEN a. a. O.

[1] MOMMSEN, Gesch. I S. 97 — Der Kampf zweier Bundesglieder miteinander darf uns nicht wundern; das schrankenlose „jus belli ac pacis“ hatten sich die autonomen Gemeinden gewahrt.

[2] Die Geschichte des Latinerbundes lehrt vorzüglich, wie sich die „Hegemonie“ aus einem anfangs nur politischen Begriff zu einem streng juristischen umwandeln kann.

[3] Man vgl. z. B. das Prooemium der Verfassung des Deutschen Reiches vom 16. April 1871: S. M. der König von Preußen usw. und S. M. der König von Bayern usw. schließen einen ewigen Bund zum Schutze des Bundesgebietes und des innerhalb desselben gültigen Rechts, sowie zur Pflege der Wohlfahrt des deutschen Volkes. — Ferner die schweizerische Bundesverfassung von 1874, Art. 2: Der Bund hat zum Zweck: Behauptung der Unabhängigkeit des Vaterlandes gegen außen, Handhabung von Ruhe und Ordnung im Innern, Schutz der Freiheit und der Rechte der Eidgenossen und Beförderung ihrer gemeinsamen Wohlfahrt. S. auch die Priambel der Verfassung der Vereinigten Staaten von Nordamerika vom 17. September 1787 u. a. m.

soll Hilfe geleistet werden mit gesamter Hand und gleichmäßig verteilt werden, was gewonnen ist im gemeinschaftlichen Kriege![1] Eine Bundessatzung mit Regeln über das Bundesfest und mit einer Aufzählung der Berechtigungen und Verpflichtungen der Glieder hat existiert.[2] Unter diesen ist, was naturgemäß in dem Charakter des Bundes als einer Waffen- und Wehrgenossenschaft liegt, als wichtigste zu nennen die Stellung von Kontingenten zwecks Formierung eines Bundesheeres unter der Führung des Vorortes, also Roms. Die Erledigung der Bundesangelegenheiten erfolgte alljährlich, vermutlich im Anschluß an das Latiar auf dem Albanerberg; Bestimmungen über die Repräsentation und Stimmverteilung haben zweifellos nicht gefehlt. Das Schweigen der römischen Annalisten hierüber wie über die genauere staatsrechtliche Struktur des Bundes überhaupt beweist nichts, wenn man bedenkt, daß sie selbst von diesen Dingen schwerlich Kunde gehabt haben. Vielleicht hat auch hier das rege Streben der Römer, nicht als Bundesglied, sondern als herrschender Gau zu gelten, die römischen Logographen erfolgreich getäuscht. Daß die einzelnen Gemeinden an ihrer Souveränität in keiner Weise Einbuße erlitten,[3] ist bereits hervorgehoben worden. Weiterhin bildete das Bundesgebiet die gleiche Basis für alle zu gleichmäßiger Ausübung des Rechtes, des Handels und Verkehrs; behielt auch jede Gemeinde formell das ihr typische Recht, so war doch die Tendenz zur Nivellierung und Assimilierung nach Form und Inhalt unverkennbar. Materiell fallen die Rechtsnormen der einzelnen Gemeinden im weitesten Umfange zusammen;[4] es gilt „gleiches Recht für alle". Das läßt sich nachweisen insbesondere für das Privatrecht,[5] das Sakral-

---

[1] Mommsen, Gesch. I S. 101.

[2] Mommsen, Staatsr. III, 1 S. 614 Anm. 3.

[3] Nur für die Zeit der Feriae Latinae galt Fehdeverbot.

[4] Man kann hier also technisch von sogen. „allgemeinem Recht" reden.

[5] So waren vor allem die Sätze über den Erwerb, Verlust und Wiedergewinn des „status libertatis" die gleichen, weshalb ja nach den XII T. die „venditio" zu erfolgen hatte „trans Tiberim" (ins Ausland), d. h. außerhalb des Bereichs der vereinigten Eidgenossenschaften. Desgleichen war die Verkehrsgemeinschaft eine allgemeine; die Sätze über „commercium",

recht,[1] das Prozeßrecht insofern, als Prozesse zwischen Latinern und Römern vor dem Bürgergericht zur Entscheidung gebracht werden, im Gegensatze zu den Rechtsstreitigkeiten mit den Peregrinen, die vor ein besonderes Ziviltribunal zu bringen sind.

Am charakteristischsten vielleicht kommt diese Gleichheit, und das ist ein bedeutsamer völkerrechtlicher Zug, in den Bestimmungen zum Ausdruck, die ganz ähnlicher Natur sind, wie sie Artikel 3 der deutschen Reichsverfassung enthält, und die wir kurz begreifen als „gemeinsames Indigenat". Es handelt sich hier um die Herstellung eines in den wichtigsten Lebensverhältnissen einheitlichen Rechtszustandes für alle Reichsangehörigen mit der Wirkung, daß der Angehörige (Untertan, Staatsbürger) eines jeden Bundesstaates in jedem anderen Bundesstaate als Inländer zu behandeln ist. Damit fällt für das Reichsgebiet der Unterschied zwischen Inland und Ausland fort. Ganz ebenso beim Latinerbunde! „Ausland" sind hier die Peregrinengemeinden, dort die außerdeutschen Staaten. Der Vergleich läßt sich im einzelnen scharf durchführen. Artikel 3 der Verfassungsurkunde des Deutschen Reiches stellt als besondere Wirkungen des Indigenats fest: die Zulassung 1. zu festem Wohnsitz; 2. zu öffentlichen Ämtern; 3. zu Erwerbung von Grundstücken; 4. zu Erlangung des Staatsbürgerrechts, und zwar unter denselben Voraussetzungen, wie sie der Einheimische genießt. Dieselben Prinzipien gelten im Latinerbunde.

1. Es besteht zugunsten sämtlicher Angehöriger des Bundes freies Niederlassungsrecht in unbeschränktem Maße, während Peregrinen nach Ermessen der zuständigen Behörden jederzeit aus dem Bundesgebiet ausgewiesen werden können. Also derselbe negative Gedanke kommt hier zum Ausdruck, wie in der Reichsverfassung: Bundesangehörige fremder Glieder sollen nicht schlechter gestellt sein, als die eigenen Angehörigen. Weiterhin

---

Adoption, über „patria potestas" und „mancipatio", auch Testamentsrecht u. a. m. deckten sich.

[1] Gleiches Ritual bestand z. B. für die Form der Einholung der Auspizien in der römischen und in den latinischen Gemeinden im Gegensatz zu den ausländischen.

aber liegt darin die Anerkennung des Grundsatzes der Freizügigkeit, von dessen Wohltaten noch in später Zeit die nicht latinischen Bundesgenossen ausgeschlossen sind. Ja man knüpfte ursprünglich an den Domizilwechsel noch die positive Wirkung des ipso-jure-Erwerbes der Staatsangehörigkeit des Niederlassungsortes; in dieser Beziehung ging also das „exilium" des latinischen Bundesrechts über die Normierung des heutigen Reichsrechts hinaus. Späterhin allerdings blaßte der ipso-jure-Erwerb der Staatsangehörigkeit zu einem fakultativen Rechte des sich Niederlassenden, zur Freizügigkeit schlechthin ab. Ein Bundesbürgerrecht erkannte man ebensowenig an, wie die Reichsverfassung ein Reichsbürgerrecht anerkennt.[1]

2. Die Zulassung latinischer Gemeindeangehöriger zu den öffentlichen Ämtern einer anderen zum Bunde gehörigen Gemeinde war die notwendige Konsequenz vom Prinzip des ipso-jure-Erwerbes des Bürgerrechts. Auch hier ging man weiter als im heutigen Rechte, man gewährte den Bürgern einer auswärtigen Stadt schon als solchen Stimmrecht in den Komitien jeder anderen Latinerstadt. Diese gleichmäßige Ausübung des wichtigsten staatsbürgerlichen und politischen Rechtes muß verwundern, wenn man bedenkt, daß die Auffassung von der Wahrung der Souveränität und staatlichen Selbstbestimmung der einzelnen Gemeinden dauernd herrschte.

3. Die Bodeneigentumsgemeinschaft folgte schon damals wie heute aus der privatrechtlichen Gleichstellung der Bundesangehörigen. So erwirbt der Latiner rite das quiritarische Grundstückseigentum in Rom, wie der Römer das jeweilig typisch latinische in der Latinerstadt. Der Ausgleich bei Vornahme dieses für die Zeit des Latinerbundes wohl wichtigsten privatrechtlichen Aktes hat am wesentlichsten zu der regen Ausgestaltung der Verkehrs- und Handelsgemeinschaft der Bundesglieder beigetragen.

4. Die Erlangung des Gemeindebürgerrechtes ergibt sich bereits aus dem unter Nr. 1 über den Wohnsitz Gesagten.

[1] Erst in der Kaiserzeit änderten sich diese Grundsätze.

So bildet der Latinerbund in organischer Entwickelung ein geschlossenes Ganzes, von dem sich allerdings schwer sagen läßt, in welche Kategorie der von der modernen Wissenschaft anerkannten Staatenverbindungen es einzureihen wäre. Am meisten ähnelt der Latinerbund dem Staatenbunde als einem vertragsmäßigen Staatenverbande des Völkerrechts, und als solcher wird er allgemein aufgefaßt. Hinsichtlich der allgemeinen Struktur und der Grundzüge ist dem sicherlich beizustimmen; in den Einzelheiten jedoch differieren die Gebilde merklich. MOMMSEN[1] hält noch am ehesten die Heranziehung des Hansabundes für gegeben; doch wird auch hier ein Vergleich nur mit großer Vorsicht durchgeführt werden können. Die Eigenart, man kann sagen Einzigartigkeit unseres Völkerbundes liegt ja im letzten Grunde in der besonderen Stellung des Vorortes Rom, das in seinen hegemonialen Bestrebungen die Politik des Aufsaugens der einzelnen latinischen Stadtstaaten erfolgreich übt und so die Existenz eines dauernden, starren Staatengebildes unmöglich macht. Darum ist auch das Rechtsverhältnis der einzelnen Bundesglieder zueinander kein fundamentales, stabiles, sondern variables, in unausgesetztem Flusse befindliches bis zu dem Augenblicke, da sie in der Hauptgemeinde aufgehen. Über den Inhalt der Vormachtstellung Roms ist hier nicht zu sprechen; sie hat lediglich rechtsgeschichtlich-staatsrechtlichen, nicht völkerrechtlichen Wert.[2]

---

[1] Staatsrecht III, 1 S. 608.

[2] Es ist nicht zu verkennen, daß Rom von Anfang an eine Zwitterstellung insofern eingenommen hat, als es nicht nur als Bundesglied innerhalb des Bundes, sondern auch als Sonderstaat neben dem Bunde — ein Einzelstaat gegenüber einem Staatenbunde — stand. Es mag sein, daß dieser letztgenannten Position Roms in dem Schauspiel seiner politischen Machtentfaltung die Hauptrolle zugeteilt gewesen ist. Völkerrechtlich fällt sie nicht sonderlich ins Gewicht, weshalb man sich auch hüten muß, von einer römisch-latinischen Föderation lediglich in dem Sinne zu sprechen, als ob sich der Einzelstaat mit den Samtstaaten völkerrechtlich zusammengeschlossen hätte. Das hieße, nur eine Farbe des bunten Gemäldes erkennen und seinen Gesamteindruck trüben.

§ 12.

2. Der italische Städtebund und die autonomen Untertanen.

Das zweite völkerrechtlich wichtige Staatengebilde der frührömischen Geschichte ist der italische Städtebund; dabei ist der Bundesstellung Roms und der autonomiebegabten Untertanen überhaupt zu gedenken. Grundlage für die folgende Erörterung bilden die einzelnen geschichtlichen Etappen in der Entwickelung Roms von der zentralen Hegemonialstellung im Latinerbunde an bis zur Konstituierung Italiens als römischen Territorialstaates.[1] Während dieser Epoche ist zwar das Verhältnis Roms zu den latinischen, wie auch außerlatinischen italischen Gemeinden ein keineswegs stabiles gewesen, es hat sich geändert je nach den politischen Erfolgen der kämpfenden Parteien. Aber seine auswärtigen Beziehungen sind doch alle von dem einen großen Gedanken eingegeben und in diesem Sinne auch ausgestaltet worden, eine allumfassende italische Militärgemeinschaft mit dem Zentrum in Rom zu schaffen. Die Verwirklichung dieser Idee ist das geeinigte Italien im Ausgange des 2. Jahrhunderts v. Chr.; dessen völkerrechtliche Stellung ist zu deuten.

Der Latinerbund war ein staatenbundähnliches Gebilde auf der Grundlage gleicher Nationalität, gleicher religiös-ethischer Überzeugung der Glieder. Das Italien des 2. Jahrhunderts v. Chr. dagegen ist eine militärisch organisierte Wehrgenossenschaft der italischen Stadtstaaten und Gemeinden unter der protektoratsähnlichen Führung Roms. Der Eintritt in diese Militärgemeinschaft' bedeutet in Wahrheit die „deditio in fidem"; der Form

[1] Die Kenntnis der einzelnen Phasen in der Entwickelung des lokalen Stadtstaates zum Territorialstaat wird vorausgesetzt. Zum Verständnis des Textes seien im Anschluß an Mommsen (Gesch. I, Kap. 5) die entscheidenden Momente in Kürze gestreift: Erschütterung der Hegemonie Roms und — Sieg am Regillersee — Neubegründung (foedus Cassianum) 493; Bund mit den Hernikern 486; Auflösung des Latinerbundes 388; Erneuerung des Bundes 358; Schließung der latinischen Eidgenossenschaft 384; Samnitenkriege; Latiner und Campaner gegen Rom 340; Auflösung des latinischen Bundes; Koalition der Italiker gegen Rom; Rom in Mittelitalien; Rom und Pyrrhus; Unterwerfung Unteritaliens; Italien römischer Staat.

nach erfolgt die Aufnahme in den Wehrbund durch Abschluß eines foedus, das je nach Lage die „libertas" des paziszierenden populus wahrt, oder die „societas populi Romani" involviert. Das Födusritual führt wieder auf die sakrale Grundlage des Internationalrechtes zurück.[1] Der paziszierende Staat, der mit Rom das foedus eingeht, verliert dadurch keineswegs seine Souveränität, sondern erkennt durch den Eintritt in die Militärgemeinschaft nur Roms führende Stellung an und damit allerdings eine gewisse, der Vorstellung nach ewige Gebundenheit namentlich militärischer Natur. Die prinzipielle Wahrung des politischen Selbstbestimmungsrechtes wird besonders betont bei den „liberae civitates"; denn „liber populus est is, qui nullius alterius populi potestati est subjectus". (l. 7., § 1 Dig. XLIX, 15) Es handelt sich dabei stets um Souveränität in republikanischer Form,[2] die man in den beiden staatsrechtlichen Kategorien der „populi foederati et liberi" und „populi liberi" erkennt. Doch bedeutet diese verschiedenartige Terminologie keine Verschiedenheit des rechtlichen Verhältnisses der einzelnen Vertragsstaaten zur gesamten Wehrgenossenschaft, ebensowenig wie in der „societas" ein rechtlich besonderes Merkmal schlummert; der Sache nach sind „populi liberi", „populi foederati" und „socii populi Romani" ein und dasselbe: Die Gesamtheit der den italischen Bund bildenden Staaten.

Den Kern der eigenartigen Stellung nun sehen wir, wie bereits hervorgehoben, in der Wahrung der staatlichen Autonomie der einzelnen Glieder unter gleichzeitiger Anerkennung der militärischen Vormachtstellung Roms. So gelangt man zu jener berühmten Majestätsklausel, die formelmäßig in die Bundesverträge jüngeren Datums hineingesetzt worden ist; eine stereotype Formel, die in ihrer Schlichtheit nicht erkennen läßt, was sie enthält: „Majestatem populi Romani comiter conservanto!"[3]

---

[1] Vgl. hierzu Leist S. 457 ff. und unten S. 71.

[2] Mommsen, Staatsr. III, 1 S. 655. Genaueres lese man hier nach.

[3] So z. B. im Vertrage mit Gades aus dem Jahre 206 v. Chr., erneuert 78 v. Chr. (Cicero, pro Balbo XVI, 35, 36). Ferner im Vertrage mit den Aetolern aus dem Jahre 189 v. Chr. (Livius XXXVIII, 11, 2); vgl. Mommsen, Staatsrecht III, 1 Anm. 1; Karlowa I S. 289.

Die völkerrechtliche Souveränitätsstellung des populus Romanus betont CICERO, wenn er pro Balbo XVI, 35, 36 die Klausel folgendermaßen interpretiert: Adjunctum illud etiam est, quod non est in omnibus foederibus: ‚Majestatem populi Romani comiter conservanto'. Id habet hanc vim, ut sint illi in foedere inferiores . . . cum alterius populi majestas conservari jubetur, de altero siletur, certe ille populus in superiore conditione causaque ponitur, cuius majestas foederis sanctione defenditur; desgl. PROCULUS, wenn er l. 7 § 1 Dig. XLIX, 15 sagt: Liber autem populus est is, qui nullius alterius populi potestati est subjectus; sive is foederatus est item, sive aequo foedere in amicitiam venit sive foedere comprehensum est, ut is populus alterius populi majestatem comiter conservaret, hoc enim adicitur, ut intellegatur alterum populum superiorem esse, non ut intellegatur alterum non esse liberum: et quemadmodum clientes nostros intellegimus liberos esse, etiamsi neque auctoritate neque dignitate neque viri boni nobis praesunt, sic eos, qui majestatem nostram comiter conservare debent, liberos esse intellegendum est.[1] Hier birgt der Majestätsbegriff reichen Inhalt. Zunächst wird ausdrücklich hervorgehoben, daß die Anerkennung der Majestät des römischen Volkes die souveräne Stellung des abhängigen Staates nicht schmälert, dieser vielmehr „liber", d. h. autonom bleibt. Dann aber — und das ist der springende Punkt — bedeutet in dieser Formel majestas die „superior conditio", die „superior causa", die sich zeigt in dem Überwiegen der „auctoritas", der „dignitas" und der „vires". Diese Seite des Bündnisses wird besonders betont, wenn man dem Gegner die Majestätsklausel in den Vertrag setzt; er soll weniger daran denken, daß er autonom geblieben ist,[2] als sich vielmehr ständig der Vormachtstellung

[1] PROCULUS schließt sich hier wohl CICERO unmittelbar an; MOMMSEN a. a. O. Statt „viri boni nobis praesunt" ist die lectio Haloandrina vorzuziehen „neque viribus nobis pares sunt".

[2] Daß die Autonomie auch äußerlich in Erscheinung tritt, ersieht man z. B. daraus, daß der römische mit „imperium" ausgestattete Beamte das Gebiet der verbündeten Stadt nur betreten darf, wenn er Liktoren und fasces zurückgelassen hat. Das folgt aus TACITUS, Ann. II, 53: ventum Athenas foederique sociae et vetustae urbis datum, ut uno lictore uteretur.

Roms erinnern und dieses Verhältnis anerkennen und wahren. Das Moment der absoluten Autonomie dagegen wird mehr betont, wenn man mit dem Gegner das „foedus aequum" eingeht, ohne die Majestätsklausel in den Bundesvertrag aufzunehmen. So bestehen hier diese feinen Nuancierungen in der Auffassung des gegenseitigen Verhältnisses nicht bloß in der Terminologie, sondern auch in der Sache selbst.[1]

Fragen wir uns nun, wodurch praktisch die Römer ihr Übergewicht zur Geltung brachten, so ist darauf zu antworten, daß sie auf dem Gebiete des „jus belli et pacis" und dem des „jus foederis" die freie Selbstbestimmung der in den italischen Bund eintretenden Staaten unterbanden. Rom hat sich nicht damit begnügt, seine strategisch-militärische und politische Überlegenheit die Vertragstaaten als eine bloße Tatsache empfinden zu lassen; es ist weitergegangen und hat seine Stellung präzise fixiert, nicht als ein Macht-, sondern als ein Rechtsverhältnis, und der Ausdruck für dieses Rechtsverhältnis ist eben die „majestas populi Romani". Sie konnte diesen spezifisch völkerrechtlichen Sinn so lange nicht haben, als die Römer noch „primi inter pares" waren, solange also Rom als Mitglied des Latinerbundes neben den übrigen gleichberechtigten Gliedern stand; deshalb hören wir auch in jener Zeit von der Betonung der majestas populi Romani nach dieser Richtung hin nichts. Sie konnte erst zu einem völkerrechtlich eigenen Rechtsbegriffe gestempelt werden, als Rom nicht neben, sondern über[2] den Vertragsstaaten stand, als der national-sakrale Latinerbund sich zu einem römischen Militärbund erweitert hatte, der seine Bestimmung nicht in dem gemeinsamen Kulte der Gottheit erblickte, sondern in dem „conservare majestatem populi Romani".

Dies war nun nur so möglich, daß man den Weisungen

Germanicus hatte als Prokonsul das Recht, 12 Liktoren zu halten (Plutarch, Paul. IV); daß man ihm die Führung eines Liktors gestattete, war eine Durchbrechung des strengen Rechtes.

[1] Näheres s. bei Mommsen a. a. O. Anm. 2. — Durchaus zutreffend schon Hugo Grotius II, 15, 7 und II, 16, 3.

[2] Hier zeigt sich wieder der in dem Worte „majestas" schlummernde komparative Begriff.

Roms in auswärtigen Dingen jederzeit zu folgen bereit war, seine Superiorität unbedingt anerkannte. Logisch folgte daraus zunächst, daß die gesamte Militärverwaltung und die auswärtige Verwaltung auf Rom übertragen wurde. Das aber bedeutete in erster Linie Auflösung aller bisher bestehender Beziehungen zu in- und ausländischen Staaten, wodurch ein enger Anschluß an die römische Metropole erzielt wurde, der Verzicht auf Sonderpolitik und jegliche föderative Organisation besiegelt war. Damit verschwanden denn auch die bis dahin üppig wuchernden Klientelverhältnisse.

Das ist die eine Seite des „conservare majestatem p. R." und zwar die passive. Die aktive bedeutet den Verlust der militärischen Souveränität und die Verpflichtung zur Stellung von Kontingenten und zur Heeresfolge;[1] sie ist die Reflexwirkung des dem Staate fehlenden Vertrags- und Bündnisrechtes. Jeder von Rom geführte Krieg ist gleichzeitig ein Krieg der Wehrgenossenschaft, sei er offensiver, sei er defensiver Natur; Krieg erklären, Frieden schließen kann nur Rom.[2] Es gibt rechtlich nur ein Heer, dies ist allerdings Kontingentsheer. Die Höhe der Truppenzahl richtet sich nach dem jeweiligen Vertrage, den Rom mit dem in die Bundesgenossenschaft eintretenden Staate abschließt. (Insofern besteht eine allgemeine Wehrpflicht innerhalb der Bundesgenossenschaft.) Art und Weise des Aufgebots, der Heeresformation, der Kriegführung wird von den Römern festgesetzt, Oberbefehl und Strategie liegen bei ihnen.[3]

Zusammenfassend kann man nun sagen, die Verwendung des Majestätsbegriffes in der Majestätsklausel bedeutet ursprünglich nicht völkerrechtliche Souveränität schlechtweg, sondern vielmehr

---

[1] Livius XXXVIII, 11, 1ff.: Ne quem exercitum, qui adversus socios amicosque eorum ducetur, per fines suos transire sinito, neve ulla ope juvato hostis eosdem habeto, quos populus Romanus, armaque in eos ferto, bellumque pariter gerito ... etc.; XXXVII, 1; 49. Cicero, ep. ad fam. XII, 15, namentlich § 2; Dionys XV, 8.

[2] Das geht so weit, daß prinzipiell der Bundesgenosse suo jure sich nicht verteidigen kann. S. hierzu Mommsen, Staats. III, 1 S. 616 Anm. 1. Geringe Ausnahmen haben bestanden. Mommsen a. a. O. S. 671.

[3] Ihnen gebührt auch in erster Linie der Kriegsgewinn. — Einzelheiten gehören nicht hierher.

eine besondere Art derselben, Souveränität vielleicht im Sinne von Suzeränität. Es ist schwierig, das eigenartige, ständiger Veränderung unterliegende Völkerrechtsverhältnis zwischen Rom und der italischen Wehrgenossenschaft mit modernstaatlichem Maße zu messen und in unser heutiges System zu pressen. Wie mangelhafte Dienste dasselbe für die Gruppierung der heutigen Staatenverbindungen und Verbindungen von Staaten leistet, ist bekannt; um wieviel mehr muß dies also bei den antiken Staaten der Fall sein! Der Suzeränität ist, soweit die frühe Zeit der Erweiterung des latinischen Bundes zur italischen Bundesgenossenschaft in Frage kommt, das Gewaltverhältnis derselben in ihrer Stellung zu Rom am ähnlichsten, sofern wir die Suzeränität der Souveränität gegenüberstellen und unter ihr die auf die Oberaufsicht und Oberleitung beschränkte Herrschaftsgewalt verstehen, welche die unmittelbar die Untertanen ergreifende autonome Einzelstaatsgewalt prinzipiell unberührt läßt. Wenden wir dies auf die damalige Situation des italischen Bundes an, so hat es Berechtigung, ihn als eines jener völkerrechtlichen Abhängigkeitsverhältnisse zu bezeichnen, die wir Protektionen oder Protektorate nennen.[1] Dabei aber ist zu beobachten, daß sich die Umwandlung dieses völkerrechtlichen Abhängigkeitsverhältnisses in die

---

[1] Schon Hugo Grotius zieht das jus protectionis, advocatiae, mundiburdii zum Vergleiche heran (I, 3, 21 Nr. 1 — S. 118, 119 —): Prima est, an summum imperium habere possit is qui inaequali foedere tenetur? Inaequale foedus hic intelligo, non quod inter viribus dispares initur, quomodo Thebana civitas Pelopidae tempore foedus cum Persarum rege habuit, et Romani olim cum Massiliensibus, deinde cum rege Massanissa; nec quod actum habet transeuntem, ut cum hostis qui fit, ad amicitiam recipitur, dum impensas belli solvat, aut aliud quid praestet: sed quod ex ipsa vi pactionis manentem praelationem quandam alteri donat: hoc est, ubi quis tenetur alterius imperium ac majestatem conservare, ut in foedere Aetolorum cum Romanis erat; id est, tum operam dare, ut ejus imperium in tuto sit, tum ut dignitas, quae majestatis nomine significatur, ei constet, imperii reverentiam dixit Tacitus: et sic explicat: Sede finibusque in sua ripa, monte animoque nobiscum agunt. Florus: illi quoque reliqui, qui immunes imperii erant, sentiebant tamen magnitudinem, et victorem gentium populum Romanum reverebantur; ad quod genus referenda sunt jura quaedam eorum, quae nunc vocantur protectionis, advocatiae, mundiburdii. — Vgl. auch die Folgerungen a. a. O. sub. 2.

rein staatsrechtliche Form des sogen. Staatenstaats sehr bald schon vollzogen hat. Als solcher tritt uns der gewordene italische Bund entgegen, etwa seit 250 v. Chr. Das souveräne Rom verlangt Anerkennung seiner Majestät seitens der unterworfenen Staaten, die nach innen ihre Autonomie in vollem Maße ausüben, solange sie nicht die vom Oberstaat errichteten Rechtsschranken überschreiten. Diese Rechtsschranken hat Rom verschieden gezogen, je nach Art und Beschaffenheit des sich unterwerfenden Staates, vor allem je nach der politischen[1] Konstellation.

Im allgemeinen zeigt sich die Selbstherrlichkeit der Unterstaaten in dem freien Gebrauch des Grundeigentums, das nicht zum römischen Boden gehört. Die innere Verwaltung wird von einheimischen Beamten geführt und entzieht sich der hauptstädtischen Kontrolle. Weder Konsul (in Italien) noch Statthalter (außerhalb Italiens) sind zur Ausübung des jurisdiktionellen Regiments befugt; Besatzungen, Lager römischer Truppen in bundesgenössischen Städten sind, soweit es sich nicht um bloßen Durchzug handelt, verboten. Die Steuererhebung ist an sich ein eigenes Recht der autonomen Unterstaaten, dasselbe gilt vom Eintreiben der Zölle. Das Recht, insbesondere das Privatrecht, unterliegt allein der Kompetenz der Einzelstaaten; sie behalten auch während ihrer Zugehörigkeit zum Bunde die jeweilig typische Rechtsordnung, kurz die Befugnis, „suis legibus uti".[2]

---

[1] Von den römischen Staatenverbindungen und Abhängigkeitsverhältnissen kann man lernen, wie wichtig die noch bei der modernen Betrachtungsweise so häufig ignorierte Unterscheidung zwischen rechtlicher Selbständigkeit und politischer Abhängigkeit ist. Es war die Kunst der römischen Politik, jene auf Kosten dieser zu einer bloßen Scheinexistenz herabzuwürdigen.

[2] Cicero, pro Balbo VIII, 21: Tulit apud majores nostros legem C. Furius de testamentis, tulit Q. Voconius de mulierum hereditatibus, innumerabiles aliae leges de civili jure sunt latae; quas Latini voluerunt, adsciverunt; ipsa denique Julia lege civitas ita est sociis et Latinis data, ut, qui fundi populi facti non essent, civitatem non haberent... Postremo haec vis est istius et juris et verbi, ut fundi populi beneficio nostro, non suo jure fiant. S. auch die folgenden Paragraphen. Ferner ebenda XI, 27: Jure enim nostro neque mutare civitatem quisquam invitus potest neque, si velit, mutare non potest, modo absciscatur ab ea civitate, cuius esse se civitatis

Das Recht der Verleihung des Bürgerrechts steht ebenfalls ausschließlich den Einzelgemeinden zu; es besteht, wie man sich auszudrücken pflegt, zwischen dem römischen und dem bundesgenössischen Bürgerrecht, jedenfalls für die republikanische Zeit, Inkompatibilität.[1] Auch die Gerichtsbarkeit unterliegt prinzipiell der einzelstaatlichen Kompetenz, was für den Gerichtsstand ebenso gilt, wie für das eigentliche Verfahren. Endlich gehört hierher noch das eigene Recht des Kalenders, der Jahrzählung, des Maß-, Gewichts- und Münzwesens.

Aber man muß sich, will man die Situation richtig erfassen, stets bewußt bleiben, daß es sich um eine jahrhundertlange Entwickelung handelt, die einen starren Rechtszustand nicht aufkommen läßt, und in dem Maße, in dem Rom, modern gesprochen, von seiner anfänglichen suzeränen Stellung aufrückt zum absoluten Oberstaat, beschränkt es auch rechtlich die souverän-autonome Position der Vertragsstaaten, die schließlich, von der Metropole aufgesogen, zu bloßen Teilen eines nationalen Territorialstaates werden und den Übergang Roms zum omnipotenten Weltstaat ermöglichen.[2]

velit. — Gellius XVI, 13: Municipes ergo sunt cives Romani ex municipiis legibus suis et suo jure utentes, muneris tantum cum populo Romano honorari participes, a quo munere capessendo appellati videntur, nullis aliis necessitatibus neque ulla populi Romani lege adstricti, nisi in quam populus eorum fundus factus est. Auch die weiteren Ausführungen von Gellius sind hier zu Rate zu ziehen; er veranschaulicht das ganze Abhängigkeitsverhältnis, wie es zwischen den Ober- und Unterstaaten bestanden hat, klar und deutlich.

[1] Polybius VI, 14: *Ἔστι δ' ἀσφάλεια τοῖς φεύγουσιν ἔν τε τῇ Νεαπολιτῶν καὶ Πραινεστίνων ἔτι δὲ Τιβουρίνων πόλει, καὶ ταῖς ἄλλαις, πρὸς ἃς ἔχουσιν ὅρκια . . . ἔχει δὲ* — populus — *τὴν κυρίαν καὶ περὶ τῆς τῶν νόμων δοκιμασίας καὶ τὸ μέγιστον, ὑπὲρ εἰρήνης οὗτος βουλεύεται καὶ πολέμου, καὶ μὴν περὶ συμμαχίας καὶ διαλύσεως καὶ συνθηκῶν οὗτός ἐστιν ὁ βεβαιῶν ἕκαστα τούτων καὶ κύρια ποιῶν ἢ τοὐναντίον.*

[2] Diese je nachdem mehr oder minder krasse Beschneidung der Autonomie zeigt sich in fast allen Punkten. In das an sich der Territorialhoheit unterliegende Recht der Steuern und Zölle haben die Römer namentlich in der Kaiserzeit wirksam eingegriffen, z. B. einzelne um Rom verdiente Untertanen fremder Gemeinden von der Steuerlast befreit. Daß das römische Gesetzgebungsrecht ein praktisches, nachahmungswertes Vorbild für die italischen Gemeinden geworden ist und späterhin der römische Volksschluß

§ 13.

3. Rom und das Ausland.

Damit gelangen wir nun zum letzten Kapitel dieses Abschnitts, zu einer kurzen Würdigung des völkerrechtlichen Verhältnisses Roms zum eigentlichen Auslande. Es kommt auch hier vor allem darauf an, darzulegen, daß ein solches überhaupt in rechtlich greifbarer Form existiert und nicht bloß rein tatsächlich bestanden hat oder etwa willkürlich betätigt worden ist. Gewiß ist nicht zu leugnen, daß nach uralter römischer Anschauung regelmäßig alles, was sich außerhalb der römischen Grenze befindet, sei es Grund und Boden, sei es der fremde Bürger selbst, rechtlos ist, und dieser Zustand der Rechtlosigkeit so lange währt, bis er durch den Abschluß eines gegenseitigen Vertrages unterbrochen wird. Aber ein Blick in die römische Geschichte lehrt, daß dieses Prinzip praktisch geringe Anwendung gefunden hat; die Anbahnung freundschaftlicher Beziehungen rechtsförmlicher Natur zu dem Auslande reicht bis in die ältesten

---

als solcher die Untertanen der Vertragsstaaten von Rechts wegen band, ist nicht unwahrscheinlich. Die Organisation des Zensus erfolgt überall nach römischem Muster, ja schließlich ist Rom sogar die Zentralstelle für das gesamte italische Schatzungswesen, so daß die Listen der Gemeinden zur Vornahme und Kontrolle des Zensus nach der Hauptstadt gesandt werden. Die meist konforme Einführung der ädilizischen Magistratur ist wohl gleichfalls auf einen die Gesamtgemeinden bindenden römischen Volksschluß zurückzuführen.

Wir finden aber auch derartige bindende Spezialgesetze, so das Sempronische Plebiszit von 213 v. Chr., die Maßregeln zur Unterdrückung des Bacchuskultus (206 v. Chr.), das Luxusgesetz des Didius (163 v. Chr.). Weiterhin gehört hierher der Grundsatz der Kompatibilität des Bürgerrechts, der seit Augustus Regel wird; die allmähliche Kodifikation der Ortsstatuten der Einzelgemeinden zwecks Uniformierung mit dem römischen Verwaltungsmechanismus und — last not least — die Ausdehnung der römischen Kriminal- und Administrativjustiz auf die einzelnen Territorien.

Die Details sind bei Mommsen a. a. O. aufs genaueste zusammengestellt mit Quellenbelegen und sonstigem Beweismaterial. Es empfiehlt sich, die Mommsen'sche Darstellung zu Rate zu ziehen, da man so am besten ein klares Bild von dem allmählichen organischen Werden der verwickelten Bundesverhältnisse erhält; ihr haben wir uns daher in den Grundzügen angeschlossen.

Zeiten hinauf, und dies beweist uns, daß schon früh bei den Römern und den beteiligten Staaten jenes gemeinsame Rechtsbewußtsein lebendig ist, das wir als fundamentale Voraussetzung für jeden völkerrechtlichen Verkehr verlangen. „Hospitium publicum“ oder „amicitia“ sind die Formen, die den auf alle Ewigkeit geschaffenen Rechtszustand bedeuten, dessen Verletzung Rechtsverletzung ist. Gewaltig ist im Laufe der Jahrhunderte die Zahl derjenigen Staaten angeschwollen, die sämtlich auf gleichem Boden stehend eingetreten sind in jene Gemeinschaft, die von den Normen des römischen Völkerrechts beherrscht ist.

Wie heute geht auch das antike Internationalrecht von der Existenz souveräner, auf ein festes Gebiet konfinierter Gemeinwesen aus.[1] Nur sie sind vollberechtigte völkerrechtliche Subjekte.[2] Wie im Privatrecht handelt es sich auch im Völkerrecht um ein synallagmatisches Verhältnis, das absolut den Charakter der Koordination trägt; dies zeigt sich insbesondere bei dem Abschluß des Königsvertrages, in dem römischerseits aus der souveränen Herrscherqualität des Kontrahenten kein Hehl gemacht wird, was in der Überreichung der römischen Magistratsinsignien an den auswärtigen Monarchen zum Ausdruck gelangt.[3]

Die beiderseitigen Rechtswirkungen des völkerrechtlichen Vertrages, die staatsrechtlicher und die völkerrechtlicher Natur, werden entschieden getrennt. Eine Frage innerstaatlicher Regelung ist zunächst die Bestellung des zum Vertragsabschluß designierten Vertreters. In Rom ist dies kraft Amtsrechts der

---

[1] So z. B. Cicero, de re publ. I, 25, 39: Et igitur ... res publica res populi: populus autem non omnis hominum coetus quoquo modo congregatus, sed coetus multitudinis juris consensu et utilitatis communione sociatus. — Philipp. IV, 6: Ac majoribus quidem vestris, Quirites, cum eo hoste res erat, qui haberet rem publicam, curiam, aerarium, consensum et concordiam civium, rationem aliquam, si res tulisset, pacis ac foederis.

[2] Diesem prinzipiellen Erfordernis widerspricht nicht, daß die Römer ein Internationalverhältnis zu einem einzelnen Bürger einer fremden Gemeinde kannten. Ein solcher Personalvertrag aber hatte keine völkerrechtliche Bedeutung, er bewirkte lediglich die Ausstattung des Berechtigten mit gewissen Privilegien; vgl. hierüber Mommsen, Staatsr. III, 1 S. 591 ff.

[3] S. unten S. 277.

Magistrat, in dessen „provincia" der Gegenstand des zu regelnden Vertragsverhältnisses fällt; in der späten Republik wird allerdings die ausdrückliche Einwilligung der Komitien sowie des Senats notwendiges Erfordernis.[1] Dies zu wissen ist für den Kontrahenten nicht ohne Bedeutung, wenn er sich prinzipiell auch nur an den Vertreter halten kann.[2] Überschreitet dieser die Grenzen seiner Befugnis, oder handelt er gar eigenmächtig, so ergeben sich daraus für den vertretenen Staat keinerlei verbindliche Wirkungen. Die „sponsio Caudina" (321 v. Chr.) und die „sponsio Numantina" (141 v. Chr.) sind hierfür Beispiele.[3] Inhalt des Völkerrechtsvertrages ist in erster Linie die förmliche Bekräftigung, daß der dauernd gedachte Kriegszustand fortab unterbrochen wird (pia et aeterna pax), d. h. daß der Römer in dem fremden Staate frei sei, römisches Eigentum in diesem anerkannt werde und umgekehrt. Weiterhin folgt daraus, daß sich der Paziszent aller Handlungen zu enthalten habe, die diesen Friedenszustand zu gefährden geeignet sind, d. h. er hat Neutralität zu versprechen für den Fall des Krieges eines der Kontrahenten mit einer auswärtigen Macht. Sodann bildet einen Hauptgegenstand des internationalen Vertrages die Regulierung des privatrechtlichen Verkehrs der gegenseitigen Staatsangehörigen. Stets hat man in Rom an dem Prinzip festgehalten: Nur der Ausländer, der einem im Internationalverhältnis mit Rom stehenden Gemeinwesen angehört, ist auf römischem Boden rechtsfähig.

Die Grenzen der Verkehrsfreiheit bzw. der Verkehrsbeschränkung sind allerdings in der Zeit der Republik und des Prinzipats sehr verschieden gezogen worden.[4] Positiven Gewinn bedeutet der Internationalvertrag für die Prozeßstandschaft des Nichtbürgers. Er wird so in die Lage gesetzt, vor

---

[1] Hiervon wird noch bei der staatsrechtlichen Souveränität zu sprechen sein.

[2] So sagt ULPIAN — l. 19 Dig. L, 17: Qui cum alio contrahit, vel est vel debet esse non ignarus condicionis ejus . . . — Dies gilt ebenso von dem privaten, wie von dem völkerrechtlichen Vertrage.

[3] Näheres s. unten bei der „sponsio".

[4] Man vgl. nur die zwischen Rom und Karthago abgeschlossenen Handelsverträge.

einem römischen Gericht aufzutreten. Wie rege von dieser Vergünstigung Gebrauch gemacht worden ist, zeigt ja die im Jahre 262 v. Chr. notwendig gewordene Schaffung eines zweiten höchsten Zivilgerichts zur speziellen Erledigung der nichtbürgerlichen Prozesse.

Die bedeutsamste Folge des Internationalvertrages aber ist die Anerkennung des nicht römischen materiellen Rechtes als eines Subsidiarrechtes geworden. Die rechtshistorisch einzigartig dastehende Einwirkung des „jus gentium" auf das „jus civile" der Römer darzulegen, ist hier nicht der Ort. Aus der Tatsache nur sei der für uns wichtige Schluß gezogen, daß das römische Weltrecht, das noch heute seine Kräfte wirken läßt, seine Existenz allein der glücklich durchgeführten Denationalisierung des starren „jus civile" verdankt, einem Vorgange, der ohne das scharf geprägte römische Völkerrecht undenkbar gewesen wäre.

§ 14.

4. Gesandtschaftswesen.

Zum Abschluß der internationalen Verträge bedarf es bebestimmter staatlicher Organe, die vermöge der ihnen zufallenden Aufgabe eine eximierte Stellung nach außenhin einnehmen. Dieser Magistraturen ist daher als der eigentlichen Vermitteler der internationalen Beziehungen bei der Erörterung des völkerrechtlichen Staatenverkehrs Erwähnung zu tun.[1]

Das römische Gesandtschaftswesen ist im Vergleiche zu den übrigen Staaten des Altertums (China, Inder, Perser, Juden, auch Griechenland) zu einer gewissen Vervollkommnung ausgebildet worden. Das Bewußtsein des gesamten hier in Betracht kommenden Staatenkomplexes von der differenzierten Stellung der Gesandten als einer rechtlich skizzierten ist ein weiteres nicht gering anzuschlagendes Argument für die Positivität der Völkerrechtssätze; die diesbezüglichen Normen

[1] Eine zusammenhängende Darstellung findet man bei Mommsen, Staatsr. II 1, S. 636—681. S. ferner Müller-Jochmus S. 150ff.; Osenbrüggen S. 19ff.; Karlowa I S. 284ff.

bilden systematisch genommen einen Ausschnitt aus dem „jus gentium".

Von den zahlreichen das Gesandtschaftsrecht berührenden Fragen sei zunächst hingewiesen auf die Sakrosanktität der Gesandten,[1] die nur den Vertretern vollsouveräner Staaten, nicht den Abgesandten unterworfener Völker zukam. Daß man die Sendboten mit besonderer Rücksicht[2] und überhaupt exzeptionell behandelte, ist ein Zeichen dafür, daß das römische Völkerrecht normativ zum Ausdruck gebracht hat, was wir heute „Recht auf Achtung" nennen; es erkannte nicht bloß die Berechtigung des Schutzes der physischen Individualität, sondern auch den des sittlichen Charakters der Staaten an. Der Gedanke der Exterritorialität, der in der Befreiung der Gesandten von der römischen Gerichtsbarkeit und in dem, wenn auch beschränkten „jus domum

[1] Hier ist erstlich zu nennen l. 17 § 1 Dig. L, 7: Ante legationem susceptam si cui negotium moveatur, etiam absens defendi debet: suscepta legatione non nisi injuncto munere fungatur. Sodann Livius I, 14, 1—3: ... propinqui regis ... legatos ... pulsant; ... bello quidem abstinuit: ut tamen expiarentur legatorum injuriae ... foedus ... renovatum est; II, 4, 7: Proditoribus extemplo in vincla conjectis delegatis paululum addubitatum est, et quamquam visi sunt commisisse, ut hostium loco essent, jus tamen gentium valuit; IV, 17, 2ff.: Majus additum defectioni scelus: ... legatos Romanos interfecerunt — statuae publice in Rostris positae sunt; vgl. auch ebenda § 4: consulentium de caede ruptura jus gentium ... etc.; IV, 19, 2ff.: „hicine est ... ruptor foederis humani violatorque gentium juris? jam ego hanc mactatam victimam ... legatorum Manibus dabo"; IV, 32, 5: memores ... secum victoriam esse, cum hostibus scelus legatorum contra jus gentium interfectorum. — Cicero, in Verrem act. II, Kapit. 33, 83: Ubi defendis jus nomenque legati?; 84: Legatus cum esses circumsessus, cumque ... populo Romano communique causa legatorum facta esset insignis injuria, non es persecutus ... cur imminuisti jus legationis ... etc.; 85: Etenim nomen legati ejus modi esse debet, quod non modo inter sociorum jura, sed etiam inter hostium tela incolume versetur. — Caesar, de bello Gallico III, 9: ... legatos, quod nomen ad omnes nationes sanctum inviolatumque semper fuisset ... — Livius XXXVIII, 42: Eo anno L. Minucius Myrtilus et L. Manlius, quod legatos Carthaginienses pulsasse dicebantur, jussu M. Claudii praetoris urbis per fetiales traditi sunt legatis et Carthaginem avecti. — Über das scharf ausgeprägte Gesandtenzeremoniell kann hier nicht gesprochen werden. — Siehe noch Livius, ep. XV. — Valerius Maximus VI, 33.

[2] Mommsen, Staatsr. III, 1 S. 597 Anm. 3.

revocandi" liegt, ist dem römischen Völkerrecht nicht fremd.[1] Weitere Rechte sind das Steuerprivileg der Gesandten,[2] das Recht auf „freies Quartier" (locus), auf die gehörige „Einrichtung" (lautia) und auf den „Zehrpfennig."[3] Daß die Gesandten nicht anders wie heute sich jeglicher Einmischung in die innerstaatlichen Angelegenheiten zu enthalten haben und die Überschreitung ihrer Kompetenzen als Bruch des Völkerrechts aufgefaßt wird, beweisen die von LIVIUS (V, 36 u. 51) geschilderten Vorgänge zur Genüge.[4]

Als es namentlich in der Zeit des Prinzipats System wird, die allgemeinen Verkehrsbeschränkungen für Ausländer zu steigern,

[1] l. 2 §§ 2—5 Dig. V, 1: Legatis in eo, quod ante legationem contraxerunt ... revocandi domum suam jus datur ... omnes autem isti domum revocant, si non ibi contraxerunt, ubi conveniuntur, ceterum si contraxerunt ibi, revocandi jus non habent: exceptis legatis qui licet ibi contraxerunt, dummodo ante legationem contraxerunt, non compelluntur se Romae defendere, quamdiu legationis causa hic demorantur ... plane si perfecta legatione subsistant, conveniendos esse ... Item si extra provinciam suam contraxerunt, licet non in Italia, quaestionis est, an Romae conveniri possint, et Marcellus in eo solo privilegio (!) eos uti domum revocandi, quod in civitate sua vel certe intra provinciam contraxerunt: quod est verum. etc. — l. 8 eod.: Si quis in legatione constitueret, quod ante legationem debuerit, non cogi eum ibi judicium pati ubi constituerit; l. 39 § 1 eod.: qui legationis causa Romam venit, ex qualibet causa fide jubere potest, cum privilegio suo, cum sit in Italia contractum, ubi non potest. — l. 5 § 1 Dig. XIII, 5: Julianus legatum Romae constituentem, quod in provincia acceperat, putat conveniri debere, quod et verum est. Sed et si non cum Romae esset, sed in provincia adhuc constituit se Romae soluturum, denegatur in eum actio de constituta; l. 28 § 4 Dig. IV, 6; l. 32 § 9 Dig. IV, 8 u. a. m. S. ferner den gesamten Titel 50, 7 de legationibus, insbesondere l. 4 (3) h. t.: Cum quaeritur, an in eum, qui in legatione sit, actio dari debeat, non tam interest, ubi quis aut crediderit aut dari stipulatus sit, quam illud, an id actum sit, ut legationis tempore solveretur.

[2] l. 8 Cod. IV, 63 (61): A legatis gentium devotarum ex his tantum speciebus, quas de locis propriis unde conveniunt, huc deportant, octavarii vectigal accipiant; quas vero ex Romano solo, quae sunt tamen lege concessae, ad propria deferunt, has habeant a praestatione immunes ac liberas.

[3] Siehe MOMMSEN a. a. O. auch über die Ehrenrechte bei Festen, Opfern u. dgl. m.

[4] XXXVI, l. c. 6 heißt es ausdrücklich: Ibi jam urgentibus Romanam urbem fatis, legati contra jus gentium arma capiunt; 8: postulatumque ut pro jure gentium violato Fabii dederentur; c. 51: gentium jus ab legatis nostris violatum.

bleibt das althergebrachte Recht des freien Verkehrs der Gesandten unantastbar bestehen, ein sprechender Beweis für die Positivität des Internationalrechts.[1] Die Verletzung der Gesandten — verbale Beleidigung genügt — ist stets Bruch des Völkerrechts und gerechter Kriegsanlaß;[2] dies stützt sich auf den uralten Rechtssatz aller Gräkoitaliker, daß die Gesandten, seien sie nun fetiales, legati oder oratores, unter dem Götterschutze (fas, jus gentium) stehen,[3] weshalb sie ja auch „sacrosancti" (s. o.) sind.[4] Die Vorstellung vom „sacrum esse" und vom Gottverfallensein, wie sie bereits dargestellt ist, ist auch bei der Läsion der Gesandten lebendig; ihre Manen heischen Vollziehung der Blutrache durch das Heer des Heimatstaates.[5] Wie der „homo sacer"[6] zur Sühnung der Gesamtheit der Eigengewalt des Gottes im Wege der Opferung überantwortet wird, so muß auch der Frevler, der die Gesandtenverletzung begangen hat, der fremden Gemeinde zur Bestrafung ausgeliefert werden,[7] soll nicht die civitas der Rache der Götter verfallen sein.

[1] l. 4 Cod. LXIII, 4: exceptis videlicet his, qui legatum Persarum quolibet tempore ad nostram clementiam mittendorum iter committati merces duxerint commutandas, quibus humanitatis et legationis intuitu extra praefinita etiam loca mercandi copiam non negamus, nisi sub specie legationis diutius in qualibet provincia residentes nec legati reditum ad propria comitentur. S. auch daselbst l. 2 Cod. IV, 42.

[2] In diesem Falle ist der Krieg stets — s. o. S. 45 zu Nr. 4 — ein „bellum justum piumque". So z. B. beim „interficere" und „pulsare". Livius, ep. XII: Cum legati Romanorum a Gallis Sennonibus interfecti essent, bello ob id Gallis indicto; . . . a Tarentinis . . . legati ad eos a senatu, ut de his injuriis quererentur missi, pulsati sunt. ob id bellum eis indictum est.

[3] Deshalb müssen auch die Unterhandlungen an der „sacra quercus" gepflogen werden. Livius III, 25, 8: „haec . . . sacrata quercus et quidquid deorum est audiant foedus a vobis ruptum nostrisque et nunc querellis adsint et mox armis, cum deorum hominumque simul violata jura exsequemur".

[4] Livius VIII, 5: Legatus jure gentium tutus.

[5] Livius IV, 19: hicine est ruptor foederis humani violatorque gentium juris? Iam ego hanc mactatam victimam, si modo sancti quidquam in terris esse dii volunt, legatorum Manibus dabo.

[6] Siehe oben S. 17.

[7] Livius, ep. XV: Cum legatos Apollonatium ad senatum missos quidam juvenes pulsassent, dediti sunt Apollonatibus.

§ 15.

5. Der völkerrechtliche Vertrag.

Endlich ist noch im Anschluß an das Bündnisrecht über die Form der Staatsverträge, soweit sie bisher noch nicht berührt ist, zu sprechen. Bei der Erörterung des Kriegs- und Bündniswesens haben wir darauf hingewiesen, daß die unleugbar vollkommene Ausgestaltung des Vertragsrechtes in erster Reihe zur Schaffung eines nicht nur die einzelnen Vertragsteile betreffenden, sondern die gesamte Völkergemeinschaft des römischen Zeitalters bindenden Komplexes von Rechtssätzen beigetragen hat. Wie das Völkerrecht überhaupt, so führt auch das Wesen des Friedensvertrages hinauf in die Zeiten des Sakralrechtes.

Die sakralen Formen des internationalen Friedensvertrages sind „foedus“ und „sponsio“. „Foedus“ (fides, πίστις) ist der durch den Eid geheiligte Bündnisvertrag. Es sind uns bereits bekannte Dinge, daß man sich nach römischer Vorstellung, die altarische Anschauung ist, mit der Leistung des Eides der „majestas deorum“ unterwirft, daß, wie der Eid die Grundlage der älteren Rechtsordnung überhaupt bildet,[1] er der eigentliche rechtliche Kern des Bündnisvertrages ist; „foedus“ ist daher im wesentlichen Eidesvertrag.[2] Da er unter dem Willen, unter dem

[1] Für das römische Recht gilt, was Lykurg — oratio in Leokrathem XIX, 79 (Leist S. 521) — für die griechische Rechtsordnung sagt: „Der Eid ist das Band, welches den Staat zusammenhält: Denn dieser besteht aus drei Stücken, den Obrigkeiten, den Richtern und den Privatleuten; die Bürgschaft aber, die jeder von diesen dem Staate gibt, ist der Eid. Und zwar mit Recht. Denn die Menschen kann man täuschen, und manche bleiben wegen ihrer Verschuldungen, wenn es ihnen gelingt, sie zu verbergen, fortwährend straflos; vor den Göttern aber kann der Meineidige nicht verborgen bleiben noch ihrer Strafe entgehen, und wenn nicht ihn selbst, so trifft doch seine Kinder und sein ganzes Geschlecht sicheres Unheil“. — Die Bedeutung des Eides ist eine in das römische Staats- und Rechtsleben besonders der ältesten Zeiten tief einschneidende. Es sei erinnert an seine Verwendung bei der gentilizischen Volksorganisation, bei der Verfassungskonstitution, im Kriminal- und Zivilprozeß, im Amtsrecht und öffentlichen Recht überhaupt; das Sakralrecht steht und fällt mit dem Eide.

[2] Er setzt sich aus zwei Teilen zusammen: der Eideserklärung und

Schutze und Fluche der angerufenen Gottheit steht, ist seine Verletzung Bruch des Götterfriedens, Minderung der göttlichen Majestät. Das ist die Auffassung in der Zeit, da die Römer noch auf dem fas-Standpunkte stehen. Seine Überwindung und der Übergang zum weltlich-bürgerlichen Rechte (jus) zeitigt auch beim Eidesvertrage dieselbe Erscheinung, wie wir sie bereits bei der Erörterung über die Entwickelung des Majestätsgedankens aus der Sazertätsidee kennen gelernt haben. Auch unter der Herrschaft des weltlich-bürgerlichen Rechtes sind die altsakralen Elemente festgehalten worden, der alte Kern erhält nur eine neue Schale. Dies gilt vorzüglich vom Eide und vom Eidesvertrage. Die Rolle des zürnenden Gottes hat nun der rächende Staat übernommen; nicht mehr die „majestas deorum", sondern die „majestas populi" ist verletzt, oder wie wir nunmehr sagen können, seine völkerrechtlich-souveräne Stellung.

Ganz ähnlich verhält es sich mit der „sponsio",[1] die allerdings unter weniger solenner Form erfolgt, als der Abschluß des „foedus". Auch sie ist ein Mittel der internationalen Bindung, ein Residuum des uralten Sakralwesens,[2] späterhin aber in ge-

dem Eidesfluche. Die Eideserklärung wird von den Fetialen unter Vornahme von Opfern abgegeben, indem sie die Götter zum Zeugen dafür anrufen, daß man den Vertrag nicht zuerst brechen werde (s. die oben zitierte Stelle des Livius I, 32, 6). Das italische Bündnisritual ist zweifellos ganz genau fixiert worden; Vermutungen hierüber s. bei Leist S. 461. Livius (I, 24) beschränkt sich auf die Konstatierung der Tatsache: foedera alia aliis legibus, ceterum eodem modo omnia fiunt, tum ita factum accepimus nec ullius vestustior foederis memoria est. — Der Eidesfluch wird in Gegenwart der vertragschließenden Partei bzw. ihres Vertreters ebenfalls von den Fetialen (pater patratus) vorgenommen. Hierbei ruft der Fetiale die berühmten Worte: „Ut ego hunc porcum hodie feriam ... tu ille Diespiter, populum Romanum sic ferito ... tantoque magis ferito, quanto magis potes pollesque" (Livius I, 24, 8). Daher heißt auch der technische Ausdruck „foedus ferire", „icere" (z. B. I, 25, 1). — Der eigentliche Eidwächter ist Zeus. Über den aus dem Zeusglauben fließenden Begriff der „fides" s. Leist S. 364; über den Bruch der „fides" und dessen Folgen ebenda S. 443, 444.

[1] S. hierzu Varro, de ling. lat V, 69 bis 72 v. spondere (Bruns, pars post. S. 58, 59).

[2] Livius IX, 9: neque ego infitias eo, tam sponsiones quam foedera, sancta esse apud eos homines, apud quos juxta divinas religiones fides humana colitur ... sponsionis vinculum ... spondere pacem.

wissem Sinne gegensätzlich zum „foedus“ angewandt.[1] Das „foedus“ ist ein den populus unbedingt bindender Offizialakt, die „sponsio“ ein an sich nur die Sponsoren bindendes Privatversprechen,[2] für dessen Erfüllung nur die spondierenden Personen mit Leib und Leben haften, der populus dagegen höchstens dann, wenn er — ähnlich wie bei der Gesandtenverletzung — die „noxae deditio“ unterläßt. In der „Sponsio Caudina“ kommt die gegensätzliche Behandlung von „foedus“ und „sponsio“[3] klar zum Ausdruck.[4]

[1] S. auch Müller-Jochmus S. 182, 183.

[2] Livius IX, 10, 9: A. Cornelius Arvina fetialis ita verba fecit: Quandoque hisce homines injussu populi Romani Quiritium foedus ictum iri spoponderunt atque ob eam rem noxam nocuerunt, ob eam rem, quo populus Romanus scelere impio sit solutus, hosce homines vobis dedo! — Gaius III, 93, 94: Sed haec quidem uerborum obligatio Dari Spondes? Spondeo propria ciuium Romanorum est; ceterae uero juris gentium sunt, itaque inter omnes homines siue ciues Romanos siue peregrinos ualent et quamuis ad Graecam uocem expressae fuerint . . . etiam hae tamen inter ciues Romanos ualent, si modo Graeci sermonis intellectum habeant; et contrario quamuis Latine enuntientur, tamen etiam inter peregrinos ualent, si modo Latini sermonis intellectum habeant. at illa uerborum obligatio Dari Spondes? Spondeo adeo propria ciuium Romanorum est, ut ne quidem in Graecum sermonem per interpretationem proprie transferri possit, quamuis dicatur a Graeca uoci figurata esse. — Unde dicitur uno casu hoc uerbo peregrinum quoque obligari posse, uelut si imperator noster principem alicuius peregrini populi de pace ita interroget Pacem Futuram Spondes? uel ipse eodem modo interrogetur: Quod nimium subtiliter dictum est, quia si quid aduersus pactionem fiat, non, et stipulatu agitur, sed jure belli res uindicatur.

[3] Vgl. allerdings die Ausführungen bei Mommsen, Saatsr. I, 1 S. 239 Anm. 1, die mit der Livianischen Darstellung (IX, 5) nicht in Einklang zu bringen sind.

[4] Livius IX, 5: Immerhin ist zu betonen (Leist a. a. O.), daß die Auffassung, der populus könne sich durch „noxae deditio“ der schuldigen Sponsores entsühnen, nicht allerseits geteilt wird: „neque exsolvi etc.“, und die Samniten selbst die „civitas“ für obligiert halten: „si deos esse etc.“ — Mommsen, Staatsr. III, 1 S. 341, nimmt trotz der von Gellius XVII, 21, 36 als „jussu populi“ bezeugten Dedition der Schuldigen an, daß wenigstens die Caudinische Sponsio von Rechtswegen die Bürgerschaft band. Er hält die Wendungen bei Dionysius II, 14, 4; XX, 6, 66; bei Livius I, 49, 7 insbesondere dessen caudinische Erzählung (IX, 5, 1: consules . . . negarunt injussu populi foedus fieri posse und IX, 9, 4: injussu populi nego quicquam sanciri posse, quod populum teneat) für irrelevante Phrasen. — Daß der

Damit wollen wir die Abhandlung über die Frage nach der Existenz eines römischen Völkerrechts abschließen.[1] Wir haben gezeigt, wie die internationalen Beziehungen sich entwickelt haben auf dem Boden der tief wurzelnden Vorstellungen von der Positivität des Sakralrechts, daß der Majestätsgedanke, ein Postulat der uraltrömischen religiös-ethischen Überzeugung, gerade auf dem Gebiete des Völkerrechts lebendige Formen angenommen, ja daß er das internationale Verhältnis Roms charakterisiert, gestaltet hat. Haftet man nicht am Einzelnen, sondern gibt man sich Mühe, die Mannigfaltigkeit der Gliederungen als etwas Ganzes, Einheitliches, Großzügiges zu erfassen, so wird man gewiß nicht jene Ansicht als fehlsam bezeichnen dürfen, die in Rom den „antiken Staat" sieht, neben dem ein anderer nicht aufkommen, nicht bestehen kann. Dies gilt nur vom entwickelten römischen Weltstaat. Ehe Rom die Position des einen, einzigen „Staates" errang, hatte es einen gefahrvollen schwierigen Kampf mit zahllosen rivalisierenden Gemeinwesen politisch und rechtlich auszufechten, und wenn man bei der Frage, ob die Römer die Vorstellung vom souveränen Staat gehabt haben, immer nur an den römischen Staat in seiner Vollendung, an das Weltreich, das „imperium Romanum" denkt,[2] so beschränkt man

---

Bruch der sponsio unter Kriegsrecht steht, sagt GAIUS III, 94 ausdrücklich (s. vorige Seite Anm. 2: „unde dicitur etc."). — Hierher gehört auch die „Sponsio Numantina". CICERO, de orat. I, 40, 181: Et enim si C. Mancinum ... quom propter invidiam Numantini foederis pater patratus ex. S. C. Numantinis dedidisset eumque illi non recepissent posteaque Mancinus domum revenisset neque in senatum introire dubitasset, P. Rutilius M. F. tribunus plebis jussit educi, quod eum civem negaret esse, quia memoria sic esset proditum, quem pater suus aut populus vendidisset aut pater patratus dedidisset, ei nullum esse postliminium. — Über weitere Sponsionen s. MOMMSEN, Staatsr. I, 1 S. 244 Anm. 3. Das moderne Völkerrecht hat die Lehre von den Sponsionen übernommen, RIVIER S. 327.

[1] Es ließen sich noch positive Belege mannigfacher Art anführen; z. B. war die z. Zt. wieder akute Frage nach der Konstituierung eines ständigen Schiedsgerichtshofes im Altertum teilweise glücklich gelöst worden (vgl. LIOY S. 541). — Wir glauben, mit Vorstehendem eine hinreichend weite Perspektive eröffnet zu haben.

[2] Das tut JELLINEK, Allg. Staatsl., bei seinen Erörterungen über die Souveränität und die Eigenschaft der Staatsgewalt, z. B. S. 398, 412 etc.

damit in unzulässiger Weise die Untersuchung auf ein zu enges Gebiet. Gewiß, definiert haben die Römer die Souveränität nirgends, aber nicht, weil für sie nicht die geringste Veranlassung vorlag, den römischen Staat mit irgendwelchen Mächten neben und unter sich zu vergleichen,[1] sondern aus dem harmlosen Grunde, daß sie überhaupt nur mangelhaft, ungern definierten. Und was soll und kann der Mangel einer Definition eigentlich beweisen? Bedarf es denn überhaupt einer solchen, um zur Vorstellung von der Souveränität des Staates zu gelangen? Wenn der Gegensatz der Staatsgewalt zu anderen Mächten dasjenige Merkmal ist, das einzig und allein die Souveränitätsvorstellung zum Bewußtsein zu bringen vermag,[2] kann man leugnen, daß dieses Merkmal in der Vorstellung des römischen Republikaners nur allzusehr lebendig war? Diesen Gegensatz soll ja gerade die Formulierung „majestatem populi Romani comiter conservanto“ zum Ausdruck bringen, wenn die Römer auch durch Einfügen dieser Klausel in den mit dem Paziszenten geschlossenen Vertrag dem Gegner gern den Schein staatlicher Selbständigkeit ließen.[3] Damit betonte Rom seine souveräne Stellung allerdings nicht;[4] daß es sie aber damit auch nicht anerkannt hätte, ist irrig.[5] Im Gegenteil! Darin, daß Rom einem solchen

---

[1] Jellinek a. a. O. S. 398.

[2] Derselbe a. a. O. S. 399.

[3] Derselbe a. a. O.

[4] Soweit hat Jellinek noch recht.

[5] Hier beginnt der Irrtum Jellineks. Er deutet die Internationalphrase durchaus falsch. Majestas bezeichnet mehr als die Größe und Macht des römischen Volkes, mehr als bürgerliche und militärische Befehlsgewalt. Verfolgt man den aufstrebenden Kampf der römischen Gemeinde in Latium, in Italien mit Aufmerksamkeit, überlegt man, wie Rom dazu kommt, seine Majestät den fremden Staaten gegenüber zu betonen, so sträubt man sich zu Unrecht gegen die Erkenntnis, daß die Römer in diese Majestät mehr hineingelegt haben, als was das Wort besagt. Gerade das, was Jellinek leugnet, sehen wir in der internationalen majestas enthalten: Inhalt und Schranken der staatlichen Macht, Unabhängigkeit Roms von auswärtigen Gewalten. An der internationalen Majestät der römischen Abhängigkeitsverhältnisse wird die Wahrheit ungemein klar veranschaulicht, die Bornhak (Einseitige Abhängigkeitsverhältnisse unter den modernen Staaten in den staats- und völkerrechtlichen Abhandlungen, herausgegeben von

Gemeinwesen gegenüber die Majestät vertragsmäßig wahrt, liegt gerade die Anerkennung der eigenen Souveränität, deren Betonung eben dadurch gemildert werden soll, daß man dem fremden Volke den „Schein staatlicher Selbständigkeit“ läßt: Das war ja gerade der Gipfel römischer Politik, das wahre, als rechtmäßig anerkannte Verhältnis den Gegner nicht fühlen zu lassen, um desto wirksamer die Assimilation fördern zu können!

So gehen wir denn nicht fehl, wenn wir annehmen, daß die Römer eine ganz bestimmte Vorstellung von dem hatten, was wir heute „völkerrechtliche Souveränität“ nennen.

Zweiter Abschnitt.

§ 16.

Die staatsrechtliche Souveränität.

Auch nach innen hat die souveräne Gewalt des römischen Staates als der Ausdruck des höchsten unbeschränkbaren Willens eine durchaus bestimmte Vorstellung in der Betrachtungsweise der Römer vom Staate erzeugt und ausgelöst. Wir gelangen nun zur „majestas“ in staatsrechtlicher Bedeutung.

Zunächst muß über den modernen Souveränitätsbegriff Klarheit geschaffen werden. Die Staatsrechtswissenschaft spricht es positiv aus, daß man die Souveränität nicht mit der Staatsgewalt oder dem obersten Staatsorgan identifizieren dürfe.[1] Dogmatisch begreifen wir den Inhalt des Souveränitätsbegriffs als die negativ wirkende Eigenschaft der Unabhängigkeit im Gegensatze zu der in der Überordnung liegenden positiven Herrschaftsäußerung der Staatsgewalt. Sprachlich aber, und das ist hier das Wesentliche, verwendet das positive Recht die „Souveränität“ auch für „Staatsgewalt“ und als Bezeichnung für

---

Jellinek und Meyer I Heft 5: Schluß S. 71) für die modernstaatlichen ausspricht, wenn er sagt: Sprache und Recht scheinen häufiger weniger dazu bestimmt, das wahre politische Verhältnis auszudrücken, als es zu verdecken.

[1] S. zu dem Folgenden Rehm, Allg. Staatsl. S. 61 ff.; Jellinek S. 431; Georg Meyer (5. Aufl.) S. 16; Bluntschli, Allg. Staatsl. S. 563ff.; Schultze S. 24 ff.

die spezifische Eigenschaft des obersten Staatsorgans; es gelangt so zur Scheidung in völkerrechtliche und staatsrechtliche Souveränität — Souveränität nach außen und nach innen. Dies mag uns einstweilen genügen.[1]

Daß einer Übertragung der modernen Terminologie auf die römischen Verhältnisse, soweit die völkerrechtliche Souveränität in Frage kommt, nichts entgegensteht, haben wir gesehen; auch der Begriff der sogenannten „staatsrechtlichen Souveränität" hat im römischen Recht seinen Platz.[2]

§ 17.

I. Die Majestät der Volksversammlung.

Ruft man sich zunächst ins Gedächtnis zurück, was wir über die Vorstellung der Römer von dem inneren Zusammenhange der „majestas populi Romani" mit der „majestas patris" sagten, und vergleicht man damit die rechtliche Stellung der Volksversammlung im römischen Staatskörper, sowie ihre Kompetenz, so wird man nicht umhin können, dem populus Romanus mit Fug und Recht Gemeindesouveränität zuzubilligen. Staatsrechtlich nämlich ist der populus personifiziert in der Volksversammlung.[3] Das Dogma von der ihr eigenen Souveränität hat

---

[1] Nähere Ausführungen gehören nicht hierher; insbesondere nicht die Erörterung der Frage, ob völker- und staatsrechtliche Souveränität zwei Seiten ein und desselben Begriffes sind, oder nicht. Vgl. hierzu vor allem Rehm a. a. O. S. 63; Jellinek S. 431.

[2] Sprechen wir im römischen Staatsrecht von Souveränität z. B. der Volksversammlung, des Magistrats, des Senats, des Prinzeps schlechtweg, so ist „Souveränität im staatsrechtlichen Sinne" in moderner Sprechweise gemeint. So in allen Werken über römische Geschichte, römisches Staatsrecht usw. (Man vgl. Karlowa, Mommsen — sämtl. Werke —, Rubino, Beloch, Schulin, Pernice, Bernhöft, Leist, Esmarch, Rudorff, Göttling usw. usw.) Leider ist nirgends auch nur eine Bemerkung darüber zu finden, in welchem Sinne dieser moderne Begriff aufzufassen ist; das ist eine Lücke, die schon aus dem Grunde der Ausfüllung bedarf, weil sich eine Berechtigung zu analoger Terminierung für doch im Grunde anders geartete staatsrechtliche Verhältnisse ohne weiteres nicht ergibt (siehe schon oben S. 31ff.).

[3] Cicero sagt de off. XXXIV, 124 geradezu: est igitur proprium munus magistratus intellegere se gerere personam civitatis debereque eius

dem Königtum ebenso wie der Republik und dem Prinzipat den Stempel aufgedrückt. So jedenfalls konstruieren sich die Römer der Republik, vielleicht im Widerspruch mit der Geschichte, den Staat, daß sie den König nur als ein Organ des populus fassen.[1] Der souveräne Volkswille gibt für CICERO, den Vertreter der römischen Staatsrechtswissenschaft κατ' ἐξοχήν, sogar die Grundlage ab für seine Konstruktion des Staatsbegriffes.[2]

Indem CICERO[3] die „res publica“ mit der „res populi“ identifiziert, drückt er aus, daß alles, was „publicum“ ist, d. h. den Staat betrifft, „res“, Angelegenheit des „populus“ ist, d. i. der Gesamtheit, des ganzen Volkes;[4] indem er die „res publica“ aber mit der „civitas“ identifiziert,[5] faßt er als den Staat das Volk,[6] und zwar in seiner quiritarischen Formation in der Volksversammlung.[7] Sie ist nicht Aktionsmittel des Staates, sondern Staat selbst.[8] Wenn JUSTINIAN (Instit. I, 2, 4) die oben zitierten Worte des GAIUS wörtlich in die Institutionen übernommen hat, so beweist dies das Festhalten der alten Anschauung noch in der letzten Periode des römischen Reiches. Allerdings sagt CICERO, de leg. III, 5, 12: „Magistratibus iisque qui praesint contineri rem

---

dignitatem et pecus sustinere etc., und de dom. XXXIII, 90: Ille populus est dominus regum, victor atque imperator omnium gentium, quem ... vidisti tum, cum omnes principes civitatis ... suffragium se non de civis, sed de civitatis salute ferre censebant. ...

[1] Hierüber ist noch im Abschnitt über die „majestas magistratus“ zu sprechen.

[2] Man vgl. seine Schriften de re publica und de legibus.

[3] De re publ. I, 25, 39: Et igitur ... res publica, res populi: populus autem non omnis hominus coetus quoquo modo congregatus, sed coetus multitudinis juris consensu et utilitatis communione sociatus. Ebenso 26, 41; 27, 43.

[4] Vgl. ED. MEYER II S. 520, 525; GIERKE III S. 26. — GAIUS I, 3: Plebs autem a populo eo distat, quod populi appellatione universi cives significantur, connumeratis etiam patriciis.

[5] S. die Anm. 3 angegebenen Stellen.

[6] S. auch CICERO, de domu XXXIII, 90 S. 77 Anm. 3.

[7] MÜNSCHER S. 1: Nec tamen cives Romani, in quibus majestas fuisse dicitur, privati de rebus publicis quidquam statuebant, sed in comitia legitime convocati.

[8] GIERKE a. a. O. S. 124.

publicam et ex eorum compositione quod cuiusque rei publicae genus sit intellegi", sieht den Staat also in den Magistraten und Vorstehern; ja, de re publ. I, 29, 45 und II, 28, 50 konstruiert er sogar eine Staatsform, in der die Angelegenheiten des Staates teils der Kompetenz eines Königs, teils der der „principes", teils der der „multitudo" unterliegen[1] und spricht daselbst von der „summa imperii regis", d. h. der Souveränität des Königs. Diese Erörterungen aber darf der Jurist am allerwenigsten mit kritischem Auge prüfen; es mangelt diesen Stellen durchaus an präziser Formulierung, und man muß ihnen zugute halten, daß sie nicht in einer juristischen Abhandlung, sondern in einer politischen Lehr- und Streitschrift stehen.[2] Daß aber Ciceros Vorstellung von der Souveränität der freien Vollbürgerversammlung eine feststehende und prinzipielle ist, ergibt sich aus dem Geist der in Betracht kommenden Stellen, aus der ganzen Anlage, dem Ausgangspunkte des Staatsbegriffes (s. o.) und insbesondere aus zwei Stellen: de leg. III, 12, 27 und de off. I, 34, 124, wo er geradezu von der „majestas civitatis" im Sinne der Gemeindesouveränität handelt,[3] wo er dem populus die „potestas", dem Senate die „auctoritas", den Magistraten das „imperium", aber in einer vom Volke abhängigen Form zuweist.[4] So ist also nach Cicero und damit nach der Konstruktion der römischen Staatsrechtswissenschaft der Staat rechtlich nicht eine Summe von Einzelpersonen, sondern die einheitliche Persönlichkeit des populus selbst.[5]

---

[1] S. auch de re publ. I, 45, 69: Placet enim esse quiddam in re publica praestans et regale, esse aliud auctoritati principum impartitum ac tributum, esse quasdam res servatas judicio voluntatique multitudinis.

[2] Näheres hierüber bei Mommsen, Gesch. III, 662, der übrigens anderer Meinung. Desgl. Gierke III, 24/25. S. auch Kipp S. 160.

[3] Sehr deutlich de off. I, 34, 124: Est igitur proprium munus magistratus intellegere se gerere personam civitatis debereque eius dignitatem et decus (das ist: majestatem) sustinere, servare leges, jura describere, ea fidei suae commissa meminisse.

[4] Rehm, Geschichte S. 152.

[5] Hierin liegt die Erklärung für die Selbstverständlichkeit, mit der das Prinzip der republikanischen Staatsverfassung ohne Cäsur hinüberleiten konnte zur augusteischen Regierungsform, die sich dann zum monarchischen Verfassungsprinzip verdichtete.

Modern gesprochen bedeutet demgemäß die Rechtsstellung des römischen populus im Verfassungskörper ein Doppeltes: Er ist Subjekt der Staatsgewalt und gleichzeitig Träger der Staatsgewalt; Subjekt, weil dem Volke die Staatsgewalt rechtlich zusteht, Volk und Staat gleichbedeutend sind; Träger, weil der in den Komitien versammelte populus als höchster sichtbarer Vertreter des Subjektes der Staatsgewalt aufzufassen ist und in seinem Namen die Staatsgewalt ausgeübt wird. Wie das ewig brennende Feuer der Vesta das Symbol der Unvergänglichkeit des „nomen Romanum" ist, ist die Volksversammlung der ewig ruhende Pol in dem stetiger Veränderung unterworfenen Staatsgetriebe: Daher die schroff durchgeführte Einheitlichkeit des Verfassungs- und Verwaltungsorganismus.

Gleichzeitig aber ist der populus Romanus auch der oberste Ausüber der Staatsgewalt, d. h. diejenige Stelle im Staate, die in höchster Instanz den Staatswillen verwirklicht, insofern also Staatsorgan;[1] dies jedenfalls während der Republik und der ersten Zeit des Prinzipats, wie ihn sich Augustus dachte. In der Königszeit wird der rex, in der späteren Zeit des Prinzipats werden Prinzeps und Senat als oberste Ausüber der Staatsgewalt zu bezeichnen sein. Sonst aber eignet dem populus diese höchste Organschaft nach der Vorstellung des römischen Staatsrechts, und vornehmlich in diesem Sinne wird von der „majestas populi Romani" gesprochen. In ihr kommt aber auch die Subjektsnatur und die Trägereigenschaft zum Ausdruck. Die wichtigsten Momente seien nunmehr kurz berührt.

In der frührömischen Periode der Königszeit äußert sich der Majestätsgedanke in der rechtlichen Stellung der Bürgergemeinde überhaupt. Sie tritt uns primär als Subjekt und Träger der

[1] Ganz ähnlich: Amendement 10 zur Verfassung der Vereinigten Staaten: the powers not delegated to the United States by the Constitution nor prohibited by it to the States, are reserved to the States respectively, or to the people! Also das Volk als Quelle aller Gewalten übt diese aus, soweit sie nicht den Organen der Union übertragen oder den Gliedstaaten vorbehalten sind. So auch Artikel 71 der Schweizer Bundesverfassung: Unter Vorbehalt der Rechte des Volkes und der Kantone wird die oberste Gewalt des Bundes durch die Bundesversammlung ausgeübt.

Staatsgewalt, in zweiter Linie erst als Organ entgegen.[1] Denn sie steht außerhalb des Aktionsfeldes der öffentlichen Angelegenheiten, solange die Rechtsanwendung und Rechtsausübung in Frage steht. Als konstitutives Element zeigt sich die Gemeindeversammlung überall da, wo eine Rechtsänderung den normalen Gang beeinflußt, wo der Staat in seinem inneren Bestande betroffen wird. Hier mindert sich die Befehlsgewalt des Königs herab zu einem bloßen Paktieren mit den Quiriten; der rex proponiert, das Volk akzeptiert oder lehnt ab. Ein so zustande gekommener, geradezu kontraktmäßiger Ausgleich ist „lex publica populi Romani" im eigentlichen Sinne. Insofern, kann man sagen, findet der souveräne Wille der Gemeinde in Koinzidenz mit dem Willen des Königs seinen ursprünglichsten Ausdruck auf dem Gebiete des Gesetzgebungsrechtes. Es genügt, in großen Zügen auf die Arrogation,[2] auf den Ursprung des Testamentes (testamentum

[1] Eine Entscheidung der auch für das moderne Recht unwichtigen Frage, ob auch der Träger der Staatsgewalt als „Organ" zu bezeichnen ist (Rehm, Allg. Staatsl. S. 179; Jellinek, System S. 141) oder nicht (Georg Meyer S. 15), kann hier nicht gegeben werden; es wird im folgenden „Organ" auch für den Träger der Staatsgewalt Verwendung finden.

[2] Die Mitwirkung der „comitia curiata" bei der Arrogation basiert, wie oben bereits dargetan ist, auf dem sakralen Gedanken, daß die Erfüllung der Familiensakra keine Unterbrechung erleiden darf. Der Arrogationsakt, der zweifellos bis in die ältesten Zeiten hinaufreicht, ist daher in erster Linie Sakralakt vor den Kuriatkomitien unter feierlicher Assistenz der pontifices, Gellius XV, 27: Calata comitia quae pro collegio pontificum habentur . . . curiata per lictorem curiatum calari i. e. convocari . . . iisdem comitiis, quae calata appellari diximus, sacrorum detestatio et testamenta fieri solebant; V, 19; Adrogationes non temere neque inexplorate committuntur; nam comitia arbitris pontificibus praebendo quae curiata appellantur. — Cicero, pro domo XIII, 34: Quae deinde causa cuique sit adoptionis, quae ratio generum ac dignitatis, quae sacrorum, quaeri a pontificum collegio solet. Die Erklärung des Übertretenden (Gaius I, 99: et is qui adoptat, rogatur, an velit eum, quem adoptaturus sit justum sibi filium esse, et is qui adoptatur rogatur, an it fieri patiatur) enthält gleichzeitig den feierlichen Austritt aus dem angestammten Sakralverbande, das öffentliche Abstreifen der bisherigen Gottesverehrung; das ist die „detestatio sacrorum". Die Vorstellung von der „majestas deorum" wirkt also auch hier fort; wie tief und nachhaltig, ersieht man daraus, daß sich noch in der Kaiserzeit an dem althergebrachten Ritual nichts geändert hat:

calatis comitiis und in procinctu), auf den Anfang der Provokation und auf die Vornahme eines Angriffskrieges hinzuweisen, Akte, die ohne das komitiale Einvernehmen der Rechtmäßigkeit ermangeln. Schon hinsichtlich der ursprünglichsten römischen Verfassung kann man deshalb mit MOMMSEN[1] sagen, daß es die Bürgergemeinde war, an welcher der Begriff der Souveränität haftete.[2]

Die Revolution des Jahres 510—509 und die republikanische Ausgestaltung der Verfassung trifft das Verdienst, die Stellung der Volksversammlung als Subjekts der Staatsgewalt wie als Staatsorgans aufs schärfste pointiert und herausgearbeitet zu haben. Leitender Gesichtspunkt bleibt fortan das Prinzip: Die Volksversammlung ist die Quelle aller Gewalt und zwar vornehmlich der Amtsgewalt; Magistrat ist nur, wer aus den Händen des versammelten populus sein Mandat erhält;[3] die Beeinträchtigung der Rechtsstellung des Mandatars ist ein Angriff auf die Majestät des populus.[4] Freilich ist nunmehr der populus im

---

TACITUS, hist. I, 15: Si te privatus lege curiata apud pontifices, ut moris est, adoptarem.

Die Testamentserrichtung steht mit der Adoption im Zusammenhange. Das hat SCHULIN, Das griechische Testament S. 51, 52, überzeugend nachgewiesen. Die Form ist, wie bei der Adoption, ein wahrscheinlich unter Vornahme von Opfern stattfindender Solennitätsakt vor dem versammelten Volke, ohne Unterschied, ob es daheim ist — calatis comitiis —, oder vor dem Feinde steht — in procinctu. Die Streitfrage, ob das Volk nur Zeuge des erbrechtlichen Aktes ist oder aktiv durch Erteilung der Genehmigung mitzuwirken hat (KARLOWA-MOMMSEN), gehört nicht hierher. Jedenfalls äußert sich auch hier die Souveränität der Gemeinde darin, daß der vorzunehmende Akt durch die — aktive oder nur passive — Mitwirkung der Vollbürger sanktioniert oder doch wenigstens durch ihre unanfechtbare Zeugenschaft höchstinstanzlich als öffentlich erfolgt deklariert wird.

[1] Geschichte I S. 79 ff.

[2] Die Einzelheiten können hier nicht gegeben werden; den unwiderleglichen Nachweis der heute nicht mehr bestrittenen Souveränitätsqualität der römischen Komitien auch für die Königszeit hat MOMMSEN (Gesch. I und Staatsr. III, 1) geführt.

[3] DIONYS V, 19: *ἄρχοντα μηδένα εἶναι Ῥωμαίων, ὃς ἂν μὴ παρὰ τοῦ δήμου λάβῃ τὴν ἀρχήν, θάνατον ἐπιτιθεὶς ζημίαν ἐάν τις παρὰ ταῦτα ποιῇ·*

[4] CICERO, de invent. II, 17, 53: Majestatem minuere est de dignitate

Sinne des Subjekts der Staatsgewalt nicht mehr die alte, den Adelsstand verkörpernde Kurienversammlung, vielmehr haben wir darunter seit dem erfolgreichen Kampfe des gesamten Plebejats um die Erlangung der politischen Gleichberechtigung die Centurienversammlung zu verstehen. In ihr[1] erblicken wir fortan das souveräne römische Volk, an dem nach der Lehre der römischen Staatsrechtswissenschaft die „majestas" haftet. Die Steigerung der Gemeindesouveränität nun erhellt am auffälligsten, wenn man die Kompetenzen des republikanischen populus durchgeht; sie rechtfertigen die obige Auffassung durchaus.

§ 18.

II. Die Kompetenz des populus.

1. Satzungskompetenz.

Nach drei Richtungen[2] läßt die römische Verfassung die Volksversammlung in Aktion treten: Einmal da, wo ihr ureigenstes Recht, das der Gesetzgebung, in Frage steht; sodann auf dem Gebiete der Beamtenwahl und endlich als Bürgerschaftsgericht. Die beiden letzten Kompetenzen sind eine Folge des Satzungsrechtes der Gemeinde, des Fundamentes der Verfassung überhaupt. Die Souveränität des populus zeigt sich deshalb, wie schon in der Königszeit, am deutlichsten in seiner Tätigkeit als Gesetzgebungsfaktor. In dieser Beziehung kann man vielleicht von einer „praesumtio pro populo" sprechen: Jede den Staat betreffende Angelegenheit bedarf, sofern sie nicht der Kompetenz eines Magistrats, ordentlichen oder außerordentlichen, ausdrücklich

---

aut amplitudine aut potestate populi aut eorum, quibus populus potestatem dedit, aliquid derogare.

[1] Die comitia tributa sowie die concilia plebis sind hier mit einzubegreifen. Vgl. Münscher S. 5: Majestatem vero imperii ... non obtinebat populus Romanus, nisi ad comitia rite vocatus, quorum duo erant genera etc.

[2] Auch hier kann nur auf die grundlegenden Elemente hingewiesen werden. Da es darauf ankommt, aus dem Geiste der großzügigen Machtposition des Volkes seine majestas abzuleiten, kann die Darstellung von Einzelheiten das Gesamtbild nur trüben. Vgl. zum Folgenden namentlich Mommsen, Staatsr. III 1, S. 325ff.

zugewiesen ist, zur rechtsgültigen Behandlung der Mitwirkung der Komitien, der Entscheidung durch die Volksversammlung, bei der aus eigener Machtvollkommenheit alles Recht ruht. Soweit es sich lediglich um ihre Satzungskompetenz handelt, verdienen folgende Punkte besondere Erwähnung.[1]

I. Verleihung und Entziehung des Bürgerrechts.

Daß das Recht, den Umfang der Vollbürgergemeinde zu bestimmen, ausschließlich dieser zusteht, ist nur natürlich. Sie vindiziert sich dieses Majestätsrecht schon vom Gesichtspunkte der sakralgenossenschaftlichen Einheit aus; die „majestas deorum" spielt hier ursprünglich mit hinein; der Götteraustausch, der überall im Leben seine Spuren hinterläßt, hat die Rezeption fremder Elemente vermittelt. Zur Zeit, da die sakrale Vorstellung verblaßt, steht die Frage nach dem rechtlichen Bestande des Staates, des populus, obenan; seiner schrankenlosen Willkür, seinem Gutdünken bleibt daher die Erweiterung und Ausdehnung der Gemeinde durch Aufnahme neuer Glieder überlassen. Er hat denn auch von diesem Rechte weitgehenden Gebrauch gemacht.[2]

---

[1] Die nun folgende Aufzählung schließt sich eng an MOMMSEN a. a. O. S. 328ff. an.

[2] Die Mannigfaltigkeit der Formen des Bürgerrechtserwerbes ist überraschend. Uns interessieren in Kürze nur diejenigen, bei denen das souveräne Volk mitwirkt. Während der Zeit der Geschlechtergemeinde konnte natürlich nur das Geschlechtsbürgerrecht, der Patriziat, erworben werden, und zwar in der Weise, daß entweder ganze Geschlechter oder nur Einzelpersonen in den Verband aufgenommen wurden. Der Akt selbst erfordert ein Zusammenwirken des obersten Staatsorgans, des Königs, mit dem in Kurien versammelten populus. Der einzelne Fremde wird im Wege der Arrogation (s. o.), der testamentarischen Adoption oder der „restitutio in integrum" des Geschlechtsrechtes teilhaftig. Plebejische Geschlechter können während dieser Epoche überhaupt nicht rezipiert werden. Mit der Zurückdrängung der Kuriatkomitien schwindet die Einverleibung neuer patrizischer Geschlechter, das souveräne Volk, das allein das Bürgerrecht vergeben kann, ist nunmehr in den Centuriatkomitien formiert; jetzt ist Verleihung des Bürgerrechts stets Verleihung der Plebität, und zwar Personalverleihung. Die Zustimmung erfolgt seitens der Centuriat- oder Tributkomitien; meist aber durch Plebiszit. Späterhin kommt die Übung auf, beim Vorliegen bestimmter Voraussetzungen die Verleihung mittelbar durch einen Magistrat vorzunehmen; dieser erhält das Verleihungsrecht des populus delegiert.

II. Verleihung und Entziehung des Stimmrechts.

Dieses Recht ergibt sich aus dem sub I. Gesagten; das Stimmrecht ist ja ein Ausschnitt aus dem Bürgerrecht. Der

---

Hieraus sind namentlich die koloniale und feldherrliche Verleihung entsprungen (vgl. bezüglich der letzteren namentlich CICERO, pro Balbo VIII, 19, wo ausdrücklich betont wird, daß das Volk, nicht der Feldherr die Sanktion erteilt, „ut cives Romani sint"). Noch andere zahlreiche Formen — Arrogation eines Plebejers durch einen Patrizier oder Plebejer, Singularprivileg, „transitio ad plebem" (In dem bekannten Falle des Übertritts des P. Clodius im Jahre 60 v. Chr. scheint es an einem Plebiszit nicht gefehlt zu haben, MOMMSEN a. a. O. S. 137 Anm. 5), Munizipalverleihung — gehören hierher. Erst unter dem Prinzipat verliert das souveräne Volk allmählich die Kompetenz der Bürgerrechtsverleihung.

Die Entziehung der Zivität ist eine im wesentlichen der Verleihung analoge Erscheinung. Auch sie beruht auf einem Akt der souveränen Volksversammlung, allerdings mit dem Unterschiede, daß die Entziehung in den meisten Fällen, nämlich überall da, wo der Verlust des Geschlechtsbürgerrechtes die selbstverständliche Folge des Übertritts des Römers in einen fremden Gemeindeverband war, als ein besonderer Akt nicht würde in Erscheinung getreten sein. Die staatsrechtliche „capitis deminutio", die eintritt, wenn der römische Bürger in einer ausländischen Gemeinde unfrei, Schutzbefohlener oder Bürger wird, bedarf daher keines speziellen Volksschlusses. Ein solcher wird vielmehr nur dort die souveräne Gewalt des populus erkennen lassen, wo jemand, ohne der römischen oder einer fremden Gemeinde anzugehören, auf römischem Staatsboden als Nichtrömer zu verweilen berechtigt ist und Freiheit und Rechtsschutz behält. Die Anweisung einer Rechtsstellung dieser Art charakterisiert sich als Strafakt. Beispiele hierfür bilden diejenigen „dediticii", die durch Gemeindebefehl weder für unfrei oder für halbfrei, noch für selbständige Staaten oder rezipierte römische Geschlechter deklariert sind; ferner diejenigen Gemeinden, denen die Komitien das Bürgerrecht zur Strafe entziehen (z. B. Capua, 210 v. Chr. und die Etruskergemeinden im Jahre 81 v. Chr.: CICERO, de dom 30, 79: populus Romanus L. Sulla dictatore ferente comitiis centuriatis municipiis civitatem ademit). Sodann denke man noch an die lex Aelia Sentia des Jahres 4 n. Chr., wo es heißt (GAIUS I, 13): . . . ut qui servi a dominis poenae nomine vincti sint . . . et postea vel ab eodem domino vel ab alio manumissi, ejusdem conditionis liberi fiant, cujus conditionis sunt peregrini dediticii. Für all diese Fälle ist die ausschließliche Kompetenz der Komitien ausdrücklich hervorgehoben, insbesondere kann hier der Senat aus eigener Machtvollkommenheit keine Entscheidungen treffen. LIVIUS XXVI, 33, 10: Per senatum agi de Campanis, qui cives Romani sunt, injussu populi non video posse, idque et apud majores nostros in Satricanis factum esse, cum defecissent, ut M. Antistius tribunus plebis prius rogationem ferret, scis-

Censor darf „injussu populi“ niemanden auf der Liste streichen.[1]

III. Ämterorganisation.

Sie ist, gleichgültig ob Verwaltungs-, Militär- oder Priesterbehörden gemeint sind, in vollem Umfang Reservatrecht der Gemeinde. Diese kreiert und annulliert die Magistrate, verleiht und entzieht Titel und Insignien nach freiem Ermessen. Sie bestimmt den Umfang der Amtsgewalt generell oder speziell, bezeichnet die Person, die mit ihr ausgestattet werden soll. Daß der für die republikanische Verfassung Roms charakteristische Grundsatz der Annuität der Magistratur gleichzeitig der Beweis ist für den Sieg der Gemeindesouveränität im Kampfe mit der Lebenslänglichkeitsidee des Königtums, wird im Abschnitt über die „majestas magistratus“ darzutun sein. Erst das Wiederaufleben der Vorstellung von den Ämtern auf Lebenszeit und ihre praktische Verwirklichung beginnt allmählich, aber stetig die Gemeindesouveränität zu untergraben. Das lehrt der Prinzipat. Soweit endlich durch Volksschluß die Kompetenz des Magistrats festgelegt ist, findet der an sich unbeschränkbare Wille des Volkes an ihr die konstitutionelle Schranke. In Ausübung der ihm gewährten Befugnisse ist der Beamte unbeengt, und daß der populus

---

ceretque plebs, uti senatui de Satricanis sententiae dicendae jus esset, itaque censeo cum tribunis plebis agendum esse, ut eorum unus pluresve rogationem ferant ad plebem, qua nobis statuendi de Campanis jus fiat. Ferner XXXIV, 1 i. Vbdg. m. 6: ex hoc plebiscito senatus consultus .. Campanos omnis ... liberos esse jusserunt, ita ut nemo eorum civis Romanus aut Latini nominis esset. — Eine Besonderheit ist, daß für die Entziehung des Bürgerrechts an sich nur die Centuriatkomitien zuständig sind. So XII T.: de capite civis Romani nisi per maximum comitatum ne ferunto i. Vbdg. m. Cicero, pro Sestio XXXIV, 73: de capite non modo ferri, se ne judicari quidem posse nisi comitiis centuriatis. Doch scheint sie auch — auf Grund der berühmten lex Hortensia — durch Plebiszit angeordnet worden zu sein (s. die Stellen bei Livius XXVI, 33 und 34). Die Tributkomitien ermangeln jedenfalls der Kompetenz.

[1] Livius XLV, 15: Negabat Claudius suffragii lationem injussu populi censorem cuiquam homini nedum ordini universo adimere posse: neque enim, si tribu movere posset, quod sit nihil aliud quam mutare jubere tribum, ideo omnibus quinque et triginta tribubus emovere posse, id est civitatem libertatemque eripere, non ubi censeatur finire, sed censu excludere.

in weiser Selbstbeschränkung sich jeglichen Eingriffs in das doch von ihm verliehene imperium des Magistrats enthalten hat, zeugt von der großen Festigkeit und der inneren Stärke des republikanischen Prinzips.

IV. Gesetzgebung im eigentlichen Sinne.

Die Normierung der bürgerlichen Rechte und Pflichten wird durch die Gesetze festgelegt, die sich darstellen als Vereinbarungen zwischen Magistrat und Volk, das die Sanktion erteilt. Hierher gehören die Gesetze aus dem Gebiete der politischen Rechte, des Verkehrs und der Sitten ebenso, wie die Gesetze über das Vermögensrecht des Staates, die Diebstahls- und Sachbeschädigungsgesetze, Erbrechtsgesetze, wie die lex Voconia, und dergleichen mehr.

V. Normierung der Ordnung und Kompetenz der Volksversammlung selbst.

Man möchte annehmen, daß der Gedanke der Souveränität einen festen Bestand solcher Rechtsregeln nicht hätte aufkommen lassen können, die die freie Willenstätigkeit der Gemeindeversammlung als des obersten Staatsorgans auch nur in unbedeutendem Maße zu beschränken geeignet gewesen wären. Dem Prinzip nach hat diese Anschauung auch dauernd gegolten. Tatsächlich aber ist es insofern abgeschwächt worden, als im Hinblick auf die künftige Tätigkeit der Volksversammlung als Organs gewisse Satzungen bindender Natur, man möchte sagen Grundgesetze, geschaffen worden sind, die, solange sie gültig bestanden, in sich die Kraft hatten, gegen sie verstoßende Volksschlüsse für unwirksam zu erklären. Hierher gehören die Festsetzungen betreffend die Regelung der Volkswahlen (Berufung, Verlauf) und Volksgerichte, dann auch die Kompetenzabgrenzungen z. B. zwischen den Tributkomitien und den spezifischen Plebsversammlungen. In materieller Beziehung können vier Kategorien bindender Normativbestimmungen gebildet werden:

1. Jedes Gesetz ist insoweit null und nichtig, als es eine Bestimmung enthält, die dem Sakralrecht zuwiderläuft. Res sacrae, sakrale Bestimmungen, göttliche Rechte sind unantastbare Dinge, die außerhalb des Staates stehen, an denen daher

auch der souveräne populus nicht rühren darf.[1] Daß die Nichtigkeit einer gegen das jus sacrorum verstoßenden Bestimmung durch eine in jedes Gesetz mit einbezogene Formel ipso jure beseitigt wurde, ist bezeugt.[2]

2. Privilegia ne inroganto. Diese aus den leges sacratae in die XII. T. übergegangene Bestimmung[3] ist unveräußerliches, unumstößliches Staatsgrundgesetz. Die souveräne Gewalt des populus, erstarkt in den Kämpfen zwischen Patriziern und Plebejern, hat es verstanden, diesen Grundsatz, einen der konstitutionellen Eckpfeiler, auch in den zwieträchtigen Zeiten der späten Republik nach Möglichkeit zu wahren. Beispiele positiver Verletzung sind verhältnismäßig gering; daß sie als bewußte Rechtsschmälerungen bemängelt werden, ergeben die Quellen hinreichend.[4]

3. Ne quid per saturam ferretur. Der Volksschluß darf nicht eine lex satura, sondern immer nur sachlich zusammenhängende Gesetzesvorschläge erledigen; dies gilt endgültig seit der lex Caecilia Didia 98 v. Chr.[5]

4. Der amtierende Magistrat darf während der Amtsperiode den einmal wirksam abgelehnten Gesetzesantrag nicht von neuem einbringen: Qui agent ... nec plus quam de singulis rebus

---

[1] Auch dies ist also eine von den positiven Satzungen, welche durch die allzeit lebendige Vorstellung von der majestas deorum erklärlich wird.

[2] Sie lautet bei Probus, de litt. sing. III, 14: Si quid sacri sancti est, quod non jure sit rogatum, eius hac lege nihil rogatur. Näheres bei Mommsen a. a. O. S. 335 Anm. 2.

[3] Cicero, de leg. III, 4, 11: In privatos homines leges ferri noluerunt, id est enim privilegium, quo quid est injustius, cum legis haec vis est, scitum et jussum in omnes. Cicero, pro Sest. XXX, 65: Cum et sacratis legibus et XII T. sancitum esset, ut neque inrogari liceret; de dom. XVII, 43: Vetant XII tab. leges privatis hominibus irrogari, id est enim privilegium.

[4] S. die bei Mommsen a. a. O. S. 336 sub b und Anm. 1 angeführten Belege.

[5] Festus v. satura p. 314 — Bruns, pars post. S. 37: Satura et cibi genus ex variis rebus conditum est, et lex multis aliis legibus conferta; itaque in sanctione legum adscribitur: 'neve per saturam abrogato aut derogato'. T. Annius Luscus in ea, quam dixit adversus Ti. Gracchum: 'Imperium, quod plebes per saturam dederat, id abrogatum est'.

semel consulunto,[1] eine Vorschrift, die mit dem sub 3. Gesagten korrespondiert.

VI. Verleihung von Privilegien.

Als Inhaber und Träger der Machtfülle des Staates entbindet allein der populus nach freier Wahl die Untertanen von objektiven Rechtssätzen; dies gilt der Auffassung nach noch in jener Zeit, in der tatsächlich der Senat die Befreiung aussprach.[2]

VII. Einleitung des Hochverratsprozesses.

Er fällt aus dem Rahmen der regelmäßigen Strafgerichtsbarkeit der Magistrate, später der „quaestiones" heraus und bedarf als wichtigster, die Existenz des Staates betreffender Akt komitialer Genehmigung; auch die „duumviri perduellionis" entlehnen dem von Fall zu Fall ergehenden Volksschluß ihre richterliche Kompetenz. Die Eröffnung des Kapitalverfahrens durch den Volkstribum hat die komitiale Mitwirkung praktisch beseitigt.

VIII. Quasiprovokation von dem Spruche der Fetialen.

Wie oben bei der völkerrechtlichen Souveränität ausgeführt ist, konnte das völkerrechtliche Delikt durch Auslieferung der Schuldigen an die verletzte Gemeinde gesühnt werden. Spruchbehörde ist formell der Konsul, unterstützt und beraten von den Fetialen, in seltenen Fällen auch der Senat. In allen Fällen jedoch steht dem populus wie in innerstaatlichen Dingen, so auch hier das Begnadigungsrecht zu.

IX. Unentgeltliche Weggabe von Gemeindeland und Gemeindegut — Münzprägung.[3]

X. Eingreifen in das Internationalverhältnis.

Soweit die Auslandsbeziehungen rein völkerrechtlicher Natur sind, sind sie bereits eingehend gewürdigt worden. Hier wird

---

[1] Cicero, de leg. III, 4, 11.

[2] Asconius, in Corn. p. 57: Cornelius ... promulgavit legem ... ne qui nisi per populum legibus solveretur. Quod antiquo quoque jure erat cautum; itaque in omnibus senatus consultis, quibus aliquem legibus solvi placebat, adici erat solitum, ut de ea re ad populum ferretur; sed paulatim ferri erat desitum, resque jam in eam consuetudinem venerat, ut postremo ne adiceretur quidem in senatus consultis de rogatione ad populum ferenda.

[3] Beides spielt nur unbedeutend in das Souveränitätsrecht des populus hinein. Näheres bei Mommsen a. a. O. S. 339, 340.

darzulegen sein, in welcher Weise der souveräne populus als Organ auf dem Gebiete der auswärtigen Angelegenheiten tätig wird; die sie regelnden Normen tragen vorwiegend staatsrechtlichen Charakter und sind daher hier zu behandeln.

Die Anschauung des römischen Staatsrechts über die Stellung der Gemeinde bei der Entfaltung der wichtigsten, den Staatenverkehr regelnden Tätigkeit, der Ratifikation der Staatsverträge, ist nicht zu allen Zeiten die gleiche gewesen. Das ist nicht zu verwundern. Wir haben gesehen, daß sich — jedenfalls zur Zeit der Könige — der populus als Ausüber der Staatsgewalt nicht gefühlt hat. Daher geht die ältere Rechtsauffassung dahin, daß der Abschluß des Internationalvertrages, der wie kein zweites Moment auf die politische Entwickelung Roms von entscheidendem Einfluß gewesen ist, zur ausschließlichen Kompetenz des Magistrats gehört.[1] Mommsen (a. a. O. S. 340) weist ganz mit Recht darauf hin, daß das auffällige Schweigen der Annalistik über irgendwelche rechtlich ernsthafte Mitwirkung der Volksversammlung beim Abschluß der Unterwerfungsverträge und der foedera etwa bis zur Zeit der Samnitenkriege einer Verneinung gleichkomme.[2] Doch muß man annehmen, daß die tatsächliche Heranziehung des populus schon während dieser Zeit üblich war; der Magistrat wird dies regelmäßig dann getan haben, wenn er des Einverständnisses der Gemeinde nicht wird sicher gewesen sein, wenn er sich für alle Eventualitäten decken will. In diesem Sinne sind wohl die Berichte bei Livius (VII, 20, 3 und IX, 20, 2)[3,4] zu verstehen. Ein Recht oder gar eine Pflicht des populus zu irgendwelcher Beteiligung existiert nicht. Doch ändert sich dies allmählich.

---

[1] Rubino S. 258ff.

[2] Man vergleiche das bei Livius I, 24 und I, 38 formulierte Schema eines Unterwerfungsvertrages. Hier ist immer nur vom rex als vertragabschließendem Organ die Rede. S. auch das bei „sponsio" über den caudinischen Vertrag und die Mommsensche Auffassung Gesagte (o. S. 72 u. 73).

[3] legati senatum cum adissent, ab senatu rejecti ad populum ... movit populum ... vetus meritum.

[4] Eo anno ab frequentibus Samnitium populis de foedere renovando legati cum senatum humi strati movissent, rejecti ad populum haudquaquam tum efficaces habebant preces.

Daß die ursprünglich tatsächliche Übung bei der zunehmenden Erstarkung der souveränen Gemeindegewalt gegenüber dem imperium des magistratus und bei der stets wachsenden Bedeutung der Internationalverträge zur rechtlichen Kompetenz geworden ist, zeigen die spätrepublikanischen foedera,[1] die durchweg ohne den jussus populi als ungültig betrachtet werden.[2] Freilich wird diese Ratifikationsbefugnis der versammelten Vollbürger nicht überschätzt werden dürfen. Sie bestand rechtlich zweifellos;[3] da aber der Senat späterhin das völkerrechtliche Regiment tatsächlich übt, tritt dem wirklichen Verhältnis entsprechend auch in der Überlieferung der populus als bloßer Rechtsfaktor in den Hintergrund, und dieses Majestätsrecht ist herabgedrückt worden „zum regelmäßigen Hebel der auswärtigen Politik des Senats“.

Die zweite, wichtigste Betätigungsform des populus auf dem

---

[1] Livius XXXII, 23: Ceteri populi Achaeorum cum sententias perrogarentur, societatem cum Attalo ac Rhodiis praesenti decreto confirmarunt: cum Romanis quia injussu populi non poterat rata esse, in id tempus, quo Romam mitti legati possent, dilata est; XXXVII, 19, 2: „aut cui rata ista pax erit, quam sine consule, non ex auctoritate senatus, non jussu populi Romani pepigerimus?“ und weiterhin: quid de ea re consuli placeat, quid senatus censeat aut populus jubeat. Dieses „placere“ „censere“ „jubere“ ist durchaus treffend und charakteristisch. — Cicero, pro Balbo XIV, 35: Gaditani M. Lepido Q. Catulo consulibus a senatu de foedere postulaverunt: tum est cum Gaditanis foedus vel renovatum vel ictum: de quo foedere populus Romanus sententiam non tulit, qui injussu suo nullo pacto potest religione obligari. — Sallust, bell. Jug. 39: Senatus ita ubi par fuerat decernit suo atque populi injussu nullum potuisse foedus fieri. Am besten Polybius VI, 14: *ἔχει δὲ* — populus — *τὴν κυρίαν καὶ περὶ τῆς τῶν νόμων δοκιμασίας καὶ τὸ μέγιστον, ὑπὲρ εἰρήνης οὗτος βουλεύεται καὶ πολέμου, καὶ μὴν περὶ συμμαχίας καὶ διαλύσεως καὶ συνθηκῶν οὗτός ἐστιν ὁ βεβαιῶν ἕκαστα τούτων καὶ κύρια ποιῶν ἢ τοὐναντίον.*

[2] Dahin sind die Stellen Ciceros, pro Balbo XIV, 33 u. 35 zu verstehen: Primum enim sacrosanctum esse nihil potest, nisi quod populus plebesve sanxit; deinde sanctiones sacrandae sunt aut genere ipso aut obtestatione et consecratione legis aut poenae, cum caput ejus, qui contra fecerit, consecratur; (35): Sacrosanctum enim nihil potest esse, nisi quod per populum plebemve sanctum est.

[3] Historische Beispiele, die dies bezeugen, gibt Mommsen a. a. O. S. 345 Anm. 1 in Menge.

Gebiet des Internationalrechts ist die komitiale Kriegserklärung. Sie ist so alt, wie die Gemeinde selbst. Auf Grund des oben näher dargelegten staatsrechtlichen Axioms, daß der souveräne populus in der frührömischen Periode organmäßig nur dort in Aktion tritt, wo es sich um eine Abweichung von dem normalen Rechtsverlaufe handelt, kann die Mitwirkung der Komitien bei der Kriegserklärung schon während der Königszeit nicht in Zweifel gezogen werden, wenn man sich vor Augen hält, daß die Römer im Kriege ein Rechtsverfahren erblicken, das einen Ausnahmezustand bedeutet. Ein solcher liegt nun überall dort vor, wo der Krieg ein „justum piumque bellum" ist, insbesondere also wo das durch „fides" geschlungene Friedensband zerrissen, das durch Exekrationsschwur geheiligte „foedus" gebrochen wird. Hat daher die föderierte Gemeinde[1] in einem solchen Falle die gestellten Sühneforderungen nicht erfüllt, so erfolgt die Kriegserklärung geradezu auf göttlichen Befehl. Das Zeremoniell ist oben (S. 45 ff.) besprochen worden. Erst der Beschluß der Volksversammlung schafft dem handelnden Fetialen die rechtliche Aktionsbasis. Nachdem er die Götter zu Zeugen dafür aufgerufen hat, „illum populum injustum esse neque jus persolvere", muß er sich heimbegeben, um den formellen Kriegsbeschluß abzuwarten; dann erst darf er die entscheidende Zeremonie, das „hastam in fines emittere" vornehmen. Das von LIVIUS (I, 32, 6 ff.)[2] angegebene

[1] Der Krieg gegen andere, außerhalb der internationalen Beziehungen stehenden Gemeinden ist kein Krieg im technischen Sinn, kein Rechtsverfahren. Ebenso noch heute Feldzüge gegen Eingeborenenstämme und überhaupt alle nicht zur Internationalgemeinschaft gehörenden Völker.

[2] Mit seltener Klarheit schildert hier LIVIUS das Indiktionsverhältnis und seine rechtliche Bedeutung, namentlich die rechtlich scharf abgegrenzte Tätigkeit des Fetialen, des Königs und des Senats. Wir geben daher die Stelle, die für das Verständnis des Folgenden (s. besonders Anmerk. 2 der folgenden Seite) außerordentlich wichtig ist, im Zusammenhange wieder: Legatus ubi ad fines eorum venit, unde res repetuntur, capite velato filo — lanae velamen est — „audi, Jupiter", inquit, „audite fines" — cuiuscumque gentis sunt, nominat, — „audiat fas! Ego sum publicus nuntius populi Romani (!); juste pieque legatus venio verbisque meis fides sit." peragit deinde postulata, inde Jovem testem facit: „si ego injuste impieque illos homines illasque res dedier mihi exposco, tum patriae compotem me nunquam siris esse." haec, cum fines suprascandit, haec, quicumque ei primus vir obvius fuerit, haec portam

Schema bezeichnet ausdrücklich den populus als beschließendes Organ; ebenso GELLIUS;[1] denn in dem „jubere" des populus liegt eben die ausschlaggebende Entscheidung. Daß die Kriegsangelegenheit im Senate beraten wird — in patria majores natu (Senat) de istis rebus consulemus, sagt der Fetiale, und bellum erat consensum (s. unten Anmerk. 2) — beeinträchtigt das maßgebliche Recht des Volkes nicht.[2]

ingrediens, haec forum ingressus paucis verbis carminis concipiendique juris jurandi mutatis peragit. si non deduntur quos exposcit, diebus tribus et triganta — tot enim sollemnes sunt — peractis bellum ita indicit: „audi, Jupiter et tu Jane Quirine diique omnes caelestes vosque terrestres vosque inferni audite! ego vos testor, populum illum" — quicumque est, nominat — „injustum esse neque jus persolvere. sed de istis rebus in patria majores natu consulemus, quo pacto jus nostrum adipiscamur". cum iis nuntius Romam ad consulendum redit. confestim rex his ferme verbis patres consulebat: „quarum rerum litium causarum condixit pater patratus populi Romani Quiritium patri patrati Priscorum Latinorum hominibusque Priscis Latinis, quas res nec dederunt nec solverunt nec fecerunt, quas res dari fieri solvi opportuit, dic", inquit ei, quem primum sententiam rogabat, „quid censes?" Tum ille: „puro pioque duello quaerendas censeo itaque consentio consciscoque". inde ordine alii rogabantur quandoque pars major eorum qui aderant in eandem sententiam ibat, bellum erat consensum. fieri solitum, ut fetialis hastam ferratam aut sanguineam praeustam ad fines eorum ferret, et non minus tribus puberibus praesentibus diceret: „quod populi Priscorum Latinorum hominesque Prisci Latini adversus populum Romanum Quiritium fecerunt deliquerunt, quod populus Romanus Quiritium bellum cum Priscis Latinis jussit esse, senatusque populi Romani Quiritium censuit consensit conscivit, ut bellum cum Priscis Latinis fieret ob eam rem ego populusque Romanus (!) populis Priscorum Latinorum hominibusque Priscis Latinis bellum indico facioque". Id ubi dixisset, hastam in fines eorum emittebat. hoc tum modo ab Latinis repetitae res ac bellum indictum, moremque eum posteri acceperunt.

[1] XV (XVI) 4: Cincius in libro tertio de re militari fetialem populi Romani bellum indicentem hostibus telumque in agrum eorum jacientem hisce verbis uti scripsit: Quod populus Hermundulus hominesque populi Hermunduli adversus populum Romanum bellum fecere deliqueruntque quodque p. R. cum populo Hermundulo hominibusque Hermundulis bellum jussit, ob eam rem ego p.que R. populo Hermundulo hominibusque Hermundulis bellum dico facioque.

[2] BERNHÖFT meint (S. 219), daß das Formular mit sich im Widerspruch stehe. Der unterhandelnde Fetial erkläre, wenn seine Forderungen nicht erfüllt werden: Wir werden in unserer Heimat mit unseren Alten beraten,

Ob der Krieg offensiver oder defensiver Natur ist, macht einen Unterschied nicht aus; auch im Falle eines Verteidigungs-

---

wie wir unser Recht erlangen; auch in der Folge werde, fährt B. fort, nur der Senat und nicht das Volk befragt, wie es dem alten Staatsrecht entspreche. Gleichwohl berufe sich die Kriegsankündigung auf Volks- und Senatsschluß. Die Erscheinung erkläre sich daraus, daß die Kriegsankündigung, welche am längsten in Gebrauch geblieben sei und auch von Gellius — s. o. — allein noch angeführt werde, durch spätere Umarbeitungen den veränderten Verhältnissen angepaßt und in der jüngsten Fassung in die Berichte übergegangen sei. — Es ist allerdings auffallend, daß die erschöpfende Darlegung bei Livius I, 32 die beschließende Tätigkeit des populus dort nicht erwähnt, wo dies der Sache nach zu erwarten gewesen wäre, nämlich im § 10 a. E.; dort kehrt der Fetial nach Rom zurück „ad consulendum majores natu", als ob er sich vom Senat die Vollmacht zum „hastam emittere" holen müsse; weiterhin wird lediglich von der senatorischen Mitwirkung, dem „censere consentire consciscere" gesprochen, bis plötzlich (§ 13) bei der formellen Kriegsindiktion der Fetial den „jussus populi" neben dem „censere consentire consciscere" des Senats aufführt. Dies ist vielleicht auf den ersten Blick befremdend, aber — bei näherem Zusehen — kein Widerspruch. Vielmehr tritt uns im Livianischen Bericht das Schema nicht in seiner ursprünglichen Gestalt sondern in modern republikanischer Form entgegen. Insofern hat Bernhöft recht, nur ist seine Schlußfolgerung irrig. Das Fehlen des popularen Mitwirkens in den Berichten beruht lediglich auf der Tatsache, daß das auswärtige Regiment, namentlich in der spätrepublikanischen Epoche ausschließlich beim Senate liegt (Näheres s. u. bei der „majestas magistratus"). Ganz ähnlich wie bei der Bestätigung der Staatsverträge hat der Senat auch hier der Volksversammlung tatsächlich das Heft zu entwinden verstanden. Kein Wunder also, wenn man in späteren Darstellungen, die nur den tatsächlichen Verlauf des Zeremoniells zu geben bemüht sind, der ursprünglichen und vom rechtlichen Gesichtspunkte aus auch jetzt noch notwendigen Tätigkeit der Volksversammlung nicht mehr gedenkt und es für genügend erachtet, ihrer in der stereotyp beibehaltenen Indiktionsformel Erwähnung zu tun. — Die von Leist (S. 168) gegebene Erklärung ist bedenklich. Daß das „scitum populi", also das „jubere bellum", als selbstverständlich vorausgesetzt und daher nicht noch besonders hervorgehoben wird, gilt für die ursprüngliche Fassung der Formel sicherlich nicht; sie hat zweifellos das „jubere populi" ebenso enthalten, wie das „censere consentire consciscere" des Senats. Ebenso gewagt ist es, das „censere" und „consentire" einerseits und das „consciscere" andererseits sachlich und zeitlich zu trennen und das „jubere bellum" des Volkes dazwischen zu schieben. Jedenfalls spricht schon die innige Verbindung des „consentio consciscoque" — Livius a. a. O. § 12 — dagegen.

krieges wird der normale Rechtsverlauf gehemmt.[1] Kompetent ist das Volk zur Beschlußfassung regelmäßig in Heeresformation, also in den Centuriatkomitien.[2]

Das Bestätigungsrecht der Gemeinde bei der Kriegserklärung hat sich seiner tatsächlichen Ausübung nach relativ länger erhalten, als das der Staatsverträge. Noch im Jahre 187 v. Chr. wird es dem Cn. Manlius Volso verübelt, „non populi jussu bellum illatum“;[3] noch im Jahre 58 v. Chr. wird Cäsar getadelt, den Kampf gegen Ariovist ohne Volksschluß begonnen zu haben.[4] Aber daß der Senat sich wie bei dem Bestätigungsrecht der foedera und der Privilegienerteilung mit der Zeit mehr und mehr in den Vordergrund geschoben hat, ist bereits oben[5] erwähnt worden; es war dies die notwendige Folge des Zurücktretens des populus in Fragen des auswärtigen Regiments. Hierauf wird bei der Abhandlung über die Magistratsmajestät noch zurückzukommen sein.[6]

---

[1] Anders allerdings Mommsen, Gesch. I, 74.

[2] Livius IV, 30, 15: omnes centuriae jussere; XXXI, 6, 3: rogatio de bello Macedonico primis comitiis ab omnibus ferme centuriis antiquata est; 7, 1: consul in campo Martio comitiis, priusquam centurias in suffragium mitteret, contione advocata . . .; XLII, 30, 10; etc.

[3] Livius XXXVIII, 45: Recto itinere ducisti exercitum ad eos, quos tibi hostis desumpseras; 46: De quibus hostibus triumphum peteres? De iis, ut opinor, quos tibi hostes senatus aut populus Romanus dedisset. — . . . oblivio deorum capiat pectora vestra: num senatum quoque de bello consuli non placet? non ad populum ferri, velint jubeantne cum Gallis bellum geri?

[4] Dio XXXVIII, 35: *καὶ ἐθρύλουν, ὅτι πόλεμον οὔτε προσήκοντα οὔτε ἐψηφισμένον διὰ τὴν ἰδίαν τοῦ καίσαρος φιλοτιμίαν ἀναιροῖντο, καὶ προσεπηπείλουν ἐγκαταλείψειν αὐτόν, ἂν μὴ μεταβάληται*; XXXVIII, 41: *εἰ δ᾽ ὅτι μήτε ἐξήτασται περὶ τοῦ πολέμου τούτου παρὰ (τε) τῇ βουλῇ καὶ παρὰ τῷ δήμῳ μὴ ἐψήφισται*, etc. Cäsar selbst fühlt die mangelnde Berechtigung, über seine Provinz hinauszugehen, wie aus der bell. Gall. I, 35 (namentlich § 4) von ihm gegebenen Motivierung hervorleuchtet. Den mangelnden Rechtsgrund seines Vorgehens empfinden sogar die Truppen, die Bedenken tragen, einen solchen Krieg — *οὔτε προσήκοντα οὔτε ἐψηφισμένον* — zu führen. Cäsar versteht es ganz geschickt (bell. Gall. I, 39), dieses Bedenken durch andere Motive in überzeugender Weise zu verschleiern.

[5] Siehe o. S. 91.

[6] Wie die Volksgesetzgebung der kernigste Bestand der popularen

§ 19.

2. Wahlkompetenz.

Die Betätigungsformen des rechtsetzenden populus sind erschöpft; es bleibt noch übrig, in Kürze seiner Mitwirkung bei den Wahlen und seiner Gerichtsfunktionen zu gedenken. Die Wahl der Magistrate ist reinste Exekutive; sie gehört zur Domäne des obersten Ausübers der Staatsgewalt, steht in der Königszeit also dem Könige zu. Die von ihm ernannten Funktionäre (tribunus militum, tribunus celerum, praefectus urbi) sind nicht Magistrate in römisch-technischem Sinn, sondern reine Mandatare „ad nutum amovibiles“.[1] Aus der Vindikation der obersten Ausübung der Staatsgewalt seitens des populus ersteht

---

Souveränität war, so währte sie auch am längsten. Man kann sagen, mit dem Schwinden des Gesetzgebungsrechtes verliert der souveräne populus seine wahre staatsrechtliche Position. Bedeutsam ist, vor allem für die rechtliche Konstruktion des Prinzipats, daß dieser zwar anfangs einige Teile von der Gesetzgebungskompetenz der Volksversammlung absplitterte, wie vor allem das auswärtige Regiment, sonst aber das Gesetzgebungsrecht dem Volke beließ. Dies gilt rechtlich und tatsächlich jedenfalls für die Zeit des Augustus, des berufensten und aufrichtigsten Vertreters des Prinzipatgedankens. Seit Tiberius' Tode geht dann allmählich das Recht faktisch auf den Senat über. Formell hören wir freilich noch unter Claudius, Vespasian und Nerva von „plebiscita“ (z. B. Tacitus XI, 13) und „leges“ (Gaius I, 157, Ulpian XI, 8, s. Krüger S. 15). Selbst noch unter Antoninus Pius und Sever, also zu einer Zeit, wo der Kaiser bereits unzweifelhaft als absoluter Herrscher zu bezeichnen ist, der den höchsten Willen im Staate verkörpert, hat doch die Theorie sich nicht genug tun können, zu betonen, daß die Souveränität beim Volke ruhe, daß der Kaiser kraft Delegation ausübendes Organ sei. So Gaius I, 5: Constitutio principis est, quod imperator decreto uel edicto uel epistola constituit. nec umquam dubitatum est, quin id legis uicem optineat, cum ipse imperator per legem imperium accipiat; Ulpian, l. 1 pr. Dig. IV, 1: Quod principi placuit, legis habet vigorem: utpote cum lege regia, quae de imperio eius lata est, populus ei et in eum omne suum imperium et potestatem conferat.

[1] Auch die Wahl des Königs selbst ist nicht etwa Volkswahl; die rechtliche Grundlage des Königtums ruht im „collegium patrum“, das durch den „interrex“ den König auf Lebenszeit in sein Amt einsetzt.

überhaupt erst der technische Magistratsbegriff,[1] sein Charakteristikum liegt gerade in der Volkswahl, wie umgekehrt die Souveränität der Gemeinde in der Beamtenernennung zum Ausdruck kommt. Dieses Recht hat der populus, solange die Republik bestand, in unumschränkter Weise geübt;[2] bisweilen ist er darin so weit gegangen, daß er das republikanische Prinzip zu übertreten sich nicht scheute, indem er den Grundsatz der Annuität und der konsularisch-diktatorischen Verfassungsbasis unbeachtet ließ.[3] Aber solange dergleichen Anomalien vom Volke als Verfassungsverletzungen erkannt und als solche verstanden wurden, waren sie gesunde Äußerungen eines starken und mächtigen Souveränitätsbewußtseins, das sich einmal die Abweichung vom verfassungsmäßigen Schema gestatten konnte. Erst mit dem formalen Fortfall der Annuität endet die Republik, um dem Prinzipat zu weichen. Daß die Magistrate „imperium" sowohl wie „potestas" aus dem souveränen Willen des populus schöpfen, ist eine selbstverständliche Anschauung, die aus der Magistratsmajestät folgt (s. u.). Das gilt auch für die Kooptation seitens eines von der Bürgerschaft Gewählten. Auch der Diktator gehört zu den Magistraten; auch er übt die Staatsgewalt aus kraft Auftrags. Formell erfolgt die Wahl des Beamten regelmäßig als Gesetz, die spezielle Kompetenz ergibt sich aus dem Charakter des zu Wählenden: Die patrizischen und patrizisch-plebejischen werden vom Gesamt-populus,[4] die plebejischen von den Plebejern — concilia plebis — gewählt.[5]

---

[1] Dem steht auch nicht entgegen, daß das römische Staatsrecht den König, Zwischenkönig usw. als Magistrate auffaßt. Näheres s. u.

[2] Daß der wahlleitende Beamte einen bisweilen nicht zu unterschätzenden Einfluß bei der Empfehlung eines Kandidaten auf die Wählerschaft ausgeübt hat, ist zweifellos. Ursprünglich ist die Wahl oder Nichtwahl überhaupt an die Person des vom Wahldirigenten Designierten gebunden gewesen; diese Beschränkung aber hat die Gemeinde sehr bald beseitigt.

[3] Man denke z. B. an die Sullanische Diktatur, desgl. an die Cäsarische; an die Verletzung der Prorogationsvorschriften und dergl. mehr.

[4] Die „magistratus majores" durchweg in den Centurien, die „minores" in den „comitia tributa".

[5] Während das Gesetzgebungsrecht jedenfalls formell relativ lange Zeit

§ 20.

3. Gerichtskompetenz.

Das typische Merkmal für die Gerichtsgewalt der Gemeinde endlich ist das Provokationsrecht; es ist vielleicht die ostentativste und einschneidendste Ausdrucksform für die „majestas populi", insofern als der populus hier als höchster Richter in Kriminalsachen entscheidet. Die Anfänge der „provocatio" reichen bis in die Königszeit hinauf. Statuierte das römische Verfassungsprinzip einmal den Satz, daß jeder vom normalen Rechtsgange abweichender Akt ohne Zurateziehen der Volksgemeinde nicht erledigt werden könne, so durfte auch bei der Betretung des Gnadenweges seitens eines zum Tode verurteilten Bürgers das Votum der Gemeinde nicht fehlen. Aber dieses Votum der Komitien konnte so lange nicht das Bollwerk des verurteilten Verbrechers werden, als dem populus der Charakter des Staatsorgans fehlte; d. h. solange dem Könige ausschließlich die Ausübung der Staatsgewalt oblag, fällte er nicht nur den Richterspruch, sondern entschied nach eigenem Belieben auch darüber, ob dem Gnadengesuch des Verurteilten stattzugeben sei oder nicht. Die Republik erst schafft hier durch das berühmte Valerische Gesetz Wandlung,[1] das dem erkennenden Beamten die Entscheidung über die Zulassung zur Provokation nimmt, und ihn verpflichtet, den letzten unanfechtbaren Spruch der höheren,

---

die Republik überdauert hat, ist das Wahlrecht faktisch und rechtlich im Jahre 14 n. Chr. auf den Senat übertragen worden (vgl. die berühmte Stelle bei Tacitus I, 15: Tum primum e campo comitia ad patres translata sunt: nam ad eam diem etsi potissima arbitrio principis, quaedam tamen studio tribuum fiebant. neque populus ademptum jus questus est, nisi inani rumore et senatus largitionibus ac precibus sortitis exsolutus libens tenuit). Das ist vielleicht die erste offizielle Proklamierung des Unterganges der republikanischen Konstitution. Über den Senat als Wahlkörperschaft ist hier nicht zu reden.

[1] Cicero, de re publica II, 31, 54: Publius Valerius ... sin quo fuit Publicola maxime, legem ad populum tulit eam, quae centuriatis comitiis prima lata est, ne quis magistratus civem Romanum adversus provocationem necaret neque verberaret; Livius, II 8, 2: Latae ... leges de provocatione adversus magistratus ad populum.

höchsten Instanz[1] zu überlassen, dem „judicium populi".[2] Darin, daß hier durch Gewährung der Gnade der magistratische Befehl annulliert werden kann, liegt die Anerkennung einer dem Volke zustehenden „major potestas" gegenüber dem Magistrat, einer „major potestas", die nunmehr zu einem unveräußerlichen, integrierenden Bestandteil der Gemeindesouveränität, der Volksmajestät geworden ist.[3] In diesem Sinne erscheint das Provokationsrecht in den XII T.[4] Über das Anwendungsgebiet ist hier ebensowenig zu handeln, wie über den Gang des Verfahrens, beides interessiert für die Erörterung des Majestätsgedankens wenig. Hinsichtlich des Wahrspruches der Volksversammlung[5] ist zu sagen, daß der dem ganzen Institut zugrunde liegende Majestätsgedanke irgend eine Beschränkung der Komitien in ihrer richterlichen Entscheidung nicht zulassen kann. Deshalb können sie wider besseres Recht den Schuldigen freisprechen, wie die römische Annalistik an zahlreichen Beispielen gezeigt hat. Das ist aber gerade ein Beweis für die Souveränität des Volkes, das sich in den wirren Zeiten politischer Fehde vorzüglich aus diesem Majestätsrecht eine Waffe geschmiedet hat, deren es zur Erhaltung seiner Existenz bedurfte.[6]

---

[1] Livius XXVI, 3.

[2] Hinfort geht auch die Entscheidung, ob der Perduellionsprozeß stattzufinden hat und für diesen Fall das Recht, die „duumviri perduellionis" zu kreieren, auf die Komitien über.

[3] Das äußere Zeichen der Anerkennung der Gemeindesouveränität gerade nach dieser Richtung hin ist in der Verpflichtung der römischen Magistrate zu sehen, vor dem versammelten Volke die „fasces", das „insignium imperii", zu senken. Livius II, 7, 1 u. S. 272; Cicero, de re publ. II, 31, 53: P. Valerius fasces primus demitti jussit, cum icere in contione coepisset.

[4] Cicero, de re publ. II, 21, 54 — Bruns, pars prior S. 40 Nr. 5 —: ab omni judicio poenaque provocare (provocari) licere indicant XII tabulae compluribus legibus.

[5] Regelmäßig die Zenturiatkomitien. Cicero, pro Sest. XXX, 65: cum et sacratis legibus et XII tabulis sanctum esset ut . . . neve de capite nisi comitiis centuriatis rogari, und zahlreiche andere Stellen.

[6] Die Einführung der Geschworenengerichte und die Sullanische Strafrechtsreform bedeuteten das Ende des Provokationsrechtes.

§ 21.

III. Der innere Wert des Volksschlusses.

Die vorstehenden Erörterungen haben gezeigt, wie nach den verschiedensten Richtungen hin der Majestätsgedanke in der Kompetenz der Volksversammlung zur Geltung kommt. Es soll nun noch mit kurzen Worten von dem inneren Werte des Volksschlusses gesprochen werden. Der Volksschluß, hatten wir gesehen, ist der Idee nach der letzte unabänderliche Wille der souveränen Gemeinde; in ihm offenbart sich daher das Prinzip des souveränen Staates überhaupt. An der rechtlichen Unumschränktheit der Willensbetätigung der Bürgerschaft als einer juristischen Persönlichkeit hat der republikanische populus stets festgehalten. Er hat im Bewußtsein seiner Subjektsnatur niemals vergessen, daß der einzelne Bürger da, wo er dem Volke als Ganzem gegenübertritt, doch nur Objekt der Staatsgewalt ist, der er dient, der er unterliegt. Zwar ist es kein leeres Wort, das von der unverletzlichen Majestät der Person des freien römischen Bürgers spricht,[1] das ihn zum König unter den Königen stempelt.[2] Doch wie auch der römische Vollbürger in seinem Kreise, die römische Gemeinde aber in ihrer Rechtssphäre die Kraft fand, in kluger Zurückhaltung die rechtlich freie Gewalt beschränkt zu üben,[3] so ist es beiden Teilen doch niemals zweifelhaft gewesen, daß, wo der Bürger der Gemeinde gegenübertritt,

---

[1] Cicero, pro Rabirio IV; in Verrem II, 3, 28 und 29; 5, 62 und 63, wo er dramatisch das „civis Romanus sum!" glorifiziert. — Sallust, Ing. XXXI, 9: . . . itaque postremo leges, majestas vostra divina et humana omnia hostibus tradita sunt; 17: majores vostri parandi juris et majestatis constituendae gratia bis per secessionem armati Aventinum occupavere.

[2] Von ihm gilt mit entsprechender Modulation, was Cicero, in Catilinam II, 5 vom ganzen Volke sagt: Nulla est natio, quam pertimescemus, nullus rex, qui bellum populo Romano facere possit; omnia sunt externa terra marique pacata etc.

[3] In diesem Sinne ist die Stelle Ciceros (pro dom. XXX) zu verstehen, wo er sagt: majores nostri de civitate et libertate ea jura sanxerunt, quae nec vis temporum, nec potentia magistratuum nec res tum judicata nec denique universi populi potestas, quae ceteris in rebus maxima est, labefactare posset. — Siehe auch Niebuhr bei Viehoff S. 223.

sie und nur sie allein einen maßgebenden Willen hat. Ihn zu betätigen, ist ein unveräußerliches Gemeindegut, und die Idee der dem Volksschluß rechtlich innewohnenden Allmacht zeigt sich vielleicht am besten darin, daß die Gemeinde gleich dem testierenden Bürger, solange sie existiert, einen letzten Willen haben und so den einmal gefaßten Volksschluß abrogieren kann.[1] Deshalb sagen schon die XII T., daß es ein bis in alle Ewigkeit bindendes Gesetz nicht gibt.[2,3]

Diese Kompetenz der ständigen uneingeschränkten Selbstkorrektur ist vielleicht der höchste Ausdruck für das Verhältnis der Überordnung wie der Unabhängigkeit des römischen populus, und dies berechtigt uns nicht zum letzten, die römische Verfassungsform der Republik als auf dem Prinzip der Volkssouveränität basierend hinzustellen: Ihr schlichtes aber stolzes Panier schmückt die „Majestas Populi Romani"!

Fünftes Kapitel.

§ 22.

Die majestas magistratus.

Majestatem minuere est de dignitate aut amplitudine aut potestate populi aut eorum, quibus populus potestatem dedit, aliquid derogare.[4]

Omnes potestates imperia curationes ab universo populo Romano proficisci convenit.[5]

Die etymologische Bedeutung des Wortes „magistratus" zeigt, daß ihm die Vokabel „majestas" nicht fern stehen kann: Magister

---

[1] Cicero, ad Attic. III, 23, 2: Scis ... Clodium sanxisse, ut vix aut omnino non posset per senatum nec per populum infirmari sua lex. sed vides nunquam esse observatas sanctiones earum legum, quae abrogarentur: nam si id esset, nulla fere abrogari posset; neque enim ulla est, quae non ipsa se saepiat difficultate abrogationis; sed cum lex abrogatur, illud ipsum abrogatur, quo modo eam abrogari oporteat.

[2] Livius VII, 17, 12: In XII. t. legem esse ut, quodcunque postremum populus jussisset, id jus ratumque esset.

[3] Das gilt selbst für die „lex religione sacrata".

[4] Cicero, de invent. II, 17, 53.

[5] Cicero, de lege agr. II, 7, 17.

est, qui major est; magisteria dicuntur in omnibus rebus, qui magis ceteris possunt, ut magisterium equitum.[1] Majestas ist der Zustand oder die Eigenschaft des „magistrum — magistratum esse". Auch begrifflich stehen sich die Ausdrücke nahe. Die römische Staatslehre erkennt auch der Magistratur das Prärogativ der Majestät zu. Ihren Inhalt zu untersuchen, soll die Aufgabe dieses Abschnittes sein.

Um zunächst das allgemeine Axiom zu geben, können wir sagen, die „majestas magistratus" ist die Ausdrucksform für die Organnatur der Gemeindeämter; darin liegt der bedeutungsvolle Unterschied zur „majestas populi", dem Ausdruck für die Souveränitätsnatur des Volkes.[2] Dieses ist nach römischer Theorie der Staat selbst, seine Organe aber sind die einzelnen magistratus, seien es höhere oder niedere, ordentliche oder außerordentliche, kurulische oder nichtkurulische usw. Die ihnen beigelegte Majestät charakterisiert rein ihre Betätigungsformen als Träger und Ausüber der Staatsgewalt. Das lehrt uns der Begriff des „imperium" und der „potestas". Sie sind beide Niederschläge, Reaktionen der Majestätsidee. „Imperium"[3] ist höchste, im Prinzip ungebundene Jurisdiktions- und Kommandogewalt, also höchste

---

[1] Festus p. 152 — Bruns, pars post. p. 12.

[2] Die bei Holtzendorff I, S. 280 aufgestellten Sätze: „Der Majestätsbegriff ist überhaupt geschichtlich genommen nicht staatsrechtlich monarchischen, sondern völkerrechtlich demokratischen Ursprungs. Das römische Volk wahrt zuerst die majestas gegen seine Magistrate, nachdem es auswärtigen Nationen gegenüber diese Dignität als Vorrecht zur Geltung gebracht hatte", sind in dieser aphoristisch oberflächlichen Form nicht richtig. Geschichtlich genommen ist der Majestätsbegriff ebenso staatsrechtlich-monarchischen wie völkerrechtlich-demokratischen Ursprungs. Er haftet am Gemeinwesen; das Sakralrecht ist die unergründliche Quelle. — Zutreffend Schulin (S. 55), der sagt, daß die consules Träger der Souveränität sind. Natürlich faßt Schulin hier Souveränität als Staatsgewalt. — Gut auch schon Taust (S. 7): Stante quidem Romanorum populari imperio, tempore liberae rei publicae, majestas penes populum erat, ita tamen, ut eius jura ab iis exercerentur, quibus populus cum summi imperii fascibus eorum aliquam partem administrandam demandaverat. Cum supremo vero imperio denique etiam majestas ad solos imperatores est devoluta.

[3] Über die Etymologie und Ableitung s. Mommsen, Staatsr. I, 22.

Befehlsgewalt überhaupt.[1] „Potestas" ist Befehlsgewalt schlechtweg, bisweilen allerdings gegensätzlich zu imperium die Amtsgewalt nur derjenigen Beamten, die des imperium nicht teilhaftig sind.[2] Beide drücken immer nur die Organtätigkeit der Magistrate aus; sie geben ursprünglich[3] nicht etwa ein der Gemeinde zustehendes Gewaltrecht wieder, das kraft Delegation auf die gewählten Magistrate übergeht;[4] die wahren Vertreter der römischen Rechtsanschauung haben niemals verkannt, daß der populus des imperium ermangele.[5] Vom „imperium populi Romani" spricht man höchstens, wenn man das Herrschaftsgebiet des römischen Weltreichs bezeichnen will;[6] dies hat aber mit der technischen Verwendung des Wortes nichts zu tun.[7] Bisweilen werden sogar „imperium" und „majestas" direkt identifiziert,[8] ja von der „majestas

[1] Man denke an den Königsbann des deutschen Rechtes.

[2] S. hierüber Mommsen a. a. O. S. 23. Die Kontroverse zwischen ihm und Karlowa (I S. 128ff.), der die „potestas" in schärfsten Gegensatz zum „imperium" (die spezifisch militärische Waffengewalt!) stellt, ist hier nicht zu erörtern.

[3] Über das imperium regium s. u. S. 111ff.

[4] So konstruiert Ulpian in der berühmten l. 1 pr. Dig. IV, 1: Quod principi placuit, legis habet vigorem: utpote cum lege regia, qua de imperio eius lata est, populus ei et in eum omne suum imperium et potestatem conferat. Das ist laxe Ausdrucksweise. Untechnisch auch Festus p. 50 — Bruns, pars post. S. 6 —: Cum imperio est dicebatur apud antiquos, cui nominatim a populo dabatur imperium.

[5] Mommsen, Staatsr. III, 1 S. 301. Sonst hätte der Eintritt des interrex und des dictator in ihr Amt die Mitwirkung der Gemeinde erfordert. Über einen zweiten Grund s. Mommsen a. a. O., namentlich Anm. 1.

[6] Mommsen a. a. O., S. 826; s. hierzu auch Jellinek, Allg. Staatsl. I S. 116.

[7] Die Republik geht allerdings davon aus, daß der Magistrat die Amtsgewalt erst durch die Wahl der Bürgergemeinde erhalte und die Ausübung des imperium des Mandats des souveränen populus bedürfe. Sie behauptet aber damit ernstlich nicht, daß der populus Inhaber von „imperium" und „potestas" sei. Ganz korrekt sagt deshalb Cicero, de lege agr. II, 7, 17: Etenim cum omnes potestates imperia curationes ab universo populo Romana proficisci convenit . . . d. h. rührt her, fließt aus der Souveränität etc. Ebenso Cicero, ad Attic. VII, 7, 4, ferner auch Livius IX, 30, 3.

[8] S. die am Anfang dieses Teils zitierten Stellen über majestas magistratus (o. S. 6); vgl. auch Freishemii pars I, lib. LXIX, c. 25 S. 379: Fit senatus consultum, ut C. Marius C. Valerius consules adhiberent tribunos

imperii" gesprochen.[1] Demnach kann man die „majestas magistratus" vielleicht als den Inbegriff der dem Imperiumträger zustehenden Machtbefugnisse, bzw. als die durch diese im konkreten Fall gekennzeichnete Machtposition charakterisieren. Sie wird an sich so weit gehen, wie die magistratische Kompetenz überhaupt reicht, und ist, wenn man so sagen darf, das Stichwort für das Prinzip der Einheitlichkeit der römischen Beamtengewalt. Auch hier zeigt sich bestätigt, was oben behauptet ist: Das römische Einheitsprinzip ist der eigentliche Kern des Majestätsgedankens. Das gilt für die Familie, für die Bürgergemeinde, für die Staatsverfassung und -verwaltung.

Die Verwirklichung der magistratischen Majestätsidee nun vollzieht sich auf den nachfolgend aufgezählten Hauptgebieten.[2]

I. Auspicium.

Bei den Erörterungen über das römische Sakralwesen war davon gesprochen worden, daß die Religion der Römer Staatsreligion ist, daß jede staatliche Aktion[3] der vorherigen Versicherung des Einverständnisses und der Billigung der Götter (Jupiter) bedarf. Der Magistrat vertritt den Staat nicht nur in irdischen Dingen, die Gemeinde spricht durch seinen Mund auch zur Gottheit. Die Befugnis zur Vornahme des „auspicium" fließt aus dem „imperium"; sie ist vielleicht die vornehmste, feierlichste Betätigung der magistratischen Majestät.

II. Kommando.

Der militärische Oberbefehl ist der wichtigste Teil des „imperium"; in diesem Sinne wird „imperium" meist schlechtweg gebraucht (Cicero, Phil. V, 12, 45: "imperium, sine quo res militaris administrari, teneri exercitus, bellum geri non potest), und man sagt mit Recht, daß das römische Imperium ein Waffen-

---

plebis et praetores, quos eis videretur: operamque darent, ut imperii populi Romani majestasque conservaretur.

[1] Z. B. Livius XXVIII, 27, 12: ... quid adversus summi imperii majestatem ausi sitis.

[2] Auch hier schließen wir uns in der Disposition der Mommsen'schen Darstellung (Staatsr. I S. 73ff.) an; wir begnügen uns der Übersichtlichkeit halber lediglich mit einer summarischen Aufzählung.

[3] Man vgl. namentlich das über das „bellum justum" Gesagte.

imperium ist. Inhaltlich bedeutet es das Recht der Heerbildung, der Offiziersernennung, der Kriegführung, sofern der Krieg erklärt ist;[1] die Befugnis zum Abschluß von Verträgen, zur Handhabung der Militärverwaltung und Lagerjurisdiktion.[2]

III. Magistratische Coercition.

Sie ist die durch magistratische Zwangs- und Bannmittel durchgeführte Aufrechterhaltung des Imperiums, mag sie gerichtet sein gegen den ungehorsamen Bürger oder gegen den niederen Magistrat. Sie ist der nachdrucksvollste und offensichtlichste, in den Wirkungen fühlbarste Ausdruck der magistratischen Vollgewalt.

IV. Kriminaljudikation.[3]

V. Administrativgerichtsbarkeit.[3]

VI. Ziviljurisdiktion.[3]

VII. 1. Jus agendi cum populo.

Die Befugnis, mit dem souveränen Volke so zu verhandeln, daß ein öffentlicher Beschluß die Folge der Verhandlungen ist, ist nicht ein Recht der Magistratur allgemein, sondern ein solches nur der obersten Magistrate.

2. Mitteilungen an die contiones und jus edicendi.

VIII. 1. Jus referendi.

2. Das Recht, im Senat zu reden.

IX. Ernennungsrecht der Oberbeamten.

Dieser Teil der absoluten Befehlsgewalt charakterisiert das „imperium“ auf den ersten Blick. Niemals hat es zur Kompetenz der Unterbeamten gehört, die Machtbefugnisse zu delegieren. Die Weiterverleihung der Befehlsgewalt ist ausschließliches Vorrecht der Oberbeamten. Bei ihnen liegt in erster Linie die Ausübung der Staatsgewalt. Der oberste Ausüber aber hat schon der Sache nach die unbeschränkte Befugnis zu mandieren, zu delegieren, sich vertreten zu lassen u. dgl. m. In diesem Sinne

[1] Daß das „imperium“ nicht zur Kriegserklärung berechtigt, ist schon hervorgehoben worden.

[2] Titelwesen und Triumph sind äußerlicher Natur. Eine ganze Reihe von Spezialbestimmungen werfen auf die äußere Handhabung der Majestät ein deutlicheres Licht. Hier möge der Hinweis genügen.

[3] Für die Majestätsidee ohne Bedeutung.

liegt im „imperium“ die oberste Ausüberschaft der Staatsgewalt begründet.[1] Die Majestätsidee schlägt sich hier in der Organnatur der Imperiumträger nieder.

X. Rechtsvertretung der Gemeinde.

Majestatem minuere, sagt CICERO,[2] est de dignitate aut amplitudine aut potestate populi aut eorum, quibus populus potestatem dedit, aliquid derogare. Also mit der Verleihung der „potestas“ bzw. des „imperium“[3] erlangt der Magistrat auch die Majestät; er erwirbt sie vermittels der Volkswahl, des charakteristischen Merkmals der Magistratur,[4] und zwar mit Rechtsnotwendigkeit. Der Staat als juristische Persönlichkeit ist rechtsfähig, er ermangelt aber der Handlungsfähigkeit. Da nun der Staatszweck gefährdet würde, wenn nicht durch fortgesetzte Tätigkeit die Rechte der Gemeinde oder des Staates ausgeübt werden, so bedarf dieser zur Verwirklichung seiner Intentionen physischer Personen. Das sind eben die Ausüber, die Vertreter, die Organe der Gemeinde. Als solche aber verkörpern sie die Gemeinde, sind sie ein Stück ihrer selbst; ihre Handlungen sind solche der Gemeinde,[5] und ein „minuere“ ihrer „majestas“ ist ein Angriff auf die der Gemeinde.[6] Soweit daher das imperium die Rechtsvertretung der Gemeinde bedeutet, offenbart sich der Majestätsgedanke ganz klar. Im einzelnen wird sie nach drei Richtungen hin von Bedeutung: 1. nach innen, gegenüber den Bürgern; 2., gegenüber der Gottheit und 3. nach außen, gegenüber fremden Gemeinden.

Über den letzten Punkt ist in Hinsicht auf die bereits oben S. 64ff. gemachten Ausführungen noch zu sprechen. Kompetent

---

[1] Der höchste Ausüber kann mit dem Träger der Staatsgewalt zusammenfallen. Das ist im römischen Königtum der Fall gewesen, der „rex“ ist gleichzeitig Träger und oberster Ausüber der Staatsgewalt. Beides wird durch das „imperium regium“ erfaßt.

[2] de inventione II, 17, 53.

[3] Siehe oben S. 102.

[4] Siehe auch BERNHÖFT §§ 92, 93.

[5] Serv. in Aeneid. II, 161: Quod rex promittit, videtur res publica polliceri; SENECA, Controv. IX, 25, 15: imperator foedus percussit: videtur populus Romanus percussisse et continetur indigno foedere.

[6] Siehe hierüber auch unten beim „crimen laesae majestatis“.

zum Abschluß eines „foedus" — bei der „sponsio" liegen die Verhältnisse ganz ähnlich — sind nur die mit „imperium" ausgestatteten Beamten, und zwar im konkreten Fall immer der höchste. Schließt er nicht selbst ab, so bedarf man doch wenigstens seiner Genehmigung.[1] Die Mitwirkung der Fetialen, über die wir eingehend gehandelt haben, erfolgt rechtlich unabhängig davon. Ihrer Anwesenheit bedarf es zur Feststellung und zur Vornahme des Rituals; sie mögen auch politisch als Sachverständigenkollegium ihre Rolle gespielt haben, der tatsächliche Vertragsabschluß, das Festsetzen seines Inhalts, der Bedingungen steht ausschließlich dem Oberbeamten zu.[2] Wie aber, wenn der Magistrat zwar im Rahmen seines Amtskreises, jedoch ohne Vorwissen der Gemeinde kontrahiert? Ein Recht zur Ratifikation von Staatsverträgen, wie wir es kennen, hatten die römischen Komitien nicht. Der vom legitimen Oberbeamten geschlossene Vertrag war gültig. Aber die nicht unterrichtete Volksversammlung war an ihn nicht gebunden. Das mußte die konsequente Durchführung des Souveränitätsprinzips statuieren, selbst den eigenen Gemeindeorganen gegenüber. Die „majestas populi" ist eben die primäre, die „majestas magistratus" die sekundäre Machtfülle. Das Ergebnis einer zwischen beiden eintretenden Kollision konnte daher der Theorie nach nicht zweifelhaft sein. In der Praxis hat man nur in äußersten Fällen und höchst selten von diesem „Notwehrrecht des Staates" Gebrauch gemacht und dann, wie schon erwähnt, der durch den Eidesfluch bewirkten Bindung der Gemeinde dadurch Rechnung getragen, daß man die Schuldigen dedierte.

Mit dieser Aufzählung der magistratischen Kompetenzen sind die Äußerungsformen der Majestätsidee nicht erschöpft; es

---

[1] LIVIUS V, 49, 2: negat eam pactionem ratam esse, quae postquam ipse dictator creatus esset, injussu suo ab inferioris juris magistratu facta esset.

[2] MOMMSEN (a. a. O. S. 238, 239) führt zutreffend aus, daß besonderer Wert auf die Zuziehung der Fetialen vornehmlich deshalb gelegt worden ist, weil man dadurch offen bekannte, daß hier keine vom Feldherrn für seine Person vorgenommene Transaktion in Frage steht, sondern ein von den Gemeindeorganen offiziell anerkannter Vertrag.

wird vor allem noch das magistratische Verbietungsrecht und die Interzession als Ausfluß dieses die Staatsorganisation beherrschenden Prinzips anzuführen sein. Beide knüpfen ihrerseits an den wichtigen Grundsatz der Kollegialität an; die Darstellung der „majestas magistratus" würde unvollständig sein, wollte sie nicht auch diese staatsrechtlichen Erscheinungsformen in den Kreis ihrer Betrachtung ziehen.

Es kann an sich nicht fraglich sein, daß der Grundsatz der Kollegialität, der Kern der republikanischen Reform, mit dem Wesen des durchaus einheitlichen imperium schwer hat vereint werden können. Das monarchische Prinzip hat sicherlich am harmonischsten die unitarische Tendenz des imperium verwirklicht. Die inhaltsschwere Neuerung der republikanischen Konstitution, die das Fundament der neuen Regierungsform geblieben ist bis tief in die Zeiten des Prinzipats hinein, besteht in der Dualität[1] der Trägerschaft des Amtes. Daß man dieses nicht selbst spaltete und verdoppelte, ist die große Tat des neuen Systems gewesen und die Antwort darauf, wie die Einheitsidee der Magistratur und des Imperiums auch jetzt gewahrt blieb.[2] So hielt man eigentlich bezüglich der konkreten Amtsführung das monarchische Prinzip aufrecht: Der magistratische Befehl auch nur eines Beamten hatte volle Wirksamkeit, gleichgültig ob der andere — conlega — nicht entscheiden wollte oder konnte; ja selbst wenn einer der beiden kompetenten Magistrate fortfällt und seine Stelle nicht neu besetzt wird, ändert dies an der Rechtmäßigkeit der von dem anderen vorgenommenen Akte nichts, das „Amt" wird „rite" betätigt, nach innen wie nach außen verfassungsmäßig ausgeübt, von einer etwa eintretenden Beschlußunfähigkeit ist keine Rede. Nur die Effektuierung der einzelnen Amtshandlungen wird durch das System der Koordination beeinflußt. Die Monarchie gipfelte in hierarchischer Subordination;

---

[1] Die Zweizahl hat der republikanischen Behördenorganisation fast ausschließlich zugrunde gelegen. Drei- und Zehnzahl sind selten und vertreten kein eigentliches Prinzip. Vier- und Fünfzahl treten völlig in den Hintergrund.

[2] Es gibt nur ein Konsulat, eine Zensur, eine Aedilität, eine Quästur und ein Tribunat; Beamte gibt es überall je zwei oder mehr.

jetzt ist die Möglichkeit geschaffen, den gleichgeordneten Beamten an der Betätigung seines amtlichen Willens zu hindern. Diese Konkurrenz der „collegae“ aber bedeutet eine Kollision ihrer magistratischen Majestät. Sie wird so lange nicht bedeutsam geworden sein, als die Beamten bei der Amtsführung kooperativ vorgingen, wie in den späteren Zeiten der Republik. Denn die vorherige Vergewisserung des zur Zeit ausübenden Beamten, der collega werde ihn unterstützen, sei gleichen Sinnes wie er selbst, wird der tatsächlichen Geltendmachung des Interzessionsrechtes seitens des Partners vorgebeugt haben.[1] Akuter ist vielmehr die Kollision fraglos in jenen frührepublikanischen Zeiten zutage getreten, als man das Amt vermittelst eines Turnus führte; bei dieser Art der kollegialen Geschäftsführung ist für das Interzessionsrecht nur zu viel Raum gewesen. Es ist denn auch diese Materie subtil durchgearbeitet worden; wir haben nur auf die wesentlichen das Interzessionsrecht beherrschenden Gedanken unser Augenmerk zu richten.

Nicht eigentlich sind zur „intercessio“ in streng technischem Sinne alle diejenigen Verbietungsrechte des „magistratus major“ zu rechnen, kraft deren er dem niederen Beamten gegenüber die Ausübung eines diesem verfassungsmäßig zustehenden Amtsrechtes verhindern kann. Die höhere Kompetenz verschlingt die niedere; da aber die Majestät der Magistratur soweit reicht, wie ihre Kompetenz, so ist es kein „minuere majestatem eorum, quibus populus potestatem dedit“, wenn der Volkstribun den Konsul, der Konsul den Prätor an der Ausübung seiner Funktionen inhibiert. Umgekehrt heißt dies: die majestas des Beamten mit „minor potestas“ wirkt nicht dem höheren Beamten gegenüber, also nach oben, sondern immer nur nach unten. — Daß dieses aus dem majus imperium fließende Verbietungsrecht schrankenlos geübt worden ist, beweist die Geschichte. Nicht nur einzelne Amtshandlungen,[2]

---

[1] Hierin ist wohl überhaupt ein Grund mit dafür zu sehen, daß die kollegialische Kooperation Regel wurde; jedenfalls ist die Interzession in den frühen Zeiten der Republik ungleich häufiger geübt worden, als späterhin.

[2] So vor allem das Verbot des „agere cum populo“, der Einholung von Auspizien, des Triumphs, der Amtsfortführung.

sondern bisweilen die Ausübung der Amtstätigkeit überhaupt sind hiervon betroffen worden.

In all diesen Fällen nun liegt eine Interzession im eigentlichen Sinne deshalb nicht vor, weil diese formell nicht nur den Beamten mit major, sondern auch den mit par potestas zusteht und materiell anders wirkt. Diese verschiedenen Wirkungen erklären sich aus der magistratischen majestas. Folgt beim Verbietungsrecht der magistratus minor dem Befehl des major nicht, so ist diesem Ungehorsam, diesem Zuwiderhandeln in keiner Weise zu begegnen. Der trotz des Verbotes vorgenommene Akt ist vollgültig und, was für uns das wichtigere ist, die Nichtachtung des verbietenden Magistrats gilt nicht als ein „minuere" seiner Majestät. Seine „dignitas", „potestas", sein „imperium", kurzum seine rechtliche Stellung und in der Abstraktion das Amt als solches gelten nicht als verletzt, geschmälert. Darin liegt der wesentliche Unterschied zwischen Verbietungsrecht und Interzession; diese ist die Kassation einer bereits vorgenommenen Amtshandlung durch den Einspruch eines höheren oder gleichen Magistrats mit der Wirkung, daß der trotzdem vorgenommene Akt ungültig und in der Vornahme der durch Interzession kassierten Handlung eine Majestätsverletzung begründet ist. Ihre große Bedeutung hat die Interzession beim Volkstribunat erlangt und hier ist sie speziell entwickelt worden; aber sie ist niemals das Monopol der tribuni plebis gewesen, wie man bisher vielfach geglaubt hat.[1] Wir fassen auch die Interzession allgemein auf als eine Äußerungsform der magistratischen Majestät nach der negativen Seite vielleicht, im Gegensatz zur positiven Funktion der magistratischen Kompetenz. Im strafrechtlichen Teil dieser Arbeit wird nachzuweisen sein, daß der die Interzession ignorierende Beamte ein Majestätsverbrechen begeht.

Endlich soll nicht unerwähnt bleiben, daß die Römer der Majestät des Beamten in ostentativer Weise Ausdruck verliehen

[1] Diesen Fehler begeht auch Schmidt II, S. 207. Die Interzession war nicht „der Hauptpunkt des neuen Instituts", sie ist ein integrierender Bestandteil der ordentlichen Magistratur und hat daher ursprünglich dem Tribunat (Mommsen, Staatsr. II, 1, S. 280) wahrscheinlich überhaupt gefehlt.

haben in dem Prärogativ der „fasces“.[1] Es war nicht allein die Überzeugung, daß der unumschränkten Machtstellung, dem Ansehen und der Würde der Oberbeamten durch die Ausstattung mit Beil und Ruten sichtbarer Nachdruck verliehen werden müsse, die den Römern gerade diesem magistratischen Abzeichen so außerordentlichen Wert beimessen ließ; mächtiger wirkte wohl das auf sakralrechtlichem Boden entstandene Bewußtsein, daß sich in den fasces die Idee jenes unbedingten Befehlsrechtes verkörpere, das in der ältesten Zeit der Jupiter tonans oder Mars dem ersten römischen Könige in die Hände gelegt hatte, und das sich von da ab in ewigem Erneuern fortpflanzte von Generation zu Generation, das Wahrzeichen der römischen Stadt, das Wahrzeichen Italiens und des Weltreichs, das Symbol des imperium Romanum.

§ 23.

Die majestas des Königs.

Bevor wir uns nun zur Darstellung des Majestätsgedankens, wie er zur Zeit des Prinzipats gestaltet worden ist, wenden, müssen wir noch darüber Klarheit gewinnen, einmal wie sich das römische Königtum, sodann wie sich das Senatsregiment, das ja aus dem Rahmen der Magistratur herausfällt, zum Majestätsprinzip gestellt haben. Wir hatten bei der Darstellung der Magistratur das „imperium“ als den charakteristischen Inhalt der Majestätsidee zu erfassen versucht; dies muß uns auch für die Zeit der Königsherrschaft den Weg weisen. Wir wissen, daß das römische Königtum der Sache nach nicht abgeschafft worden ist, sondern in der Republik nur in veränderter Form seine Fortsetzung erblickt. Ja selbst in der Form ist diese Nachbildung der Konstitution so weit gegangen, daß man, während das „regnum

[1] Fasces und Liktoren sind so alt, wie die Stadt selbst. Sie sind schon die Insignien des Königs. Livius III, 36, 3: Hoc insigne regium. — Dionys X, 59: τὸ παράσημα τῆς βασιλικῆς ἀρχῆς. Daß die fasces die Insignien der Majestät sind, sagt Livius ausdrücklich II, 7, 7: gratum id multitudini spectaculum fuit — Publius Valerius tritt „summissis fascibus“ vor das Volk — summissa sibi esse imperii insignia, confessionemque factam populi quam consulis majestatem vimque majorem esse.

adfectare" das todeswürdigste Verbrechen blieb, für die republikanischen Oberämter das Königsamt sich zum Vorbild zu nehmen nicht scheute. So betrachtet auch die republikanische Staatsrechtslehre vielleicht im Widerspruch mit der Geschichte[1] den König als „magistratus populi Romani,[2] obwohl gerade beim rex die charakteristische Voraussetzung der Magistratur, die Volkswahl, fehlt.[3] Doch mag dahingestellt bleiben, ob die Königszeit bereits den Begriff der Magistratur gehabt hat oder nicht, die im imperium schlummernde Idee der einheitlichen höchsten Gewalt ist zur Zeit der Monarchie ebenso, vielleicht gar stärker lebendig gewesen, als späterhin.

---

[1] Bernhöft § 18.

[2] Ganz richtig Niebuhr, Vortr. S. 182: Der König ist Träger der Souveränität und wahrt die majestas populi.

[3] So Pomponius, l. 2 § 14 Dig. I, 2: Quod ad magistratus attinet, initio civitatis huius constat reges omnem potestatem habuisse. Asconius bezeichnet (in Mil. p. 34) den interrex als magistratus curulis. Die den Gemeindebeamten zukommende gesetzliche Unverletzlichkeit — lege — wird auch auf den König bezogen, und daher Tötungsversuch oder Tötung des Königs als Staatsverbrechen, perduellio, aufgefaßt. Dionys IV, 42: *Οἱ δ' ὑπάγοντες αὐτοὺς ὑπὸ τὰς δίκας, ἄλλους ἐπ' ἄλλεις ψευδέσιν αἰτίαις, μάλιστα δ' ἐπιβουλεύειν αἰτιώμενοι τῷ βασιλεῖ, κατηγόρουν ἐπ' αὐτῷ δικαστῇ.* In demselben Sinne wird das regnum mit einer Magistratur identifiziert in dem gleichfalls als perduellio behandelten Falle des Versuchs, das Königtum oder eine ihm analoge Magistratur wieder einzuführen. (Näheres hierüber s. im II. Teil beim crimen majestatis.) Diese Auffassung von der Magistratsqualität des Königsamtes läßt auch jenen schon in den ältesten Zeiten üblichen Brauch verständlich erscheinen, bei Abschluß eines Freundschaftsvertrages mit einem auswärtigen Monarchen diesem, abgesehen von Ehrengeschenken, die römischen Magistratsinsignien zu überreichen; vgl. Mommsen, Staatsr. III, 1 S. 592, wo durch Quellenbelege (vor allem Livius XXVII, 4; 8, 9, 10: toga et tunica purpurea; sella eburnea; patera ex quinque pondo auri facta; togae praetextae et terna pondo paterae aureae erhalten afrikanische Könige i. J. 544/210 — XXX, 15, 11, 17; XXXI, 11, 12: aurea corona, aurea patera, sella curulis et scipio eburneus, toga picta et palmata tunica; sagula purpurea duo cum fibulis aureis singulis et lato clavo tunicis; equi falerati; equestria arma cum loricis; tabernacula; militaris suppelectilis, qualem praeberi consuli mos est! erhält Masinissa i. J. 551/203 und 554/200) nachgewiesen ist, daß dies sogar in der Regel so geschah, „wie die römische Ordnung die Magistratsinsignien im Maximum, also für den triumphierenden Oberbeamten festgestellt hat."

Wenn die römische Annalistik bei der Darstellung der Gründung des Gemeinwesens das stereotype „Urbem Romam a principio reges habuere“ in den Bericht über die Entstehung der Stadt Rom aufgenommen hat, so ist dies nicht etwa schmückendes Beiwerk, sondern die sachgemäße Folgerung aus der republikanischen Verfassung selbst, die lediglich als ein Spiegelbild der monarchischen Konstitution wenn auch in anderer Beleuchtung betrachtet werden will. In dieser annalistischen Phrase liegt ein tiefer Sinn. Die Urform des Staates muß dem Römer die Monarchie sein, da sie allein die unleugbarste Ähnlichkeit mit der Familie hat und die römische familia der Ausgangspunkt des gesamten staatlichen Gemeinlebens ist. Das Prinzip der Konzentration und der Vereinheitlichung von Macht und Recht, von Gebot und Verbot ist es, das der Familie wie dem Staate den bleibenden Stempel aufgedrückt hat.

Diese unitarische Tendenz, die im privaten wie im öffentlichen Leben des Römers eine gleich wichtige Rolle gespielt hat,[1] liegt ja, wie wir an anderer Stelle auszuführen Gelegenheit hatten, ursprünglich den sakralrechtlichen Vorstellungen zugrunde. Der innere Zusammenhang zwischen der hausherrlichen Gewalt und dem staatlichen Imperium sowie zwischen den priesterlichen Funktionen des pater und rex ist bereits bei der „patria potestas“ erörtert worden.[2] Wie beim „pater familias“ rückt die römische

---

[1] Siehe hierzu Bernhöft § 12ff.

[2] Daß die Familie als erster monarchisch beherrschter Verband aufzufassen ist, gilt für die Indogermanen allgemein. Plato geht (νόμοι III, 3) bei der Staatenentstehung von der Familienmonarchie aus. Wie in Rom pater und rex, so üben in Griechenland πατὴρ und βασιλεὺς die Priestergewalt, s. Schömann II, S. 411. Die Gleichstellung des Hausvaters und des Stammkönigs auf sakralem Gebiet hat wie in Rom, so auch in Griechenland dazu geführt, den Hausherd wie den Stammherd zu deifizieren in der Vesta = *Εστία*, denn der König ist eben der Hausvater des Stammes. Hiermit hängt dann auch die gräko-italische Auffassung vom Staat als einer Sakralgenossenschaft zusammen. Den Werdegang des Staates auf der Grundlage der ursprünglichsten Einheit, der „familia“ als der ersten staatlichen Organisation gibt treffend Cicero. Er sagt de off. I, 17, 54: Nam cum sit hoc natura commune animantium, ut habeant lubidinem procreandi, prima societas in ipso conjugio est, proxima in liberis, deinde una domus, communia omnia; id autem est principium urbis et quasi seminarium rei publicae. Sequuntur

Überlieferung auch beim rex die priesterlichen Funktionen in den Vordergrund: „ἡ βασιλεία", sagt TIBERIUS GRACCHUS bei PLUTARCH XV, „πρὸς τῷ πᾶσαν ἀρχὴν ἔχειν ἐν ἑαυτῇ συλλαβοῦσα καὶ ταῖς μεγίσταις ἱερουργίαις καθωσιῶται πρὸς τὸ θεῖον". In erster Linie ist der rex oberster Priester; das beweist auch die Schaffung des „rex sacrorum" beim Untergange des römischen Königtums. Die republikanische Verfassung, die unmittelbare Fortsetzung der Monarchie, will zwar, wie oben bemerkt, aufgefaßt sein nicht als neue Verfassungsform, sondern lediglich als modifizierte Regierungsform,[1] und ein innerer Zwiespalt zwischen dem Prinzip der römischen Republik und dem des Königtums besteht nicht. Aber in der äußeren Herrschafts**form** gerade tritt die neue Konstitution in einen Gegensatz zur alten. Wenn man also bei der Proklamierung des Konsulats sich nicht scheute,

---

fratrum conjunctiones, post consobrinorum sobrinorumque, qui cum una domo jam capi non possint, in alias domos tamquam in colonias exeunt. Sequuntur connubia et adfinitates, ex quibus etiam plures propinqui; quae propagatio et indoles origo est rerum publicarum.

[1] REHM, Gesch. S. 145, sagt: „Die republikanische Staatsanschauung wurzelt in dem Vorstellungskreise der Römer jener Zeit — 4. und 3. Jahrhundert v. Chr. — schon so fest, daß sie auch rückwärts — mit den geschichtlichen Tatsachen wohl im Widerspruch — das Königtum nur als eine Regierungs-, nicht als eine Verfassungsform, d. h. den König nur als ein Organ des aristokratischen Volkes, die Königszeit der Verfassung nach als eine mittelbare Aristokratie ansahen." Es mag sein, daß die geschichtlichen Tatsachen die republikanische Auffassung Lügen strafen. Wollen wir aber die „römische Anschauung" von staatsrechtlichen Dingen erfahren, so müssen wir diejenigen Schriftsteller und Denkmale des öffentlichen Rechts zu Rate ziehen, die der Epoche der entwickelten Staatsrechtwissenschaft angehören; das ist die Zeit der späten Republik. Wenn wir daher mit modernen Begriffen, wie Regierungs-, Verfassungsform, mittelbarer Aristokratie u. dgl. m. operieren, müssen wir uns klar werden, daß wir sie immer nur der Auffassung derjenigen Römer anpassen dürfen, die sich das Königtum wirklich rechtlich vorstellten. Man kann daher nicht sagen, daß den geschichtlichen Tatsachen nach das Königtum eine Verfassungsform gewesen sei. Übrigens fehlt es an einem Beweise dafür, daß das Königtum tatsächlich etwas anderes war, als das, was wir heute monarchische Regierungsform bei republikanischer Verfassung nennen, vollständig. Vielmehr spricht die Lehre vom imperium und von der Kontinuität von Königtum und Republik dafür. (Näheres hierüber siehe unten.)

das alte Königtum auch der Form nach insofern fortzusetzen,[1] als die priesterlichen Funktionen und die Vertretung der Gemeinde der Gottheit gegenüber in Frage standen, so ist der Rückschluß gegeben, daß gerade die priesterliche Stellung des Königs den Römern von jeher als unantastbar gegolten haben muß, daß ihnen das Priesteramt des Königs als unverbrüchliche Bürgschaft für die Wohlfahrt und Existenz des Staates erschienen ist. So lange die Gnade des Jupiter über der Stadt waltet, kann man ruhigen Blicks allem Ungemach entgegensehen. Die „königslose Stadt" hätte des göttlichen Schutzes entbehren müssen; die „majestas deorum" wäre verletzt worden, hätte man der Gottheit ihren berufenen Vertreter und Mittler[2] genommen; dies mußte selbst in den politisch schwierigsten Zeiten verhütet werden. Es ist also auch bei der Schaffung des Opferkönigtums der Majestätsgedanke das treibende Motiv. Diese heilige Scheu vor dem göttlichen Willen, diese Ehrfurcht vor allem Sakralen ist auch der Grund für die dem König beigelegte Majestät. Sie ist wie beim Hausvater ursprünglich der Ausdruck für die rein priesterliche Stellung des rex, der berufen ist, den göttlichen Willen zu interpretieren und den Jupiter rex, den *Ζεὺς βασιλεύς*, zu vertreten.

Das Königtum aber erschöpft sich nicht in der Priesterschaft, es ist auch „imperium" im republikanischen Sinne, und wie den römischen Magistraten „majestas" beigelegt wird, so ist dies auch dem rex gegenüber der Fall. In diesem Sinne sind die staatsrechtlichen Auffassungen der republikanischen Zeit zu verstehen, die den König trotz des fehlenden Merkmals der Volkswahl zu den Magistraten rechnen. Sie legen den entscheidenden Hauptwert auf das weltliche Waffenimperium, und gerade dieses ist ja durch das Königtum so recht eigentlich geprägt worden.

---

[1] Livius II, 2, 1: et quia quaedam publica sacra per ipsos reges factita erant, necubi regum desiderium esset, regem sacrificulum creant . . .; III, 39, 4: nec nominis homines tum pertaesum esse, quippe quo Jovem appellari fas sit, quo Romulum conditorem urbis deincepsque reges appellatos, quod sacris etiam ut sollemne retentum sit: superbiam violentiamque tum perosos regis, und andere Stellen mehr.

[2] Schiller S. 532.

„Imperium" ist nicht allein der Ausdruck für die königliche Gewalt in ihrer Betätigung gegenüber den Bürgern und dem Feinde; man muß weitergehen: Die Schaffung des Imperiumbegriffes ist das rechtshistorische Anzeichen für die vollzogene Trennung der römischen Rechtsentwickelung vom sakralen Standpunkt; „imperium" ist allgemein der Ausdruck für das weltlich bürgerliche Recht, die Frucht der jahrhundertlangen Genesis des jungen Gemeinwesens. Der welthistorische Prozeß des Werdeganges der gräkoitalischen Völker hat hier seinen ersten erkennbaren großen Abschnitt erreicht. „θέμις" und „fas" sind ihnen nicht mehr die Sinnbilder ihrer rechtlichen Organisation; die Begriffe sind umgewertet: „δίκαιον" und „jus" sind nicht mehr Begriffe einer göttlichen Einrichtung, sondern der Ausdruck für die notwendige Grundlage jeder staatlichen und menschlichen Gemeinschaft, die weltliche Rechtsordnung. Und wenn man auch nicht mit der Vergangenheit bricht und sakrale Institutionen[1] noch Jahrhunderte lang bewahrt, die ἀρχαί, die magistratus sind jetzt doch menschliche Schöpfungen, unterworfen der Autorität des menschlichen Rechts.

Die Quintessenz dieses völkergeschichtlichen Vorganges ist eben das imperium, sein innerster Kern das konzentrierte „imperium regium", das wir auch „majestas regia" nennen können, aber „majestas" nicht mehr in sakralem, sondern in weltlichem Sinne. Die innerstaatliche, man kann sagen magistratuale Rechtsmacht ist das historisch älteste Element des Imperiumbegriffes. Sie erklärt die schroffe Unität der römischen Beamtengewalt überhaupt. Unbedingt zeigt diese Einheit staatlicher Machtvollkommenheiten ein originales, selbständiges Schaffen dieses jungen Volkes schon in den frühesten Zeiten, und wenn trotz des inneren Haders und der mit der denkbar maßlosesten Leidenschaft geführten politischen Fehden die Grundfesten des Staatsbaues nicht erschüttert wurden, so ist der Grund hierfür darin zu sehen, daß man niemals vergessen hat, daß nur einer herrschen kann, daß der Inbegriff aller Verfassung das „imperium" ist.

---

[1] Rechtlich und politisch war der Opferkönig fortan der „ohnmächtigste Mann im römischen Gemeinwesen", Mommsen, Gesch. I, 1 S. 245.

Uns kann nicht daran liegen, den Inhalt des „imperium regium“ zu entwickeln; es genügt der Nachweis, daß der Majestätsgedanke nichts anderes wiedergeben soll, als den elementaren, die römische Verfassungsgeschichte durchziehenden Einheitsgedanken, und dieser Nachweis ist im Laufe der Darlegungen erbracht worden. Es wird daher nur konsequent sein, wenn wir auch von diesem Gesichtspunkte aus jene große und bedeutende politische Tat betrachten, die den Römern die Republik schuf. Wir fassen die ganze Revolution auf als das Streben des Volkes, das „imperium regium“ zu schwächen, als einen Kampf des souveränen populus gegen sein höchstes Organ, als den Wettstreit der „majestas populi“ mit der Magistratsmajestät. Es wäre das einfachste gewesen, das Organ aus dem Getriebe der Staatsmaschine zu entfernen, auf ewig auszumerzen und den populus selbst zum Träger des imperium zu machen. Aber das ist eben das Zeichen für das reife Verständnis und den klugen politischen Takt der Römer gewesen, daß sie in diesem kritischen Augenblicke nicht vergaßen, wo die Grundfesten des Organismus lagen, daß sie die in der Einheit ruhende Allgewalt des imperium nicht verkannten und nur eine Verschiebung des Verhältnisses zwischen Bürgerschaft und Magistratur erstrebten. Darum will denn auch die neue Konstitution nichts anderes sein, als eine neue Regierungsform bei bestehender Verfassung. Es mag sein, daß das Streben der Plebejer und aller übrigen Nichtbürger nach politischer Gleichberechtigung den äußersten Grad der Unzufriedenheit erreicht hatte, mag sein, daß die Unterdrückung des besitzlosen Proletariats nach einer Änderung der Verhältnisse gewaltsam hindrängte: die Gestaltung der Reformation so, wie sie sich vollzog, wird nur erklärlich, wenn man sich klar macht, daß es sich um den Kampf zweier politischer Prinzipien dreht, um das Rivalisieren von Volks- und Magistratsmajestät.

Rechtlich wie tatsächlich hat die Souveränität auch zur Zeit der Königsherrschaft beim Volke gelegen; davon ist schon oben bei der Volksmajestät gesprochen worden; die Bürgerschaft ist allmächtig und äußert dem Rechte nach den höchsten unantastbaren Willen im Staate. Allerdings ist der König der höchste Befehlshaber, seine Handlungen unterliegen nur der Prüfung des eigenen Gewissens; es gibt keine höhere Instanz, die ihn zur Verantwortung ziehen kann. Aber er ist innerlich durch die „fides“ gebunden gegenüber Staat und Religion; seine Gewalt ist unbeschränkt und doch zu gleicher Zeit durch die Gesetze fixiert; das ist sein „imperium legitimum“ nach SALLUST.[1] Aber dieses Imperium konnte leicht zu einem verfassungswidrigen werden, denn das unbegrenzte Recht schrankenloser Exekution verlieh dem auf Lebenszeit ernannten Gemeindevorsteher eine übermächtige Gewalt, und die Gefahr lag nahe, daß er sie mißbrauchte. So lag denn in dieser Entwickelung der Dinge eine rein notwendige, nicht nur in Rom ausbrechende Reaktion politischer Kräfte; es äußerte sich hier vielmehr jener Geist, der die ganzen italischen und griechischen Gemeinden dieser Zeit erfaßte.[2]

Hierdurch wird die Neukonstituierung der republikanischen Regierungsform verständlich. Das alte Prinzip des souveränen Volkswillens, tatsächlich verletzt durch die verfassungswidrigen Auswüchse der Monarchie, blieb unantastbar bestehen, aber in einer Form, die nunmehr auch die faktische Superiorität garantierte. Der Kern der Neuregelung liegt in der Ablösung des Prinzips der Perpetuität der Magistratur durch das der Annuität; sodann in der Duplizität der bis dahin in einer Person konzentrierten Machtbefugnis. Die Stellung der Konsuln muß richtig begriffen werden. Sie sind gedacht als zwei Antipoden von gleichem Wert, der sich darin dokumentiert, daß der von dem einen Konsul gefaßte positive Beschluß durch die Negation seiten des anderen aufgehoben wird. Nicht etwa, daß die bislang dem König zustehende Gewalt unter zwei gleichwertige Machtfaktoren aufgeteilt und zersplittert worden wäre. Das „imperium“, das „Amt“ mußte bleiben, wie es war, sonst wäre das Einheitsprinzip, das unerschütterliche Grundgesetz des römischen Orga-

---

[1] Bell. Cat. VI, 6 — MOMMSEN, Gesch. I, S. 79: Unbeschränkt insofern des Königs Gebot, gerecht oder nicht, zunächst unbedingt vollzogen werden mußte; gebunden, insofern ein dem Herkommen zuwiderlaufendes und nicht von dem wahren Souverän, dem Volke, gut geheißenes Gebot auf die Dauer keine rechtlichen Folgen erzeugte.

[2] MOMMSEN, a. a. O. S. 244.

nismus in Frage gestellt worden. Aber indem man gegebenenfalls das volle Imperium des Gebietenden durch das volle Imperium des Verbietenden vernichtete, und indem man durch Beschränkung der Ausübung dieses Imperiums auf die Dauer eines Jahres die tatsächliche Unverantwortlichkeit des lebenslänglichen Königs beseitigte, erreichte der populus sein Ziel, ohne von der alten Verfassung abgehen zu müssen.[1] Die Souveränität des Volkes blieb gewahrt, die Majestät erhalten; das Ziel des Kampfes, die Abschwächung des „imperium" ward erreicht. Wenn nach alledem Mommsen[2] bei der Umwandlung der Monarchie in die Republik vom konservativen Charakter der Revolution spricht und ausführt, daß, soweit eine Staatsumwälzung überhaupt konservativer Natur sein kann, dies bei der Schaffung des Konsulats der Fall gewesen und keines der konstitutiven Elemente des Gemeinwesens durch diese Revolution eigentlich über den Haufen geworfen worden sei, so bringt er damit gleichfalls zum Ausdruck, daß hier, wie sonst in der Entwickelung Roms als wichtigster politischer Faktor der gesunde konservative Sinn der Römer am mächtigsten gewirkt hat; jener Sinn, der die notwendige Voraussetzung war für das gleichmäßige, wahrhaft genetische Fortschreiten des historischen Prozesses, der jede Überstürzung in politischen Dingen vermeidend mit großer Sorgfalt die Traditionen wahrte, der ohne Bruch, ohne jede Zäsur das neue Regime sich rechtlich anknüpfen ließ an dasjenige nicht erborgte, nicht erkünstelte Verfassungsideal, vor dem sich die Römer aller Zeiten in Ehrfurcht gebeugt haben, dem Prinzip der Autorität und Souveränität, der Einheit und Allgewalt der Gemeinde. Das lehrt uns die Idee der römischen Majestät.[3]

---

[1] Siehe auch Bernhöft S. 20.

[2] Geschichte I S. 257.

[3] Es soll nicht unerwähnt bleiben, daß auch die römische Staatsrechtwissenschaft sich bemüht hat, rechtlich die Konstruktion der Kontinuität von Königtum und Republik durchzuführen. Mommsen weist darauf — Staatsr. II 1, S. 15 — hin; wir beschränken uns darauf, seine erschöpfenden Ausführungen wiederzugeben, die für das Verständnis des Ganzen nötig sind. Er sagt: „Da die römische Theorie wesentlich ausging von der Gleichartigkeit des königlichen und des republikanischen Oberamts, so war es von Wichtigkeit, wenigstens die Möglichkeit dieser Prozedur zu be-

Sechstes Kapitel.

§ 24.

Die majestas des Senats.

Es bleibt nun noch zu untersuchen, inwiefern der römische Senat und sein Regiment für die Majestätsidee staatsrechtlich in Betracht kommen.

---

zeichnen. In der Tat findet sich ein solcher Entwickelungsprozeß in zwiefacher Weise angedeutet: Einmal insofern nach dem Tode des ersten Königs bei dem ersten Eintreten des Interregnums die Absicht ausgesprochen wird, vom Königtum abzusehen und mit dem rechtlich abgegrenzten Wechsel des Zwischenkönigs in die republikanische Ordnung überzutreten (Cicero, de re publ. II, 12, 23: cum ... senatus ... temptaret post Romuli excessum, ut ipse gereret sine rege rem publicam, populus id non tulit desiderioque Romuli regem flagitare non destitit. Also die Republik, oder was dasselbe ist, die Herrschaft des Senats ist bereits da und für alle Zukunft rechtlich begründet; freiwillig kehrt der Senat auf Bitten der Gemeinde zum Königtum zurück). Zweitens insofern dem abschließenden Ordner der monarchischen Epoche, dem König Servius die Absicht beigelegt wird, die Königsherrschaft niederzulegen und den Wechsel von Jahrherrschern, wie er nach dem Sturz der Könige begann, selber freiwillig herbeizuführen (Livius I, 48: imperium ..., quia unius esset, deponere eum in animo habuisse quidam auctores sunt, in scelus intestinum liberandae patriae consilia agitanti intervenisset. Dionys IV, 40; Plutarch, de fort. Rom. X. — Nach der Wendung, die Cassius Hemina der Erzählung von den Zwillingsbrüdern gibt — s. Mommsen, Staatsr. I S. 40 Anm. 2 — liegt sogar die Frage nahe, ob dieser Annalist nicht schon in ihrer Samtherrschaft die Konsularordnung hat anbahnen wollen). Beide Erzählungen sind ebenso historisch töricht, wie staatsrechtlich fehlerlos konstruiert und gleichsam die Probe, daß die große Aufgabe, aus dem Königtum die Republik herzuleiten, vollkommen gelöst war. Rechtlich statthaft ist das eine wie das andere Verfahren. Das wesentlichste Moment, das das Königtum und die Republik unterscheidet, die Befristung, ist in dem Interregnum ebenso vorhanden, wie in dem Konsulat. Indem dann die ersten Konsuln gewählt werden auf Grund der vom König Servius hinterlassenen Anweisung und in Verwirklichung des von ihm entworfenen, aber nicht ausgeführten Planes (Livius I, 60: Duo consules inde comitiis centuriatis a praefecto urbis ex commentariis Serv. Tullii creati sunt), wird unter Beiseitesetzung der „ungerechten Herrschaft" des letzten Königs die Kontinuität zwischen dem Königtum einer- und der auf Interregnum und Konsulat aufgebauten Republik andererseits so weit hergestellt, als dies die Macht der Tatsachen den Juristen irgend erlaubte".

Das römische Staatsrecht lehrt, daß der Senat, sofern die Zeit des Königtums und in erster Linie die der Republik gemeint ist, in einen grundlegenden Gegensatz zur römischen Bürgerschaft und Magistratur tritt. Wir wissen, daß das Wesen der Tätigkeit dieser Korporation darin besteht, den von der souveränen Vollbürgergemeinde gefaßten Beschluß zu bestätigen und die von dem Magistrat beabsichtigte Maßregel vorzuberaten. Der römische Gemeinderat ist eine Institution, die ihren Grund nicht in sich selbst sieht, sondern in der Herrschaft der Magistratur;[1] ohne eigene Aktion ist der Senat von Rechts wegen ein stets abhängiges Glied im Staatsorganismus geblieben.[2] Die römische Staatsrechtslehre hat daher konsequent deduziert, daß dieser konstitutiven Gewalt, in der sich weder, wie beim populus, die Souveränitätsnatur, noch, wie beim magistratus, die Einheitsidee des „imperium" offenbart, „majestas" nicht zukommen könne.[3] Wir finden denn auch nirgends, daß dem republikanischen Senat dieses Prärogativ zuerkannt worden wäre, wie man ja auch „lex" und „senatus

---

[1] Dio Cassius, fr. V, 11: *ἐγὼ* (Romulus) *ὑμᾶς ὦ πάτρες, ἐξελεξάμην οὐχ ἵνα ὑμεῖς ἐμοὶ ἄρχητε, ἀλλ' ἵνα ἐγὼ ὑμῖν ἐπιτάττοιμι.*

[2] Daß der Senat schon frühzeitig das tatsächliche Regiment in seine Gewalt zu bringen, daß er die Magistratur politisch zu einem Werkzeug seiner Ambitionen herunterzudrücken verstanden hat, hat die Staatsrechtslehrer doch niemals die rechtliche Position des nur als Unterstützungsorgan der Magistratur gedachten Kollegiums verkennen lassen. Allerdings bedarf es gerade bei der Untersuchung dieses Punktes einer mit peinlichster Sorgfalt vorzunehmenden Trennung der staatsrechtlichen und der bloß geschichtlichen Angaben der römischen Annalistik. Die Auffassung Nissens (S. 121), daß die Senatsmacht während der Republik in dauerndem Sinken begriffen sei, kann nach den von der modernen Forschung gefundenen Resultaten nicht mehr als richtig bezeichnet werden. — Nur nach einer Richtung ist der Senat bereits in der Zeit der entwickelten Republik als Träger der römischen Staatsgewalt erschienen, nämlich dem Auslande gegenüber bei Abwickelung der internationalen Beziehungen. Ihm steht das aktive und passive Gesandtschaftsrecht zu und späterhin nicht nur de facto, sondern proprio jure das jus foederis. — Im übrigen wird der Text lehren, welche fruchtbringenden Schlüsse hier für die Majestätsidee gezogen werden können.

[3] Vgl. die schon des öfteren zitierten Stellen Cicero, de inventione II, 17, 53 und Phil. III, 5, 13.

consultum", das „jubere" und „censere, placere" terminologisch zu konfundieren ernsthaft sich gehütet hat.

Das aber ändert sich, nachdem der Senat das politische Erbe der Komitien angetreten und sich die Souveränität der Vollbürgergemeinde vindiziert hatte. Als bereits unter Sulla der Senat die letzte Fessel, die ihn an den Magistrat kettete, abgestreift hatte, die Souveränität der Gemeinde, das Imperium des Magistrats durch die cäsarische Diktatur zum schemenhaften Schleier der alten Konstitution geworden waren, schuf Augustus jenen Kompromiß, den wir als Staatsform Prinzipat nach der Primatialstellung des princeps, Dyarchie[1] nach der gleichgewichtigen Eigenschaft von princeps und senatus als Träger der Staatsgewalt nennen. Korrekt legen nunmehr die Schriftsteller der Kaiserzeit dem Senat Majestät bei,[2] ein Beweis für die Begriffsnatur der majestas. Es fragt sich nun, welchen rechtlichen Ausdruck die Senatsmajestät in der Kaiserzeit angenommen hat. Da kann man zunächst allgemein sagen, daß der Senat als Inhaber der souveränen Gemeindegewalt der ganzen Staatsform

[1] Die Konstruktion der Dyarchie hat Mommsen, Staatsr. II, 1 S. 745ff., zum ersten Male scharf durchgeführt; es ist kein Grund gegeben, von ihr abzugehen. Siehe z. B. Schmidt, Allg. Staatsl. II, S. 263ff. Zutreffend Hirschfeld S. 285: Aber doch hat Augustus und nicht minder sein Nachfolger Tiberius den redlichen Versuch gemacht, dem Senat einen wesentlichen Anteil an den Regierungsgeschäften, vor allem an der Reichsverwaltung zu erhalten. Sueton, Tib. XXX, Tacitus IV, 6.

[2] Vorahnend schon Cicero, pro Sest. V, 12: ... senatum populumque Romanum sine militum praesidio tueri facile majestate sua dignitatem eorum, qui ... — Livius IV, 2, 4: reminiscerentur, quam majestatem senatus ipsi a patribus accepissent. — Valerius Maximus I, 8, 1: quod cum senatui indicasset, tamquam majestatis ejus et amplitudinis vano sermone comtemptor in carcerem conjectus etc.; IX, 5, 1: tyrannici spiritus consul haberetur, si adversus unum senatorem hoc modo se gessisset, quo Flaccus in totius amplissimi ordinis contemnenda majestate versatus est. — Florus I, 1, 5: hic et senatus majestatem numero ampliavit. — Plinius, ep. VIII, 6, 4: erat enim contra majestatem senatus, si ferreis praetorius uteretur. — Vopiscus: Probus IX, 3: Atque utinam id etiam Florianus exspectare voluisset, nec velut hereditarium sibi vendicasset imperium, vel illum, vel alium quempiam majestas vestra fecisset. — Vellejus, Pat. II, 89: restituta vis legibus, judiciis auctoritas, senatui majestas, imperium magistratuum ad pristinum redacta modum ...

der Dyarchie das charakteristische Gepräge verleiht. Der Senat ist nicht mehr Organ der Bürgerschaft, sondern er verkörpert diese selbst; das beweist das Verhältnis des Volks- und Senatsschlusses zueinander. Die Republik ist in ihrer Blütezeit niemals davon abgegangen, die rechtliche Prävalenz des „jussus populi" zu betonen, dem Senat aber ein „jubere" überhaupt abzusprechen.[1] Es ist ein Zeichen ihres Schwindens, daß die senatorischen Akte bereits als solche des populus betrachtet werden; auch in der Rede tritt dieser zurück.[2] „Die Bürgerschaft und das Gemeinwesen, der «populus» und die «res publica» sind ideale Begriffe geworden, für welche der reale Ausdruck und die praktische Form allein der Senat ist".[3] Bei alledem ist aber nicht zu vergessen, daß der populus Romanus staatsrechtlich während des Prinzipats Subjekt der Staatsgewalt bleibt. Die oben[4] von uns gebotenen Darlegungen über die Subjektsnatur der Volksversammlung gelten auch für die Kaiserzeit. Aber die charakteristische Neuerung der augusteischen Konstitution liegt darin, daß die Vollbürgergemeinde die Qualität der Trägerschaft der Staatsgewalt an den Senat und Prinzeps verliert, die beide gleichzeitig die oberste Ausübung der Staatsgewalt übernehmen. Der Ausdruck für den Inhalt dieser typisch als Dyarchie bezeichneten Staatsverfassung ist die „majestas senatus" und die „majestas principis".[5]

Weniger offensichtlich kommt die Souveränitätsnatur des Senates in all den Beziehungen zum Vorschein, in denen der

---

[1] Das hindert nicht, daß Cicero (in Verr. IV, 39, 85; in Cat. III, 4, 8), Sallust (Ing. 112), Livius (XLI, 27, 11) und andere gelegentlich vom „jussus senatus" sprechen. Aber das Schwergewicht liegt offensichtlich beim populus; daher wird er auch in der Rede dauernd dem Senat antizipiert: jussu-injussu populi et senatus, nicht etwa senatus populique jussu-injussu.

[2] Senatus populusque Romanus ist nunmehr — von einzelnen Ausnahmen (Sallust und Livius an seltenen Stellen) abgesehen — die typische Signatur. Siehe die zahllosen Belege bei Mommsen, Staatsr. III, 2 S. 1257.

[3] Mommsen, a. a. O. S. 1259.

[4] S. 80.

[5] Die Schriftsteller der Kaiserzeit lassen uns nicht im Unklaren darüber, daß beide Faktoren, Kaiser und Senat, gleichmäßig der Majestät teilhaftig seien; das stützt die Konstruktion der Dyarchie außerordentlich.

rechtlich zwar koordinierte Prinzeps die tatsächlich stärkere Kaisergewalt handhabt. Überall da, wo der Prinzeps als Magistrat tätig wird, tritt der Senat zurück, wenn er auch als der legitime Vermittler dieser ständigen Magistratur anzusehen ist. Im übrigen tritt das Koordinationsverhältnis beider auch äußerlich deutlich zutage.[1]

Das ist das allgemeine Bild. Im einzelnen zeigt sich die Senatsmajestät in seiner Kompetenz. Da die Gemeindeversammlung weder als Träger noch als Ausüber der Staatsgewalt mehr in Betracht kommt, sind ihr die gemeindesouveränen Rechte der Gesetzgebung und Magistratswahlen verloren gegangen; sie werden nunmehr vom Senate ausgeübt. Die Gesetzgebung ist allerdings niemals dem Senate formell übertragen worden, aber die schon seit Sulla gültige Dispensation von Gesetzen seitens des Senats ohne Vorbehalt der Ratifikation durch die Volksversammlung ist in der Kaiserzeit praktisch außerordentlich gesteigert und die Gesetzgebung überhaupt dann auch tatsächlich zur Domäne des Senats gerechnet worden. Bezüglich der Wahlen ist bereits oben bei dem komitialen Recht der Beamtenkreation auf die durch Tiberius eingeführte Reform hingewiesen worden. Will man korrekt sein, so muß man sagen, daß durch ihn die Wahl der ordentlichen[2] Magistrate dem „senatus populusque Romanus" übertragen worden ist; die rechtliche Mitwirkung der Bürgerschaft ist fortab insofern annulliert worden, als der Wahlakt des Senats jetzt juristisch denselben Wert erlangt hat, wie ihn einst die Komitien gehabt haben; damit aber sind die Emanzipationsbestrebungen des Senats vom Volke als vollzogen zu betrachten.

Nach den beiden Richtungen der Legislation wie der Beamtenwahl tritt also der souveräne Senat als Rechtsnachfolger der Gemeinde auf und wird insofern der Majestät teilhaftig. In der Folge zeigt diese sich nunmehr aber auch in der gesamten

---

[1] So bildlich auf Münzen, Medaillons und in den Gelübdeformeln, Mommsen, a. a. O. S. 1260. — Näheres wird noch bei der „majestas principis" zu geben sein.

[2] Die außerordentlichen werden durch Spezialgesetz, also vom Senat kreiert; die Erteilung der „potestas tribunicia" an den Prinzeps liegt noch bei den Komitien.

übrigen Tätigkeit des Senats vor allem da, wo er als beratendes Kollegium fungiert; die Idee des Prinzipats liegt gerade darin begründet, daß die Staatsgewalt ausgeübt werden soll durch das harmonische Zusammenwirken von Prinzeps und Senat. Sueton betont ausdrücklich, daß Tiberius, wenn er mit dem Senat in gemeinsamer Aktion vorging, das dem beratenden Senate eignende Majestätsrecht wahrte und den Boden der Dyarchie nicht verließ.[1] Hierher gehört denn auch die Beteiligung des Senats an der Rechtspflege, namentlich der Kriminaljurisdiktion, und hinsichtlich des Reichsregiments die Verwaltung der senatorischen Reichshälfte; doch erscheint hier die Vorstellung von der Souveränität des Senates schon merklich abgeblaßt; zu früh bereits sind die Schatten der Diokletianisch-Konstantinischen Monarchie über diese Gebiete geworfen worden.

Siebentes Kapitel.

§ 25.

Die majestas des Prinzeps.

Wenn wir uns im Vorliegenden die Aufgabe gestellt haben, den Majestätsgedanken so, wie ihn uns der Geist des römischen Rechts widerspiegelt, als ein den staatlichen Entwickelungsprozeß enträtselndes Prinzip zu erfassen und aus den positiven Äußerungen des römischen Verfassungslebens auf sein geheimes Wirken zu schließen, so muß uns ganz besonders jener Abschnitt der römischen Geschichte für den Gegenstand unserer Arbeit fruchtbar erscheinen, in dem das Weltreich seine Ausgestaltung erfahren hat, wie sie für die späteren, ja spätesten Zeiten als vollkommenstes und nachahmungswürdiges Urbild erschienen ist.

---

[1] Sueton, Tib. XXX: speciem libertatis quantam induxit conservatis senatui ac magistratibus et majestate pristina (wie sie die Augusteische Ordnung statuiert hatte!) et potestate. neque tam parvum quicquam nec tam magnum publici privatique negotii fuit, de quo non ad patres conscriptos referretur: de vectigalibus atque monopoliis, de extruendis reficiendisve operibus, etiam de legendo vel exauctorando milite ac legionum et auxiliorum discriptione, denique quibus imperium prorogari aut extraordinaria bella mandari, quid et qua forma regum litteris rescribi placeret.

Denn wenn es wahr ist, daß die gewaltige, so logische Idee staatlichen Seins, die des römischen „imperium“, der „majestas“, mit dem Zusammenbruch des großartigsten Gebäudes, das Menschenhand erschuf, nimmer erstarb, sondern fortlebte in den Schöpfungen des mittelalterlichen Staates; wenn es wahr ist, daß die Renaissance diese hohe Idee des längst dahingeschwundenen Organismus zu neuem Leben erweckt und nicht vergebens zum Vorbild des modernen Staates erhoben hat, so kann es füglich nur verständlich erscheinen, wenn wir für die Gestaltung der Idee gerade in dieser staatsrechtlich interessanten Epoche auf reiche Ausbeute schließen.

Der Gedanke der Einheit, der unitarischen Tendenz staatlicher Organisation ist wie in jeder Epoche, so auch bei der Gründung des Prinzipats lebendig gewesen; es ist charakteristisch für den konservativen Zug römischen Wesens, daß man, wie schon einmal in den Jünglingstagen des aufstrebenden Volkes, auch jetzt im reifen Mannesalter, an diesem hochbedeutsamen Wendepunkte ehrfürchtig vor der Autorität der Tradition von jenem althergebrachtem Prinzip nicht abging, daß nur einer, der populus, Souverän, nur einer, der Beamte, unbedingter Befehlshaber sein könne. Die Volkssouveränität ist für den Prinzipat der Ausgangspunkt seiner rechtlichen Konstruktion geworden,[1] und so lange an der Vorstellung nicht gerüttelt worden ist, daß der Prinzeps nichts mehr, als der wenn auch erste Beamte des Staates sei, der seine fest fixierte und durchaus nicht schrankenlose Machtfülle aus dem Urquell aller Satzung, der „voluntas universi populi“, geschöpft habe,[2] so lange konstatieren wir, unbekümmert um die tatsächlichen Wirrnisse politischer Natur,

[1] Das ist ganz ausführlich bei Mommsen, Staatsr. II, 2 S. 724 Anm. 1, unter Hinweis auf Augustus' eigene Auffassung begründet worden. Dies kann durch die Ausführungen Kärsts (S. 80—120) in keiner Weise entkräftet werden.

[2] Auch das bedarf hier, wo von einer Darstellung des Prinzipats nicht gesprochen werden kann, keines Nachweises. Die Magistratsnatur folgt, Mommsen a. a. O. S. 726 Anm. 3, aus der Ordnung der Dinge überhaupt; die Normierung des Prinzipatimperiums, der Gewalten, der Beendigung sind neben vielem anderen überzeugende Beweise.

den rechtlichen Fortbestand jenes staatlichen Kunstwerks, das Rom auf dem Höhepunkte seiner Entwickelung zeigt, und das wir eben unter dem Prinzipat begreifen. Knüpfte nun auch die Augusteische Verfassung aufs innigste an die alten Formen der republikanischen Staatsgestaltung an, so mußte doch der neue Inhalt auch der Majestätsidee eine neue Fassung verleihen. Das römische Königtum hatte seinen charakteristischen Ausdruck gefunden in der Koinzidenz des Willens von König und Volk; die Republik hatte diesem den Sieg über die zu mächtig erstarkende Magistratur errungen. Der Prinzipat bedeutet die Hegemonie der Magistratur in der machtheischenden Faust des obersten Beamten, das glorreiche Vorspiel zur absolutistischen Despotie des Gotteskaisertums.

Der Majestätsgedanke hat nun seine prinzipielle Wandlung in dem Maße erfahren, als die persönliche Seite der höchsten Magistratur zum Schwerpunkt der neuen Ära überhaupt wurde. Die Republik hatte sich den populus als Persönlichkeit vorgestellt, den einzelnen Beamten aber nur im Amte verkörpert gesehen. Sie konnte nicht, wollte sie nicht dem Wesen des „imperium" Abbruch tun, die Person des Beamten in den Vordergrund stellen. In den äußeren Formen lehnt sich auch der Prinzipat an das Imperium, an die Magistratur an,[1] und doch wird die ihm zugrunde liegende Idee nur verständlich durch die Person des Trägers des höchsten Amtes, nicht mehr durch dieses selbst. Nunmehr dringt mehr und mehr die Anschauung durch, daß nicht mehr der Beamte um des Amtes willen, sondern daß das Amt um des Beamten willen geschaffen sei.[2] Das ist der für die Neugestaltung der Majestätsidee maßgebende Zug. Dadurch wird gleichzeitig verständlich, daß die Äußerungen dieser Idee im

---

[1] Diese Auffassung ist durch nichts hinwegzuinterpretieren, l. 1. pr. Dig. I, 4 (ebenso Inst. I, 2, 6): Quod principi placuit, legis habet vigorem: utpote cum lege regia, quae de imperio eius lata est, populus ei et in eum omne suum imperium et potestatem conferat. — Festus p. 50 (Thewrewk S. 35): cum imperio est dicebatur apud antiquos, cui nominatim a populo dabatur imperium. Cum potestate est dicebatur de eo, qui a populo alicui negotio praeficiebatur.

[2] So auch Kärst. Aber seine Folgerungen sind durchaus überspannt.

wesentlichen auf strafrechtlichem Boden liegen. Denn steht eine Person im Vordergrunde des politischen und staatlichen Lebens, eine Person, die den Staat verkörpert, repräsentiert, so werden nicht nur diejenigen Handlungen, die gegen sie als öffentlichen Faktor gerichtet sind, sondern auch alle übrigen, die private Seite berührenden Betätigungen als Angriff auf die Gemeinde erscheinen, und gerade nach dieser Richtung hin wird dem Vorsteher der Gemeinde eine besonders gesicherte und geschützte Stellung geschaffen werden müssen; sie trägt dann eben einen vorwiegend strafrechtlichen Charakter.[1] Staatsrechtlich kann nur ein allgemeiner Überblick über die Stellung des Prinzeps, soweit hierin die Majestät zum Ausdruck gelangt, in Betracht kommen.

Von der Magistratsstellung des Prinzeps ist bereits gesprochen worden; ihr eignet natürlich als solcher bereits „majestas"; aber, wie erwähnt, haftet sie nicht am Amte, sondern an der Person. Dies erhellt zunächst aus der Titulatur. Sie ist ein Beweis für das durchaus feine und sichere Gefühl, das Augustus für seine Stellung und das Wesen des Prinzipats überhaupt gehabt hat; insofern das neu aufkommende Titelwesen nicht bloß die äußere Person des Prinzeps charakterisiert, sondern integrierende Bestandteile seiner Machtvollkommenheiten enthält, kann es hier nicht unerwähnt bleiben.

In dieser Hinsicht ist in erster Linie der Titel „imperator" zu nennen. Augustus hat ihn unter Fortlassung seines Pränomens an erster Stelle geführt. Darin liegt ein tiefer Sinn. Wenn

---

[1] Dieser Prinzipienwechsel im Primat von Amt und Beamten ist strafrechtlich von weittragender Bedeutung. Augustus hat es vermieden, der neuen Verfassungsform, wie es einst die Republik und die revolutionäre Plebejergemeinde getan hatte, gesetzlich oder eidlich den Stempel der Unabänderlichkeit aufzudrücken. Logischerweise hat die Strafrechtsdoktrin ein Delikt, wie es die Republik im „regnum occupare" kannte, nicht prägen können. Der Umsturz der Verfassung, die Beseitigung des Prinzipats zwecks Wiedereinführung der republikanischen Staatsordnung konnte als Rechtsverletzung niemals erscheinen. Und doch ist der Angriff auf den Prinzeps das schwerste aller Verbrechen gewesen; aber er ist eben rechtlich konstruiert worden als gegen den Beamten und nicht gegen das Amt gerichtet.

Sallust[1] sagt, jeder Inhaber eines „imperium“ habe den Titel „imperator“ geführt, so gilt dies für die republikanische Zeit nicht. „Imperator“ war erst, wer auf Grund des feldherrlichen „imperium“ einen Sieg erfochten hatte;[2] recht eigentlich gebührte der Titel den Triumphatoren. Augustus[3] erhob ihn zu einem ständigen Epitheton, und indem dieses nunmehr ausschließlich für den Träger der monarchischen Idee gewahrt blieb und als Eigenname betrachtet wurde,[4] lag darin die offensichtliche Betonung der Auffassung, daß die höchste und unbedingte Befehlsgewalt fortab in der Person des ersten Bürgers der Stadt verkörpert sein solle. Das „imperium“ macht nicht mehr wie einst die Magistratur aus, sondern als „imperator“ schafft der Princeps erst das „imperium“.

Sodann gehört die Ehrenbezeichnung „Augustus“ hierher. Sie will nicht der zusammenfassende Ausdruck für irgendwelche bestimmten Machtbefugnisse, will kein Kompetenzbegriff sein, steht vielmehr ihrer eigentlichen Bedeutung nach in keinem inneren Zusammenhange mit der Prinzipatsidee.[5] Aber indem man zum ersten Male in die Titulatur eines dem Rechte nach ordentlichen Beamten das religiöse Moment hineintrug, das die Erinnerung wachrief an das sakrale Wesen des alten Königtums, legte man den Grund zu jener Deifizierung des Herrschers, die in den späteren Jahrhunderten gerade für die Erweiterung des

---

[1] Bellum Cat. VI, 7: Immutato more annua imperia binosque imperatores sibi fecere.

[2] Dafür gibt es zahllose Belege; deutlich Livius XXVII, 19, 4: tum Scipio silentium per praeconem facto sibi maximum nomen imperatoris esse dixit, quo se milites sui appellassent; regium nomen, alibi magnum, Romae intolerabile esse.

[3] Schon Cäsar hatte den Imperatortitel ständig geführt. Aber die Stellung hinter dem Namen des Diktators hatte doch eine wesentlich andere Bedeutung. Hierüber s. Mommsen, a. a. O. S. 743.

[4] Sueton, Jul., 76.

[5] Die Bezeichnung des großen Reformators als eines „Heiligen, Verehrungswürdigen“ war an sich nur für diesen allein bestimmt und entbehrte der Fähigkeit der Vererbung auf den Nachfolger grundsätzlich. Tatsächlich aber stellte sich in der Folgezeit der Brauch ein, daß diese Ehrenbezeichnung dem jedesmal Erkorenen vom Senat angetragen und zu einem Annex des Prinzipatamtes wurde. Näheres bei Mommsen a. a. O. S. 749.

Majestätsbegriffes nach sakraler Richtung von unheilvollster Bedeutung geworden ist. Zwar hatte sich's schon Cäsar wohl sein lassen, während Lebzeiten als Gott verehrt zu werden. Bekannt ist, daß er neben den auf dem Kapitol befindlichen sieben Standbildern der römischen Könige als achtes das seinige, daß er in den Tempeln Roms und in den des ganzen römischen Reiches seine Statue neben denen der Gottheiten aufstellen ließ, und daß in der Eidesformel neben Jupiter und den Penaten der Genius Cäsars als gleichwertig angeführt wurde.[1] Aber ebenso bekannt ist, daß Augustus sich auf das entschiedenste gewehrt hat, seinerseits den Heiligenkultus fortzusetzen.[2] Gerade in diesem Punkte hat er sein feines Verständnis für den diametralen Gegensatz zwischen der Militärmonarchie Cäsars und seiner eigenen Neuschöpfung bewiesen. Cäsar wollte und konnte kein Hehl daraus machen, daß die Rückkehr zum römischen Königtum das letzte Ziel seines erfolggekrönten Strebens bildete, und es war daher nur natürlich, daß er gerade die sakrale Seite des „imperium regium" besonders betonte. Augustus dagegen lag der

---

[1] SUETON, Divus Julius, 76: Non enim honores modo nimios recepit: continuum consulatum, perpetuam dictaturam, praefecturamque morum, insuper praenomen Imperatoris, cognomen Patris patriae, statuam inter reges ..., sed et ampliora etiam humano fastigio decerni sibi passus est: ... templa, aras, simulacra juxta deos ... flaminem ...; CICERO, Phil. II, 43, 110: Quem is (Caesar) honorem majorem consecutus erat, quam ut haberet pulvinar, simulacrum, fastigium, flaminem? Est ergo flamen, ut Jovi, ut Marti, ut Quirino, sic divo Julio; DIO CASSIUS XLIV, 4: *τὰ μὲν γὰρ πρῶτα φαίνεσθαί τε αὐτὸν ἀεὶ καὶ ἐν αὐτῇ τῇ πόλει τὴν στολὴν τὴν ἐπινίκιον ἐδεδυκότα καὶ καθέξεσθαι ἐπὶ τοῦ ἀρχικοῦ δίφρου πανταχῇ πλὴν ἐν ταῖς πανηγύρεσιν ἐψηφίσαντο· τότε γὰρ ἐπί τε τοῦ δημαρχικοῦ βάθρου καὶ μετὰ τῶν ἀεὶ δημαρχούντων θεᾶσθαι ἔλαβε σκῦλά τέ τινα ὀπῖμα ἐς τὸν τοῦ Διὸς τοῦ Φερετρίου νεὼν ἀναθεῖναί οἱ ὥσπερ τινὰ πολέμιον στρατηγὸν αὐτοχειρίᾳ (ποι) πεφονευκότι καὶ τοῖς ῥαβδούχοις διαφνηφοροῦσιν. ἀεὶ χρῆσθαι μετά τε τὰς ἀνοχὰς τὰς Λατίνας ἐπὶ κέλητος ἐς τὴν πόλιν ἐκ τοῦ Ἀλβανοῦ ἐσελαύνειν ἔδοσαν.*

[2] SUETON, Augustus, 52: Templa, quamvis sciret etiam proconsulibus decerni solere, in nulla tamen provincia nisi communi suo Romanaeque nomine recepit — nam in urbe quidem pertinacissime abstinuit hoc honore atque etiam argenteas statuas olim sibi positas conflavit omnis exque iis aureas cortinas Apollini Palatino dedicavit. — Siehe ferner auch DIO CASSIUS LI, 20. — KÄRST leugnet dies, siehe S. 88.

Gedanke des alten Gotteskönigtums völlig fern, und wenn er es duldete, nachdem die Göttergleichheit des großen Julius durch jenen berühmten Beschluß des Senates und Volkes[1] offiziell anerkannt und die Designation zum „Divus" erfolgt war, fortan als „Divi filius" verehrt zu werden, so hat er damit in erster Linie seiner pietätvollen Hochachtung vor dem großen Vater, dem ehrenvollen Andenken an den königlichen Diktator Ausdruck verleihen wollen. Vergebens suchen wir in der Annalistik und in den Denkmalen des römischen Altertums nach einem Beweis dafür, daß Augustus aus eigener Initiative den Götterkultus gefördert hätte.[2] Gewiß sind ihm zu Ehren Tempel errichtet, ist ihm der Larenkultus angetragen worden;[3] gewiß ist neben den Bildnissen der Götter das seinige aufgestellt und ihm sonst göttergleiche Verehrung zuteil geworden. Doch ist nicht zu verkennen, daß es sich in allen diesen Fällen um eine zeitgemäße, von außen dem Herrscher angetragene Tendenz handelt, die zu unterdrücken Augustus als „Divi filius" nicht wagen durfte;[4] es ist nichts irriger als zu denken, Augustus habe in der Konsekration und in dem Götterkultus der Cäsaren einen wesentlichen Bestandteil des Prinzipats erblickt. In letzter Linie konnte er sich, wie Mommsen[5] bemerkt, jedenfalls soweit es sich nicht um Italien handelte, stets auf das alte Herkommen berufen, das den Prokonsuln der Republik die Erweisung von dergleichen

---

[1] Mommsen a. a. O. S. 733 Anm. 2.

[2] Unsere Auffassung beweist schlagend der zuverlässige Bericht bei Dio Cassius LI, 20.

[3] Hierüber s. Teil II.

[4] Daß Tiberius Konsekrationen und Heiligenkultus mit wesentlich anderen Augen betrachten konnte als Augustus, liegt nicht zum geringsten daran, daß er nicht der Sohn des Divus Julius war; darum konnte er sich schon eher als Augustus jede göttliche Verehrung verbitten. Sueton, Tib. 26: templa flamines sacerdotes decerni sibi prohibuit, etiam statuas ac imagines nisi permittente se poni, permisitque ea sola conditione, ne inter simulacra eorum sed inter ornamenta aedium ponerentur. Charakteristisch auch cap. 27: Alium dicentem sacras ejus occupationes et rursus alium, auctore eo senatum se adisse, verba mutare et pro auctore suasorem, pro sacris laboriosas dicere coegit.

[5] a. a. O. S. 733.

göttlichen Ehren zubilligte.[1] Daß allerdings gerade in dieser Beziehung der Standpunkt der einzelnen Herrscher und ihre persönliche Auffassung von ausschlaggebender Bedeutung sein mußte, liegt in der Natur der Sache, und im strafrechtlichen Teil wird gezeigt werden, wie gerade die sakrale Majestät des Prinzeps in der oft fürchterlichsten Weise mißbraucht worden ist.

Am treffendsten charakterisiert sich das der Person des Vorstehers gebührende Prärogativ der Majestät in der für die juristische Bedeutung des neuen Regiments wichtigsten Benennung des Augustus, nämlich der als „princeps". Augustus hat diese Titulatur als Ausdruck für die Stellung des Regenten, so wie er sie sich dachte, eigens geschaffen,[2] und sie ist denn auch

---

[1] Sueton, August., 52 siehe S. 130 Anm. 2. — Auch darf man nicht vergessen, daß gerade das an höchster Stelle geförderte Kultuswesen von eminent politischem Werte war. Die dem Prinzipatsgedanken gefährlichen Strömungen des Stoizismus begannen besonders in dieser Zeit die gesunden staatlichen Verhältnisse zu untergraben. Hatte man schon stets in der Religion, die Staatsreligion war, den unverrückbar festen Halt gefunden, der jede politische Katastrophe, jede innerstaatliche Erschütterung in den Wirkungen milderte, ja aufhob, so war gerade die neue „Philosophie" geeignet, das alte Bollwerk zu brechen und zur neuen „Religion" zu werden. Augustus handelte klug, wenn er den Kultus der alten anerkannten Gottheiten und damit unbewußt seine eigene Person in den Vordergrund rückte, als sicherste Gewähr gegen die neue zersetzende Lehre der *στόα*. Denn für die Beherrschung der breiten Massen war die alte Staatsreligion in der Hand des leitenden Staatsmannes nach Form und Inhalt noch immer die beste Waffe geblieben. „Das gemeine Volk und die Weiber", sagt der berühmte Geograph Strabo — trocken und ungalant (Jung II S. 128) — „könne man nicht durch die Vernunft führen, das müsse durch Götterfurcht geschehen, die ihrerseits nicht ohne Fabeldichtung und Wundersage zu bestehen vermögen". Q. Curtius Rufus, der in seinem berühmten historischen Werke das mazedonisch-persische Reich mit dem römischen an zahlreichen Stellen vergleicht, sagt einmal von den Persern, was auch von den Römern gilt: IX, 5, 11: Persas quidem, non pie solum, sed etiam prudenter (politisch klug!) reges suos inter deos colere: majestatem enim imperii salutis esse tutelam.

[2] Er nennt sich selbst so im „Monumentum Ancyranum" des öfteren; z. B. cap. 13, 2, 45 (Mommsen p. 49): [a condita] u[rb]e bis omnino clausum|[f]uisse prodátur m[emori]ae, ter me princi[pe senat]us claudendum esse censui[t].| und cap. 30, 5, 44 (Mommsen p. 128): Pannonicorum gentes, qua[s a]nte me principem populi Romani exercitus num|quam ad[i]t, etc. — Zwar kannte man schon den „princeps senatus", aber in ganz anderer Bedeutung. Denn

von der Annalistik als der typische Begriff für die eigenartige Herrscherstellung aufgenommen worden.[1] Was bedeutet nun aber dieses „princeps omnium“, „princeps civium“? In erster Linie Fortsetzung der Republik! Die „omnes“, die „cives“ sollten in keiner Weise die rechtliche Stellung des Souveräns einbüßen; sie schaffen den princeps und schaffen ihn ab nach Belieben und Willkür.[2] Das ist der prägnante Gegensatz zur cäsarischen Idee vom alten Königtum. Cäsar war, wie in allem, so auch bei dem Gedanken an die Vornahme seines letzten Schrittes von unerschütterlicher Konsequenz gewesen. Die Diktatur, argumentierte er, ist ein altrepublikanisches Amt, sie ist aber rechtlich und tatsächlich nichts anderes als das Volkskönigtum der ältesten Zeit. Gab es also für Cäsar, den Diktator κατ' ἐξοχήν, einen folgerichtigeren Weg, als das Streben nach der Monarchie, der Königskrone? Ganz anders Augustus. Er hat sich niemals in diesen Bahnen seines großen Ahnen bewegen wollen, ihm war es genug, wenn er der Vertrauensmann des durch die Republik groß gewordenen Volkes sein durfte, wenn er als solcher der Mittelpunkt Roms, das Zentrum des gesamten Imperiums wurde. Aber er wollte in dem Kreise der großen Bürgerschaft stehen, nicht über ihr, teilhaftig desselben Rechtes wie alle anderen.[3]

---

er ist nur der erste einer beschränkten Anzahl zu einem bestimmten Kreise zusammengeschlossener Personen, dem allerdings gewisse Auszeichnungen und Vorrechte zukamen. (Vgl. z. B. das Recht des „princeps senatus“, bei allen Verhandlungen seine Stimme als erster abzugeben). Ferner kannte man bereits den „princeps fetialium“ (s. oben S. 48) und den „princeps legationis“, der in späterer Zeit die Funktionen des „pater patratus“ übernahm; auch an den „princeps juventutis“ sei erinnert. Augustus aber nennt sich „princeps“ im Sinne von „princeps omnium“ oder „princeps civium“. Daß fortab der Kaiser gleichzeitig als „princeps senatus“ betrachtet wird, hat mit der Titulatur desselben als „princeps“ schlechtweg gar nichts zu tun. Jedenfalls ist es irrig zu glauben, daß dem Augustus bei der Wahl des Titels „princeps“ der „princeps senatus“ vorgeschwebt habe. Wenn Dio LVII, 8 mit dem wesenlosen „πρόκριτος“ beides konfundiert, so zeugt dies von mangelhaftem Verständnis.

[1] Zahlreiche Belege bei Mommsen a. a. O. S. 751 Anm. 2.

[2] Nirgends finden wir die Idee der Erblichkeit des Prinzipats auch nur mit einer Silbe erwähnt.

[3] Der Prinzeps steht unter dem Gesetze. Exemtionen persönlicher

Augustus hat sich gehütet, seine Macht- und Rechtsstellung zu konfundieren; er hat sie vielmehr scharf getrennt. Die Annahme des Königstitels, der nicht nur von ihm, sondern in der Folgezeit ganz allgemein ängstlich gemieden wurde, hätte Augustus in einen Gegensatz zur großen Masse des Volkes gestellt, hätte die vielleicht tatsächlich bereits vorhandene Kluft zwischen princeps und populus auch als rechtlich bestehend fixiert, und dies konnte die aufrichtige Intention des Stifters nicht zulassen, der als „erster Bürger" auf dem Boden der alten Verfassung stehen bleiben wollte. Wird so der große Gedankeninhalt, der Augustus bei Errichtung der bis auf die heutige Zeit singulären Staatsform erfüllte, in seinen Umrissen durch den Prinzepstitel wiedergegeben, so sagt er uns freilich über den eigentlichen Inhalt der kaiserlichen Machtstellung, über die Kompetenzen nichts. Und dies ist ein ferneres Zeichen für das politische Geschick, das Augustus bewies, wenn er gerade den Titel „princeps" zum Kaisertitel erkor. Wollte man wirklich ein republikanisches Kaisertum schaffen, so mußte unbedingt verhütet werden, als technische Bezeichnung für die dem Herrscher zukommende Stellung einen Terminus zu wählen, der die Machtbefugnisse verraten hätte;[1] denn diese waren nicht gering, und mochte auch

Natur sind von Fall zu Fall allerdings schon in der frühen Kaiserzeit üblich geworden (z. B. Paulus, l. 14 § 1 Dig. XL, 1: imperator cum servum manumittit, non vindictam imponit, sed cum voluit, fit liber is, qui manumittitur ex lege Augusti); aber sie waren Ausnahmen einer niemals bestrittenen Regel. Der Satz: „princeps legibus solutus est!" hat seine verfängliche Nebenbedeutung durch den griechischen Osten erhalten; der erste ist Dio Cassius (ein Grieche!), der dies ausspricht (s. hierzu Mitteis S. 9). Rechtlich aber hat diese Phrase auch in der spätesten Zeit des Prinzipats nur den Sinn, daß gesetzeswidrige Akte des Kaisers kraft des ihm persönlich zustehenden Rechtes der Dispensation gültig sind. Nur so ist die berühmte Stelle Ulpians — l. 31 Dig. I, 3 — zu verstehen, wo er sagt: Princeps legibus solutus est: Augusta autem licet legibus soluta non est, principes tamen eadem illi privilegia tribuunt, quae ipsi habent. Die Theorie, daß den Prinzeps kein Gesetz binde, ist ebenso absurd wie die Behauptung, daß der Prinzeps kein Unrecht tun könne.

[1] Gerade dieses Moment kann nicht scharf genug betont werden; gar manches Rätsel wird dadurch gelöst. Seeck sagt S. 119: „Augustus wollte Rom beherrschen, wie Perikles Athen, nicht kraft eines formulierten Amts-

die Auffassung von der Magistratsnatur des Prinzipats rechtliche Kraft haben, tatsächlich hoben den ersten Bürger von Rom die politischen Verhältnisse doch weit über einen „magistratus" hinaus. Insofern ist es nicht korrekt, zu sagen, der Cäsar richtete sich im alten Bau des römischen Staatswesens in der Weise ein, daß er die Machtvollkommenheiten der verschiedenen republikanischen Ämter durch eine künstliche Häufung derselben für seine Zwecke zubereitete und so erst mittelbar die Stellung eines „princeps", eines „ersten Bürgers" aus bisher getrennt vorhandenen Amtsfunktionen zusammenschweißte.[1] Indem sich der Cäsar „princeps" tituliert, will er eben gerade nicht die Innehabung der Summe der republikanischen Magistratsfunktionen zum Ausdruck bringen, vielmehr denkt er dabei an die ihm etwa als Privatperson, nicht als Magistrat gebührende erste Stellung. Sie schließt „so wenig irgend eine magistratische Kompetenz in sich, daß an sich der Prinzeps sehr wohl ein Privater sein kann".[2] Einen den Amtscharakter wiedergebenden terminus technicus, der den Prinzipat als solchen bezeichnet, gibt es überhaupt nicht; man hilft sich durch die Aufzählung des ganzen Bündels von Gewalten, die aus der republikanischen Zeit auf den Prinzeps gekommen sind.

Von diesem Gesichtspunkt aus ist denn auch die Majestätslehre ihrer rechtlichen Konstruktion nach zu verstehen; sie hat sich wesentlich gewandelt. Der populus Romanus vindizierte sich Majestät als Souverän gegenüber den auswärtigen Staaten und den Gliedern der eigenen Gemeinde; der „magistratus populi Romani" aber als der sichtbare Vertreter, als Organ des souveränen Gemeindekörpers. Dem Prinzeps eignet Majestät, nicht weil er souverän, nicht weil er Organ ist, sondern weil er erster einer in sich gleichen Gemeinschaft ist und diese seine Qualität als „primus inter pares" durch den ihm zugebilligten Majestätsschutz gewährleistet wird. Damit ist der große Schritt getan: Die „majestas" ist nicht mehr das Attributiv einer öffentlich-recht-

titels, sondern durch die Macht seiner Persönlichkeit." Das ist bündig und klar!

[1] Schmidt, Allg. Staatsl. II S. 259.

[2] Mommsen a. a. O. S. 751.

lichen Funktion, sondern das Insignium für das persönliche Ansehen des ersten Bürgers. Ganz konsequent hat man daher einen Unterschied zwischen dem Kaiser als „magistratus" und als „privatus" rechtlich nicht konstruiert, und beim Majestätsverbrechen wird zu zeigen sein, daß man jedenfalls in der nachaugusteischen Zeit wahllos die gegen den Kaiser als Privatperson gerichteten Delikte ebenso zum „crimen laesae majestatis" zählte, wie die eigentlichen zum „Staatsverbrechen" gehörenden Tatbestände.

Der Prinzipat ist nicht die dauernde Institution der nachchristlichen römischen Zeit geblieben. Die historischen Daten lehren uns, wie wenig starr und unveränderlich, wie unterworfen den schädlichen Einflüssen jeder politischen Witterung dieses Gebäude von Augustus errichtet worden ist. Staatsrechtlich allerdings ist man bis ins dritte Jahrhundert hinein von der ursprünglichen formellen und offiziellen Auffassung der Senats- und Volksherrschaft nicht abgegangen, aber wie wenig in sich gefestet die juristische Basis dieser neuen Herrschaft schon an sich sein mußte, ersieht man aus dem Ausschluß der Erblichkeit des Prinzipats; obgleich die Ansätze der julisch-claudischen Dynastie eine solche sehr wohl hätten herbeiführen können,[1] ist ein erblicher Anspruch auf Nachfolge im Prinzipat ernsthaft niemals konstruiert worden. Also auch dem Wesen der Institution nach mußte schon — im Gegensatz zur Monarchie — mit dem persönlichen Naturell des einzelnen Prinzeps, der Auffassung, die er jeweilig von seiner Stellung hatte, und anderen rechtlich nicht fixierbaren Momenten gerechnet werden. Und daß man dies getan hat, beweist die Geschichte des Majestätsverbrechens. Der Majestätsbegriff war der Ausdruck für die verehrungswürdige, des höchsten Ansehens sich erfreuende Person des ersten Bürgers geworden; wechselte dieser, so mußte dies auch seine Majestät tun,[2] und so zeigt sich denn auch diese Wandlung in den zwei

[1] Tacitus I, 16: sub Tiberio et Gajo et Claudio unius familiae quasi hereditas fuimus: loco libertatis erit, quod eligi coepimus.

[2] Balduinus p. 1014: Non temere tamen est, quod Tacitus, ubi de judiciis Majestatis quaeritur, admonet discernenda esse rei publicae et Caesarum. Nam et sub his alia novaque Majestatis definitio esse coepit: et hi, cum

Jahrhunderten des republikanischen Kaisertums in mannigfachen Variationen. Das wechselnde Maß dieser Verschiebungen ist ein sichtbarer Wertmesser für die mehr- oder minderstarke Betonung des monarchischen Prinzips, und es ist nicht schwer, gerade diejenigen Stadien festzustellen, die in wirksamer, nachhaltiger Arbeit der diocletianisch-konstantinischen Monarchie vorgearbeitet haben.

Von der allmählichen Deifizierung der Kaiser hatten wir schon gesprochen; charakteristischer noch ist der Dominat. Nichts konnte dem ursprünglichen, eigentlichen Kern, dem von dem Schöpfer mit Ernst vertretenen Prinzipatgedanken mehr ins Gesicht schlagen, als die Vorstellung, der oberste Magistrat sei etwas qualitativ über der Gemeinheit Stehendes, von ihr Losgelöstes. Die ersten aufrichtigen Repräsentanten der Prinzipatidee haben daher die Bezeichnung „dominus", den typischen Ausdruck für das Verhältnis der Subordination, aufs energischste verworfen.[1] So lange die Bezeichnung des Prinzeps als „dominus" keine anderen Elemente in sich trug als die aus dem Familienverkehr herübergenommenen, nämlich Respektsbezeugung und Ehrerbietung, mochte ihr ein tieferer Sinn nicht beizulegen sein. Aber schon die Gleichstellung des „dominus" mit dem „Deus"

plerumque crudeles tyranni essent, sibique propterea et suae Majestati valde metuerent, leviores saepe ob causas exercebant hoc judicium.

[1] Von den bei Mommsen, Staatsr. II, 2 S. 738ff., erschöpfend angeführten Belegen seien hier als besonders schlagend angeführt bezüglich der Person des Augustus: Ovid, Fast. II, 142: tu (sc. Romulus!) domini nomen, principis ille tenet. — Sueton, Aug. 53: Domini appellationem ut maledictum et obprobrium semper exhorruit. Cum . . . pronuntiatum esset . . . „o dominum aequum et bonum! . . . et statim manu vultuque indecoras adulationes repressit et insequenti die gravissimo corripuit edicto; dominumque se posthac appellari ne a liberis quidem aut nepotibus suis vel serio vel joco passus est . . . . Dio LV, 12: *δεσπότης δὲ τότε ὁ Αὔγουστος ὑπὸ τοῦ δήμου ὀνομασθεὶς οὐχ ὅπως ἀπεῖπε μηδένα τούτῳ πρὸς ἑαυτὸν τῷ προσρήματι χρήσασθαι, ἀλλὰ καὶ πάνυ διὰ φυλακῆς αὐτὸ ἐποιήσατο*; bezüglich des Tiberius: Tacitus II, 87: ... acerbeque increpuit eos, qui divinas occupationes ipsumque dominum dixerant; Sueton, Tib. 27: Dominus appellatus a quodam, denuntiavit ne se amplius contumeliae causa nominaret. Dio LVII, 8: *Δεσπότης μὲν τῶν δούλων, αὐτοκράτωρ δὲ τῶν στρατιωτῶν, τῶν δὲ δὴ λοιπῶν πρόκριτός εἰμι.*

verrät das veränderte Prinzip.[1] Der König der Urzeit ist geschaffen als „Gott“ auf sakralem, als „Herr“ auf juristischem Felde. Nunmehr steht der Prinzeps nicht mehr als „primus“ neben gleichen, sondern als „dominus“ über den Untertanen, wie der Gewalthaber über den Unfreien.[2] Diese Tendenz der Unfreiheit, der Gebundenheit, der Abhängigkeit stempelt die Epoche des Dominats drastisch. „An dem terminologischen Übergang des «princeps» in den «dominus»,“ sagt MOMMSEN (a. a. O.), „läßt sich die innere Entwickelung der Monarchie zum Dominat mit größter Genauigkeit messen und verfolgen.“ Schon zur Zeit des Kaisers Gaius (Caligula) wurde die Bezeichnung „dominus“ toleriert[3] und Severus und Diocletian nahmen sie formell in die Reihen ihrer Titulaturen auf.[4]

Im Anschluß an die Titulatur sei noch in kurzem von den äußeren Ehrenrechten gesprochen, die mit der „majestas principis“ zusammenhängen. Es ist ja natürlich, daß in einem Staatengebilde mit monarchischer Spitze, auf die jegliche Organisation abgestellt ist, ein prinzipieller Wert auf Dinge rein äußerlicher Natur gelegt werden muß. Aber sie sind für den fleißigen Beobachter insofern nicht ohne tiefere Bedeutung, als man auch

---

[1] Die typischen Erscheinungsformen sind immer dieselben. Den Prinzipienwechsel vom Königtum zur Republik drückten die Römer am schärfsten aus in der Bezeichnung des ersten Konsul als „Poplicola“ (Volksuntertäniger, LIVIUS II, 7). Nicht anders war es beim Übergang zum Prinzipat und Dominat; die Titulatur verdeckt das Prinzip.

[2] Er gebietet über Leben und Gut: THEOPHIL. ad § 7, Inst. de jure natur. I, 2; s. bei MEENTS S. 15.

[3] AURELIUS VICTOR, Cäsar. III (s. auch Ep. III): dominum dici atque insigne regni capiti nectere temptaverat.

[4] AURELIUS VICTOR, Cäsar. XXXIX: Primus omnium Caligulam post Domitianumque dominum palam dici passus (Diocletian!) et adorari se appellarique ut deum. — Bezüglich der genaueren Einzelschilderung der allmählichen Entwickelung verweisen wir auf die Darstellung MOMMSENS a. a. O. Der Dominat zeigt grundsätzlich eine andere staatsrechtliche Formation als der Prinzipat. Der leitende Gedanke der Augusteischen Staatsform, die Magistratsnatur des Prinzipats und die rechtliche Existenz der Volkssouveränität, ist hier zum ersten Male offen und allen Ernstes aufgegeben. „Materiell wie formell ist der kaiserliche Dominat der Grundbegriff der neueren Monarchie“ (MOMMSEN a. a. O., s. auch SCHMIDT, Allg. Staatsl. II S. 316).

hier einen bisweilen inhaltsreichen Kern zu finden in der Lage sein wird. Für die Römer ganz besonders ist die Form eines Instituts wie im Privatrecht so auch im öffentlichen Recht gar oft ein Teil ihres Inhalts, und zwar nicht selten der wichtigere gewesen.[1] Daß die dem Prinzeps zuerkannten Ehrenrechte gegenüber den Magistraten der Republik ganz außerordentlich gesteigert worden sind, erhellt aus den Annalen der Majestätsprozesse der Kaiserzeit zur Genüge. Diese „jura honorum“ bedeuten nunmehr weniger Amtsabzeichen, als vielmehr persönliche Prärogative der Person des Regenten; Lorbeerkranz und Strahlenkrone, Tragsessel und Purpurgewand verkünden neben vielen anderen Insignien den Glanz seiner Majestät, den zu trüben ein gar leicht Ding war. Der Gebrauch namentlich des Purpurgewandes und der Purpurtinte ist der strafbare Tatbestand zahlloser Majestätsprozesse gewesen.

Besonders hingewiesen sei noch auf Eid und Votum. Die Republik hatte stets nur die Götter in der Eidesformel aufgeführt: der Prinzipat hat auch hier Wandlung geschaffen. Es erscheinen jetzt der Genius des regierenden Prinzeps und die Divi zwischen Jupiter und den Penaten in der Formel.[2] Als Ausfluß eines dem Regenten besonders zustehenden Majestätsrechtes erscheint die neue Formulierung insofern, als sie tatsächlich im Privat-, Prozeß- und öffentlichen Recht überhaupt die ausschließliche Schwurformel, der Eid beim Genius eines anderen als „crimen laesae majestatis“ gefaßt wird. Ganz analog liegt die Auffassung bei den öffentlichen Gelübden; das Geloben von vota für einen anderen als den Prinzeps ist Usurpation der Prinzipatsmajestät.[3] Auf die übrigen Ehrenrechte, namentlich das kaiserliche Bildnis- und Münzenrecht, wird noch im strafrechtlichen Teil hinzuweisen sein.

Es kann sich hier nur darum handeln, aus dem Geiste des Prinzipats als einer verfassungsmäßigen Institution die Majestätsidee abzuleiten. Es wäre daher fehlsam, wollte man, wie dies bei der „majestas magistratus“ notwendig war, auf die Kompe-

[1] Kärst S. 83.

[2] Mommsen a. a. O. S. 783.

[3] Mommsen a. a. O. S. 785.

tenzen des Prinzipats als einer Magistratur zurückgehen und ihren Inhalt zum Gegenstand der Erörterung machen.[1] Nicht mehr das Amt der republikanischen Verfassung, sondern der höchste Beamte des Staates verkörpert ja nunmehr die „majestas“; imperium oder prokonsularische Gewalt scheiden daher hier aus.[2] Eher wäre die tribunizische Gewalt zu erwähnen, die Augustus die natürlichste und geeignetste Handhabe bot, das neue Regime in das alte republikanische Gewand einzukleiden. Vor allem mußte gerade diese bürgerliche Magistratur, die als der Inbegriff und der Hort der Demokratie zu allen Zeiten der römischen Geschichte erschien, einem Manne sympathisch sein, der sich in der Betonung des Volkswillens als des Urquells alles staatlichen Seins nicht genugtun konnte. Wenn Tacitus die „potestas tribunicia“ als „summi fastigii vocabulum“ bezeichnet,[3] so deutet er damit außer allen anderen dem Volkstribunat als der vollkommensten und wirksamsten Magistratur innewohnenden Merkmalen auch das der Sakrosanktität ihrer Träger an. Die Vorstellung, daß diese ursprünglich „religione“, nicht „lege inviolati“ waren, ist niemals geschwunden, und die Kreierung des Stifters des Prinzipats zum σεβαστὸς, Augustus, bewegte sich ja in denselben Bahnen. Zwar war die magistratische Unverletzlichkeit stets als eine allgemeine Forderung der Staatssicherheit erschienen und schon dem römischen Könige zugebilligt worden; aber diese Unverletzlichkeit war in durchaus origineller und politisch wirk-

---

[1] Daher sind hier auch nicht die auswärtigen Angelegenheiten zu behandeln, abgesehen davon, daß nunmehr ein eigentlich völkerrechtliches Verhältnis zwischen Rom und dem Auslande nicht mehr besteht.

[2] Das hindert natürlich nicht, daß auch für den Prinzipat die Innehabung der prokonsularischen Gewalt das A und O der kaiserlichen Gewalt ist. Es hat keinen Kaiser gegeben, der nicht das Imperium besessen hätte, aber wie alles im Prinzipat auf die Person des Regenten hinausläuft, so ist es auch hier; der titulare Ausdruck für die Erwerbung des Imperiums ist der tatsächlichen Übung nach nicht der Imperatortitel, sondern der Augustusname gewesen. Daß er keine Amtbezeichnung, sondern Individualnomen ist, haben wir bereits oben dargetan.

[3] Tacitus III, 56: Id summi fastigii vocabulum Augustus repperit, ne regis aut dictatoris adsumeret ac tamen appellatione aliqua cetera imperia praemineret.

samer Weise als das heiligste Vorrecht der revolutionären Plebejergemeinde während der Republik gerade von den berufenen Führern des Populus im Kampfe gegen die Träger des Imperiums geübt worden. Der Prinzeps Augustus handelte daher nur konsequent, wenn er der bewährten Praxis der Volkstribunen folgend als Träger der „potestas tribunicia" den Angriff auf seine Person als Majestätsverbrechen statuierte; die hierher gehörigen Prozesse bieten eine wahrhaft reichliche Auslese.

Diese tribunizische Unverletzlichkeit des Kaisers ist aber noch nach einer anderen Richtung hin von Bedeutung geworden. Die „domus Caesaris" (oder „divina"[1]) ist dieses wichtigen Vorrechtes teilhaftig geworden und so wahrscheinlich der Emolumente der majestas überhaupt.[2] Unter Tiberius werden die jährlichen vota auf die Kaiserin Livia miterstreckt,[3] unter Nero wird der Soldateneid auf die gesamte „domus Caesarum" bezogen,[4] und abgesehen von den militärischen und politischen[5] Rechten sind die äußeren Ehrenrechte und sonstigen Auszeichnungen[6] in Hülle und Fülle auf die agnatische Deszendenz des Kaisers und seine Gattinnen übertragen worden.[7] Hier erscheint denn bereits der Majestätsbegriff merklich abgeblaßt.

---

[1] Über den Begriff s. Mommsen a. a. O. S. 792.

[2] Sueton, Augustus XXV: ... ambitiosius id existimans, quam aut ratio militaris aut temporum quies aut sua domusque suae majestas postularet.

[3] Mommsen a. a. O. S. 798.

[4] Tacitus XIV, 7: ille praetorianos toti Caesarum domui obstrictos etc. — Caligula (Gaius) ließ seine Schwestern an der göttlichen Verehrung und den kaiserlichen Ehrenrechten partizipieren (Sueton, Caligula XV).

[5] Mommsen a. a. O. S. 795 (S. 764 Anm. 1.) hält es nicht für unwahrscheinlich, daß unter der ersten Dynastie die Erwerbung des Augustanamens für Livia und Agrippina ein formelles Mitregiment, wo nicht einschloß, so doch herbeiführen sollte.

[6] Das Bildnis und Münzenrecht spielt auch hier wieder eine bedeutsame Rolle.

[7] Der mit Frauen des kaiserlichen Hauses begangene Ehebruch wurde von Augustus als Majestätsverbrechen geahndet (Tacitus III, 24): culpam ... gravi nomine laesarum religionum ac violatae majestatis appellando clementiam majorum suasque ipse leges egrediebatur. Insofern hatte allerdings der Majestätsbegriff auch hier einen realen Inhalt. (Näheres s. im strafrechtlichen Teil.) — Bei alledem kann man aber doch nicht sagen, seit

Achtes Kapitel.

§ 26.

Der Absolutismus des Ostens.

Die Umwandlung des Prinzipats in den Dominat bedeutet staatsrechtlich in dem Entwickelungsgang der Majestätsidee das Ende.[1] Vorbereitet durch die Reformen der Antonine und

---

Augustus werde allmählich aus der „majestas populi“ die majestas domus Caesaris“, wie es PETER S. 187 tut.

[1] Von einer Staatsrechtswissenschaft als eigener Disziplin ist schon längst keine Rede mehr. Hatte sie selbst in den Zeiten der Blüte des Verfassungslebens eine in sich ruhende abgeschlossene Stätte nicht recht finden können, — das Recht ist den Römern auch wissenschaftlich eine unteilbare Materie gewesen — so schwindet die Pflege der theoretischen Lehre namentlich in den Kreisen der sachverständigen Priesterkollegien seit dem Prinzipat vollständig. REHM (Geschichte S. 153) hat die Gründe für diese Erscheinung treffend wiedergegeben, die insofern auffällig genannt zu werden verdient, als die theoretische Behandlung des Privat- und Prozeßrechtes gerade in den nachchristlichen Jahrhunderten ihren Höhepunkt erlangt hat. Nur ein Moment betont er nicht stark genug, das auch hier nicht unerwähnt bleiben soll, nämlich das Absterben der Idee des Staates. Nicht nur daß die praktische Gelegenheit schwand, staatsrechtlichen Grundfragen näher zu treten; es gab gar keine staatrechtlichen Grundfragen mehr, denen man hätte näher treten können. Sie konnten nur so lange theoretisch befruchtet werden, als das spezifisch römische Verfassungsprinzip im Geiste des Volkes noch lebendige Formen schuf, nicht mehr, als es die orientalische Despotie ertötet hatte. Der Untergang der römischen Staatsrechtswissenschaft ist gleichzeitig das Anzeichen für den Verlust des höchsten Gutes, das Rom besessen hatte, einer den gesamten Organismus gestaltenden Idee.

Damit aber stehen die drohenden Vorboten des Rechtsverfalls überhaupt vor den Toren Roms. Vortrefflich faßt LENEL (Geschichte u. Quellen usw. S. 78) die Wechselwirkung von Majestätsidee (in unserem Sinne) und Rechtsbildung in kurzen Worten zusammen, wenn er sagt: „Eine feste und absolute Staatsgewalt, als allgemeine Trägerin der Objektivität und Notwendigkeit des Rechts, ist dem römischen Recht daher wesentlich. Sie ruht aber an sich in den Subjekten selber und wird zur Zeit der Republik von ihnen selbst durch die eigentümliche feste Organisation der Bürgerschaft gebildet, welcher als solcher die Herrschaft über die unterworfenen Länder zusteht. Mit der weiten Ausdehnung des Reichsgebietes und des Bürgerrechts wird dieses Verhältnis unhaltbar, und da der Gedanke einer Volksvertretung nicht entsteht oder nicht verwertet wird, so wird die objektive Macht des Staates in ihrer Einheit von einem ergriffen und der Masse gegenüber er-

Severe brach die Diocletianisch-Konstantinische Neuorganisation allen Ernstes mit der der Augusteischen Schöpfung zugrunde liegenden Idee. Rechtlich war die „majestas" stets erschienen als der Ausdruck eines verfassungsmäßigen Prinzips;[1] das Symbol für die verfassungslose Despotie konnte sie nicht werden. Zwar finden wir auch jetzt noch die dem Kaiser als dem einzigen Quell aller Staatsgewalt eignende „majestas" erwähnt; aber sie entbehrt des inneren Gehalts, ist ohne Kraft und Mark. Sie sinkt herab zu einer bloßen Titulatur, zur Bezeichnung einer schalen Ehrenbezeugung. Lediglich auf dem Gebiete des Strafrechts hat die „majestas" ihre Bedeutung; in dieser strafrechtlichen Form ist denn auch der Majestätsgedanke unmittelbar in die Gesetzgebungen des Mittelalters und der Neuzeit übergegangen.

---

halten. Der Kaiser ist der verkörperte objektive Volkswille. Er ist tatsächlich Alleinherrscher, als der Senat neben ihm mehr und mehr zurücktritt, aber nicht wie die Despoten des Orients, sondern rechtlich nur als Träger der absoluten «potestas» und «majestas populi», der als solcher für die Erhaltung des Rechts aller zu sorgen hat. Erst die spätere Zeit (seit Diocletian) macht den Kaiser auch rechtlich zum Monarchen im halbasiatischen Sinne, dem als einer Gottheit «extero ritu» und «regio more» gehuldigt wird; sie schiebt dadurch der Kaisergewalt ein neues Prinzip unter, das der göttlichen Einsetzung zur Durchführung der Rechtsordnung. Damit ist aber das eigentliche antikrömische Leben aufgehoben, das alte Prinzip der Freiheit und Gleichheit im Reiche verschwindet auch im Rechte, die despotischen, kastenartigen Scheidungen des byzantinischen Staates treten ein, das Ganze geht seinem Untergange entgegen".

[1] Wenn man will, des gesunden, monarchischen Prinzips, das aus dem Sakralrecht floß und auf die Dauer aus dem römischen Verfassungsleben nicht verdrängt werden konnte. Der Gedanke der verfassungslosen Theokratie hat selbst im römischen Königtum einen Platz nicht finden können. „Nie sind den Italienern," sagt Mommsen (Gesch. I S. 64), „die Begriffe Gott und König in ägyptischer und orientalischer Weise ineinander verschwommen. Nicht der Gott des Volkes ist König, sondern viel eher der Eigentümer des Staates. Darum weiß man auch nichts von besonderer göttlicher Begnadigung eines Geschlechts oder von irgend einem geheimnisvollen Zauber, danach der König von anderem Stoff wäre, als andere Menschen." Mit diesen Anschauungen hat die cäsarische Despotie der letzten Jahrhunderte nur zu gründlich gebrochen, wie denn das wahre Römertum schon längst zu Grabe getragen ist.

Zweiter Teil.

Die majestas im Strafrecht.

§ 27.

Einführung.

Die strafrechtliche Seite der Majestätsidee soll den Gegenstand des zweiten Teiles dieser Abhandlung bilden. Wenn wir sie besonders herausgehoben haben aus der Fülle der Erscheinungsformen, die der Majestätsbegriff zu den verschiedenen Zeiten der römischen Geschichte angenommen hat, so waren vornehmlich zwei Gründe hierfür maßgebend: Einmal der Umstand, daß man bisher. soweit man sich mit der „majestas“ des römischen Rechts überhaupt beschäftigt hat, in ihr lediglich einen strafrechtlichen Begriff gesehen hat und wir diese Auffassung nicht gänzlich ignorieren zu dürfen geglaubt haben; sodann aber die Erkenntnis, daß der eigentliche reale Niederschlag der großzügigen Majestätsidee auch schon im römischen Rechte ganz besonders in strafrechtlichen Normen festgehalten ist und der Majestätsgedanke in der mittelalterlichen und modernen Gesetzgebung ausnahmslos in kriminellem Gewande erscheint. Es gilt ja auch für uns hier jene große Wahrheit, die Jhering (Schuldmoment S. 2) mit Bezug auf das Strafrecht überhaupt in die geistreichen Worte zusammengefaßt hat:

Das Strafrecht ist der Knotenpunkt, wo die feinsten und zartesten Nerven und Adern zusammenlaufen, wo jeder

Eindruck, jede Empfindung sich fühlbar macht und äußerlich sichtbar wird, das Antlitz des Rechts, auf dem die ganze Individualität des Volkes, sein Denken und Fühlen, sein Gemüt und seine Leidenschaft, seine Gesittung und seine Roheit sich kundgibt, kurz, auf dem seine Seele sich widerspiegelt.

Es ist hier aber der Ort, zu betonen, daß es durchaus irrig ist, den Majestätsgedanken, soweit römisches Recht in Frage steht, ausschließlich ins Gebiet des Kriminalrechts zu verweisen,[1] wie dies bisher durchweg geschehen ist, und die nachfolgenden Erörterungen sind deshalb immer nur gedacht als Ergänzung und Erweiterung des bereits Gesagten. Wir schildern nicht das „crimen laesae majestatis", sondern die Bedeutung der Majestätsidee überhaupt.[2]

Von diesem Gesichtspunkte aus werden wir uns als die erste Frage die nach dem Ursprunge des Majestätsverbrechens

---

[1] Bei der Durchführung unseres Themas tritt ja schließlich auch nur jene allgemeine Erscheinung in den Vordergrund, die für das gesamte römische Straf- und Staatsrecht gilt, daß beide Gebiete in einem unlöslichen Verhältnis miteinander stehen, weshalb eine zusammenhangslose Betrachtung beider ein wirklich gründliches Verstehen ernsthaft in Frage stellt. Das römische Strafrecht wird ohne lebendige Korrespondenz mit dem fundamentalen Staatsrecht unverständlich bleiben. Dem hat Mommsen in richtiger Erkenntnis bei der Abfassung seines Strafrechts Rechnung getragen. Er sagt daselbst — Vorwort S. VII — „Ich hätte nicht gewagt, diese Aufgabe zu unternehmen, wenn ich mich nicht dabei auf mein römisches Staatsrecht hätte stützen können, und ich darf diese Arbeit, obwohl sie in der Methode abweicht und nicht mit Diocletian abschließt, sondern mit Justinian, als ergänzende Fortsetzung jenes Werkes bezeichnen."

[2] Es kann sich daher im folgenden nicht darum handeln, eine erschöpfende Darstellung von den Anwendungsfällen, der genauen historischen Entwickelung, den zahllosen Streitfragen und Zweifelspunkten zu geben. Berücksichtigung kann nur finden, was für die Begriffsvorstellung der Römer von entscheidender Bedeutung geworden ist. Der Gang der Untersuchung ist ein historischer, da das „crimen majestatis" seinem Wesen nach nur richtig erfaßt werden kann bei der steten Vergegenwärtigung der jeweiligen Struktur der Staatsform. Gerade die einschlägigen strafrechtlichen Bestimmungen sind in ihrer Entstehung und Veränderung bedingt durch die sich logisch entwickelnden Formen des römischen Staatswesens.

zu stellen haben; es wird einleuchten, daß ihre Beantwortung für die reale Äußerung der Idee von grundlegender Bedeutung sein muß.

Neuntes Kapitel.

§ 28.

Die perduellio.

Daß der Ausgangspunkt der Geschichte der Strafe zusammenfällt mit dem Ursprunge der Geschichte der Menschheit überhaupt, ist eine nunmehr unleugbar bewiesene Tatsache. Mit Recht sagt man, daß wir „nicht fehlen, wenn wir gerade das Strafrecht als die erste und ursprüngliche Schicht in der Entwickelungsgeschichte des Rechts auffassen, das Unrecht als den Hebel des Rechts wie der Sittlichkeit betrachten".[1] Auch das römische Strafrecht liefert unwiderleglich den Nachweis für die Richtigkeit dieser Behauptung.

Man führt, und zwar nicht mit Unrecht, die „perduellio" und das „parricidium" als diejenigen beiden Verbrechensbegriffe an, die so alt sind wie das Gemeinwesen überhaupt und allgemein der Ausdruck für die älteste Formulierung staatlichen Strafrechts. Um nun den Kern sogleich herauszuschälen, behaupten wir, daß die „perduellio" die erste weltlich-bürgerliche Fixierung der sakralen Majestätsidee ist.[2] Bereits oben ist eingehend dargetan worden, wie die Idee der „majestas deorum" die sakralen Vorstellungen der Römer durchzieht und nicht zum geringsten der „Hebel" jeder staatlichen Satzung überhaupt geworden ist. Wir knüpfen, ohne die gefundenen Resultate hier zu rekapitulieren, an das dort Gesagte an. Man wird sich erinnern, daß der Begriff des „imperium" in der Form der hausherrlichen „potestas" bis in die ältesten Zeiten der römischen Urperiode hinauf zu verfolgen ist, daß er einer der wenigen, vielleicht der

---

[1] Liszt, Strafrecht S. 4; ebenso System. Rechtswissenschaft S. 195. Siehe ferner Mommsen, Strafrecht S. 4ff.; Leist S. 286ff.; Bernhöft § 7 usw.

[2] Daß auch das „parricidium" sakraler Wurzel ist, und daß es mit der „majestas patris" in engem Konnex steht, ist bekannt; es ist aber in den folgenden Erörterungen, die lediglich das Verhältnis von „perduellio" und „crimen majestatis" berühren, auszuscheiden.

einzige Begriff ist, an den unser Erkennen der rechtlichen Anfangszustände gebunden ist. Die sakral-priesterliche Seite des Potestasbegriffes ist schon behandelt worden; die sakral-strafrechtliche ist nicht minder von Bedeutung.[1] Ausgehend von der (spezifisch arischen) Vorstellung, daß der „Juppiter tonans“, der „Fulminator“, der „Optimus Maximus“, da von ihm alle Ordnung im Menschenleben ausgeht, alle durch Gesetz, Sitte, Religion geheiligten Institutionen seinem Schutze unterworfen sind, das Amt des rächenden und strafenden Gottes versieht,[2] folgern die Römer konsequent, daß auch der Inhaber des weltlichen Waffenimperiums in der Gemeinde, der rex, und im Hause der pater dieses Amt als ein ihnen von den Göttern verliehenes üben. Sie fassen diese Tätigkeit in der „animadversio“[3] zusammen: Altera est, quam ii, qui vocabula ista curiosius diviserunt, τιμωρίαν appellant. Ea causa animadvertendi est, cum dignitas auctoritasque eius, in quem est peccatum, tuenda est, ne praetermissa animadversio contentum eius pariat et honorem levet.[4] Diese „dignitas auctoritasque“ ist die von den Göttern abgeleitete Majestät des weltlichen Imperiumträgers; sie offenbart sich ganz augenfällig in der „perduellio“. Der rex steht dem staatlichen Gemeinwesen vor. Im Besitze der denkbar einheitlichsten und wirksamsten Machtbefugnisse hat er seit jeher denjenigen ärgsten und gefährlichsten Frevel zu ahnden, der die Existenz der Gemeinde bedroht: Das ist innerer Verrat, „proditio“, „προδοσία“. Der Verräter aber wird zum „hostis“, zum „perduellis“, wie der Gemeindefeind ursprünglich heißt,[5]

---

[1] Mommsen, Gesch. I S. 173: Der praktische Gewinn, welcher der römischen Gemeinde aus ihrer Religion erwuchs, war ein von den Priestern namentlich den Pontifizes entwickeltes formuliertes Moralgesetz, welches teils in dieser — der polizeilichen Bevormundung des Bürgers durch den Staat noch fernstehenden — Zeit die Stelle der Polizeiverordnungen vertrat, teils die sittlichen Verpflichtungen vor das Gericht der Götter zog und sie mit göttlicher Strafe belegte. S. 174: So ruht das ganze Kriminalrecht in seinem letzten Grunde auf der religiösen Idee der Sühnung.

[2] Themis, Dike und Nemesis sind seine Genossinnen.

[3] Danz, Teil II S. 183 sub III.

[4] Gellius VI (VII), 14.

[5] Quos nos hostes appellamus, eos veteres „perduelles“ appellabant,

und weil er die Majestät der Gottheit und im imperium der höchsten Gemeindegewalt die „majestas populi“ verletzt hat, ist er den Göttern verfallen — *ἐναγής* —,[1] vogelfrei; das Sakrationsverfahren greift Platz und jeder kann ihn töten.[2] Wir begnügen uns nicht damit, zu sagen, daß die „perduellio“ als die erste gesetzliche Reaktion des Staates gegen das strafbare, das Gemeinwesen gefährdende Tun eines Bürgers zu betrachten ist. Wir können weiter gehen und in ihr den langen Prozeß verfolgen, der von der staatlichen Strafe zur sakralen Rache und religiösen Sühnung hinaufführt. Das uralte Blutschuldrecht und das staatliche Strafrecht fließen hier ineinander. So gehört die „perduellio“ wie das „parricidium“, das ja auf der Verletzung des Obsequiumverhältnisses beruht,[3] zu dem großen Komplex von Sakrationen überhaupt, die in der Vorstellung der Römer die wirksamsten sichtbaren Äußerungen der göttlichen Majestät sind.[4] Die Exekutive erfolgt durch den Deus oder den ihn vertretenden rex. Die geschichtliche Epoche, die die „perduellio“ als die Konstatierung der Rechtlosigkeit des „perduellis“ auffaßt, drängt das überwuchernde sakrale Element zurück und sieht nunmehr den Rechtsgrund der Bestrafung in dem Selbsterhaltungstrieb der Gemeinde.

So erscheint die „perduellio“ zur Zeit der ersten Könige.[5]

---

per eam adiectionem indicantes cum quibus bellum esset. (Gaius libro secundo ad legem duodecim tabularum — fr. 234 pr. Dig. L. 16).

[1] Siehe oben Teil I.

[2] Livius III, 55, s. oben!

[3] Siehe oben Teil I.

[4] Ganz treffend sagt Bernhöft S. 52 mit Bezug auf die dem Numa beigelegte lex regia („Si qui hominem liberum dolo sciens morti duit, paricidas esto“): Es liegt darin der Entwickelungsgang, welchen das römische Recht seit dem Urzustande genommen hat. Siehe auch Köstlin S. 128ff.

[5] Dionysius III, 30: *Μέττιος μὲν δὴ Φουφέττιος οὕτως οἰκτρᾶς καὶ ἀσχήμονος τελευτῆς ἔτυχε, τοῖς δ' ἑταίροις αὐτοῦ καὶ συνειδόσι τὴν προδοσίαν δικαστήρια ὁ βασιλεὺς καθίσας, τοὺς ἁλόντας ἐξ αὐτῶν κατὰ τὸν τῶν λειποτακτῶν τε καὶ προδοτῶν νόμον ἀπέκτεινεν.* — Plutarch über den Tarpeischen Felsen: in Romulo XVII, 10 u. 11: Damnatus est etiam Tarpeius proditionis a Romulo accusatus. (*ἑάλω δὲ καὶ Ταρπήϊος προδοσίας ὑπὸ Ῥωμύλου διωχθείς ....*); s. auch XVIII; Livius (Schilderung der Rutulerkämpfe) I, 2, 7.

Wie wenig konsolidiert, wie unsicher dieser älteste römische Verbrechensbegriff ist, zeigt die Vielseitigkeit seiner Gestaltung; eine gesetzliche Formulierung hat er weder in dieser ältesten Zeit, noch späterhin erhalten.[1] „Von dem auf der Sittlichkeit der Menschennatur ruhenden Strafrecht gilt vor allem, daß die staatliche Rechtsordnung überhaupt älter ist als das formulierte Gesetz," sagt Mommsen.[2] Die Erscheinung, daß Begriffe strafrechtlicher Natur ohne Formulierung und bestimmte Fassung gesetzeskräftig existieren, weil sie im Rechtsbewußtsein des Volkes lebendig sind, ist etwas der heutigen Forschung Geläufiges. Mommsen[3] weist deshalb mit Recht darauf hin, daß Landesverrat und Diebstahl bei den Römern vielleicht niemals einer äußerlichen Formulierung unterlegen haben, und daß das Gesetz diese Begriffe im wesentlichen vorausgesetzt habe.[4] Immerhin wie stark der sakrale Charakter selbst noch zu dieser Zeit, wo wir doch die Römer bereits in einem Entwickelungsstadium antreffen, das mit den ersten geschichtlichen Anfängen eines Volkes nichts mehr gemein hat, in Erscheinung tritt, ersieht man aus der Entstehungsform des Gesetzes selbst,[5] aus der Vollstreckung, die reine Menschenopferung[6] oder Konsekration des Gutes ist,[7] und aus der Bezeichnung der die Sicherheit der Gemeinde oder ihrer Organe garantierenden Gesetze als „leges sacratae". Es ist aber zu beachten, daß trotz dieser sakralen Umhüllung das

---

[1] Hierzu Mommsen, Strafr. S. 540.

[2] a. a. O. S. 126.

[3] a. a. O.

[4] Sehr gut auch Binding, Deutsches Strafr. § 87 S. 152: Das Strafrecht des Staates existiert also, falls er nicht selbst das Gegenteil anordnet, vor allem Strafgesetz, wie denn zu gewissen Zeiten, z. B. zu denen des klassischen römischen Rechts, die Gerichte auch Strafe verhängen durften ohne ein Strafgesetz, welches der Begehung der verbotenen Handlung voraufging.

[5] Livius sagt III, 55, 6, wo der Volkstribunat zum ordentlichen Gemeindeamt erhoben wird, die Verletzung der „tribuni plebis" fortab also als „perduellio" gefaßt wird: Relatis quibusdam ex magno intervallo caerimoniis!

[6] Der Ritus ist derselbe wie beim Schlachten des Opfertieres.

[7] Cicero, de dom. XLVII, 123: C. Atinius .... bona Q. Metelli .... consecravit foculo posito in rostris adhibitoque tibicine; ebenso 124.

Bewußtsein bereits lebendig ist, daß der Staat straft kraft des dem Gemeinwesen charakteristischen Imperiums.[1,2]

Damit ist zunächst die eine strafrechtliche Funktion der Majestätsidee erwiesen; wie aber steht es mit dem sogenannten „crimen majestatis“? Gibt es, so lautet die Frage, von Anbeginn der römischen Geschichte an entsprechend der „perduellio“ auch ein „crimen majestatis“? Die Frage ist zu verneinen, wenn man, der technischen römischen Bezeichnung folgend, unter dem „crimen majestatis“ das in bestimmten zur Zeit der Republik und namentlich in der Kaiserzeit ergangenen Gesetzen fixierte Majestätsverbrechen versteht; zu bejahen, wenn man darunter lediglich den strafrechtlichen Niederschlag der Majestätsidee überhaupt begreift; davon soll nun gehandelt werden.

Zehntes Kapitel.

§ 29.

Das crimen majestatis.

Es ist zunächst davon auszugehen, daß sich eine quellenmäßige Definition dessen, was „majestas“ bedeutet, geschweige denn des „crimen majestatis“ nirgends findet.[3] Da aber gibt es

[1] Vollstreckungsorgan ist der König unterstützt von den „duumviri perduellionis“. Livius I, 26.

[2] Man vergleiche hierzu die durchdringenden Erörterungen bei Köstlin S. 15ff.

[3] Es kommen hier folgende Stellen in Betracht: Cicero, de inv. II, 17, 52: Quaestio est: Majestatemne minuerit? Ratio: In filium enim, quam habebam (der Vater des C. Flaminius!) potestatem, ea sum usus! Rationis infirmatio: At enim, qui patria potestate, hoc est privata quadam, tribuniciam potestatem infirmat, minuit majestatem. Indicatio est: Minuatne is majestatem, qui in tribuniciam potestatem patria potestate utatur? Ad hanc judicationem argumentationes omnes adferre oportebit. 53: Primus ergo accusatoris locus est eius nominis, cuius de vi quaeritur, brevis et aperta et ex opinione hominum definitio, hoc modo: Majestatem minuere est de dignitate aut amplitudine aut potestate populi aut eorum, quibus populus potestatem dedit, aliquid derogare. — II, 18, 55: Majestatem minuere est aliquid de re publica, cum potestatem non habeas, administrare. — de orat. II, 39, 164: Si majestas est amplitudo ac dignitas civitatis, is eam minuit, qui exercitum hostibus populi Romani tradidit, non qui eum, qui id fecisset, populi Romani potestati tradidit. — orat. part. XXX, 105: Majestas est in

nur einen zuverlässigen Weg, Klarheit und Licht in dieses

imperii atque in nominis populi Romani dignitate, quam minuit is, qui per vim multitudinis rem ad seditionem vocavit. — ad Her. II, 12, 17: Cum definitione utemur, primum adferemus brevem vocabuli definitionem, hoc modo: Majestatem is minuit, qui ea tollit, ex quibus rebus civitatis amplitudo constat .... magistratus, suffragia ..., qui amplitudinem civitatis detrimento afficit. — ad fam. III, 11, 2: Verum tamen est majestas, etsi (ut, ne s. Diek S. 86) Sulla voluit, ne in quemvis impune declamari liceret. — Phil. I, 9, 21: Altera promulgata lex est, ut et de vi et majestatis damnati ad populum provocent, si velint. ... Quid enim turpius quam, qui majestatem populi Romani minuerit per vim, eum damnatum iudicio ad eam ipsam vim reverti, propter quam sit iure damnatus? — l. 1 Dig. XLVIII, 4: Majestatis autem crimen illud est, quod adversus populum Romanum vel adversus securitatem eius committitur. quo tenetur is, cuius opera dolo malo consilium initum erit, quo obsides injussu principis interciderent: quo armati homines cum telis lapidibusve in urbe sint conveniantve adversus rem publicam, locave occupentur vel templa, quove coetus conventusve fiat hominesve ad seditionem convocentur: cuiusve opera dolo malo consilium initum erit, quo quis magistratus populi Romani quive imperium potestatemve habeat occidatur: quove quis contra rem publicam arma ferat: quive hostibus populi Romani nuntium litterasve miserit signum dederit feceritve dolo malo, quo hostes populi Romani consilio juventur adversus rem publicam: quive milites sollicitaverit concitaveritve, quo seditio tumultusve adversus rem publicam fiat. — Ferner Seneca, controv. IX, 25, 2: Majestatem laesam dixissem, si exeunti tibi lictor a conspectu meretricem non summovisset. 9: Quodsi, per deos immortales, nullo sollemni die populo inspectante in foro convivium habuisses, non minuisses majestatem imperii nostri? 11: Majestas populi Romani per omnes nationes, per omnes diffusa provincias etc. 14: Dic enim mihi, si cum animadvertere debeat non legitimo cultu ac more sollemni usus interdiu tribunal conscenderit conviviali veste, si cum classicum canere debeat, synphoniam canere iusserit, non laedet majestatem? 15: Is laedit populi Romani majestatem, qui aliquid publico nomine facit: tamquam legatus falsa mandata adfert, sic audiuntur tamquam illa populus Romanus dederit; imperator foedus percussit, videtur populus Romanus percussisse et continetur indigno foedere etc. 17: Licet ire in lupanar; si praecedentibus fascibus praetor deducetur in lupanar majestatem laedet, et quod licet fecerit. ... si praetor jus in veste servili vel muliebri dixerit, violabit majestatem. — Quinctilian VII, 3, 35: Majestas est in imperio atque in omni populi Romani dignitate. — Noch zahlreiche einschlägige Stellen werden im Verlaufe der Abhandlung gegeben werden. Alle Belege zeigen den deutlichen Mangel jeder ernstlichen Bemühung, zu definieren; sie sind nichts anderes als eine farblose Umschreibung und Phrasierung des nur gefühlten und empfundenen Begriffs, bisweilen er-

Dunkel[1] zu bringen, nämlich den, das Wesen des Majestätsbegriffes selbst zu erfassen.

Wir haben oben nachgewiesen, daß die „majestas" niemals ein starrer Begriff sein konnte, der in den festen Rahmen einer bestimmten Terminologie hätte gespannt werden können, daß sie vielmehr eine andere Färbung, Bedeutung, Zweckbestimmung je nach dem Zusammenhange und der Verbindung erhielt, in der sie zu den verschiedenen Zeiten gebraucht wurde.[2] Historische

läutert durch den kasuellen Hinweis auf einzelne Straffälle. So namentlich: Tacitus ann. I, 72: Nam legem majestatis reduxerat (zur Geltung gebracht!); cui non apud veteres idem, sed alia in judicium veniebant: Si quis proditione exercitum aut plebem seditionibus, denique male gesta re publica majestatem populi Romani minuisset. facta arguebantur, dicta impune erant. (Also nur die Realinjurie war Majestätsverbrechen!) Primus Augustus cognitionem de famosis libellis specie legis eius tractavit....; mox Tiberius, consultante praetore an judicia majestatis redderentur, exercendas leges esse respondit! Cicero, de orat. II, 39, 164; orat. part. XXX, 105 (s. oben). — Schon Balduin warnt vor „generalis definitio": Tom. I p. 995: Sed quia laedendi vel minuendi varia sunt genera, et Majestatis multae sunt diversaeque partes, periculosa est generalis definitio! Feuerbach sagt (Hochverrat S. 8): ....Auch die Gesetze verlassen uns hier. Diese sagen entweder gar nichts, was sie unter diesem Verbrechen verstehen, oder sie zählen uns einzelne Fälle auf (Cod. ad leg. Int. maj.) oder sie geben uns einen Begriff, der selbst erst durch höhere Prinzipien bestimmt werden muß.

[1] Gundling I, 1 S. 2 zweifelt an der Möglichkeit hierzu: Ex quo luculenter patet, inanem futurum laborem, si de origine vocabuli multa cumularentur, et qua de re primum coeperit praedicari Majestas varia coacervarentur a proposito nostro obludentia: ut-ut haberem in loculis sat ampla, nec quovis obvia in trivio.

[2] Daß infolgedessen bis in die Kaiserzeit selbst sich eine gewisse Unsicherheit, auch lebhafte Kontroversen, ob eine Handlung bestimmter Art dem „crimen majestatis" zuzurechnen sei oder nicht, bemerkbar machen, wird so verständlich. Man vgl.: Cicero, de orat. II, 25, 107: Iam quid vocetur, quaeritur, quom quo verbo quid appellandum sit contenditur; ut mihi ipsi cum hoc Sulpicio fuit in Norbani causa summa contentio. Pleraque enim de iis, quae ab isto obiciebantur quom confiterer, tamen ab illo majestatem minutam negabam; ex quo verbo lege Appuleia tota illa causa pendebat. II, 49, 201: Sic in illa omni defensione atque causa quod esse in arte positum videbatur, ut de lege Appuleia dicerem, ut quid esset minuere majestatem explicarem, perquam breviter perstrinxi atque attigi. — Quinctilian, institut. orat. VII, 4, 37: Rei publicae laesae. Hinc moventur quidem illae juris cavillationes: Quid sit rem publicam laedere? et laeserit

und politische Einflüsse haben der „majestas“ der Kaiserzeit ein anderes Aussehen und Gepräge verliehen, als sie zur Zeit der Republik hatte; die „majestas principis“ ist etwas anderes als die „majestas populi Romani“ oder „magistratus“, und doch kommt in allen Wendungen gleichmäßig der Gedanke der Hoheit und des durch die souveräne Stellung bedingten Ansehens zum Ausdruck.[1] Daraus ergibt sich nun der Schluß, daß es ein „crimen majestatis“ als besonders qualifizierten Typ einer Gattung bestimmter verbrecherischer Handlungen mit dem Augenblicke gab, wo man von der, sei es dem Volke, sei es dem Magistrat schlechtweg eignenden Majestät sprechen konnte. Denn indem man bewußt oder unbewußt das größere Ansehen, die höhere Wertung eines bestimmten Organs des Staatskörpers anerkannte und begriff, ergab sich aus dem ebenso natürlichen wie logischen Grunde der Staatserhaltung die Notwendigkeit, diese überragende Position des Organs zu schützen, beeinträchtigende Handlungen jeder Art abzuwehren und zu strafen. Indem man aber solche gegen die Majestät gerichtete und auf sie abzielende Handlungen zum kriminellen Tatbestand erhob und mit Strafen belegte, schuf man das „crimen majestatis“, wenn man es auch anfangs technisch nicht so nannte und dieser Terminus erst später üblich wurde.

---

an non profuerit? et, ab ipso an propter ipsum laesa sit. In facto tamen plurimum inest. Hierauf beruht auch nicht zum geringsten die Erscheinung, daß schon unter Tiber das Majestätsverbrechen „omnium accusationum complementum“ (Tac. III, 22) wurde. Noch in den Institutionen (VI, 8, 18) heißt es abgeblaßt: lex Julia majestatis, quae in eos, qui contra imperatorem vel rem publicam **aliquid (!) moliti sunt** suum vigorem extendit. Auffallend ist auch die teilweise Verwandtschaft mit strafbaren Handlungen, die zum „crimen vis“ (vgl. z. B. die lex Plotia de vi) gerechnet werden. Die Grenzen fließen oft. Siehe namentlich Wächter, Neues Archiv f. d. Kriminalrecht XIII, 1 S. 5ff.; Zirkler S. 63—64; Weiske S. 29; doch sind die Begriffe niemals konfundiert worden.

[1] Daher geht man sogar soweit, selbst die strafbaren Beeinträchtigungen des römischen Glaubens zu den Schmälerungen der Majestät zu rechnen. Schon seit Trajan beginnt man, die Christen als Majestätsverbrecher zu verfolgen. Das „crimen laesae Romanae religionis“, wie es Tertullian nennt (Mommsen, Strafr. S. 569) erscheint namentlich in der diokletianisch-konstantinischen Epoche als ein besonderer Fall des Majestätsverbrechens. Näheres gehört nicht hierher.

Die dem „crimen majestatis“ zugrunde liegende Idee ist uralt, sie kommt ja entsprechend schon in der „perduellio“ zum Ausdruck. Insofern ist jedenfalls die richtige Auffassung bei der sich über Jahrhunderte hinziehenden Kontroverse über die Frage nach der Entstehung des „crimen majestatis“ und insbesondere über das Verhältnis des „crimen laesae majestatis“ zur „perduellio“ verkannt worden.[1]

Elftes Kapitel.

§ 30.

Perduellio und crimen majestatis.

Es sind die mannigfaltigsten Gründe angeführt worden, um nachzuweisen, daß das älteste römische Recht zur Zeit der Könige ein „crimen majestatis“ nicht gekannt habe. So wird in allerdings richtiger Erkenntnis, daß die Grundlage des Staatsverbrechens der Majestätsbegriff bildet, von einigen[2] angeführt, daß, solange das römische Staatsgebiet durch die italischen Festlandsgrenzen konfiniert war, der Begriff der „majestas“ und somit ein „crimen majestatis“ nicht existiert habe. Erst als „auch außeritalische Besitzungen sowohl inner- als außerhalb Europas der römischen Herrschaft unterworfen wurden, als Rom überall Gesetze vorschrieb

---

[1] Im 16., 17., 18. Jahrhundert zunächst ist über diese Fragen viel geschrieben worden. Wir stellen hier die bedeutenderen Schriftsteller (Monographieen!) zusammen; die Titel der Werke ersieht man aus dem Inhaltsverzeichnis: van Adrichem; Ayrer; Bacchius; Balduinus; van Beuker; Bocerus; Clajus; Contius; Cortrejus; Danckelmann; van Deventer; Feuerbach; Gerster; van der Giessen; Gigas; Gothofredus; Gravina; Gundling; Haubold; Heineccius; Heyligenstaedt; Hütter; Leyser; Mencken; Mylius; Peckius; Pighius; Reut; Schott; Sigonius; Strebel; Taust; de Witte. Schon Dieck S. 173 führt einen Autor an (Ehrhardt), der schreibt: In tantum crevit eorum, qui de laesa majestate et de perduellione commentati sunt, numerus, ut si eorum nomina scriptorumque titulos transcribere voluissemus, unius paginae spatium non fuisset suffecturum. — Auch im 19. Jahrhundert, namentlich in der ersten Hälfte, ist reichlich kommentiert worden; hier kommen in Betracht: Abegg; Bisoukides; Bosse; Brugmans; Cropp; Dieck; von Feder; Grünebusch; von Heiden; Hencke; Hepp; Kennis; Kleinschrod; Knitschky; Köstlin; Laboulaye; Meents; Riemsdyk; Rosshirt; Rüssel, Steinmetz; Weiske; Winter; Zachariae; Zirkler.

[2] So namentlich Dieck S. 50.

und keine auswärtige Nation mehr wagen konnte, einen Krieg gegen Rom zu unternehmen, da stand der Staat in einer solchen Glorie da, daß der stolze Republikaner nur mit verächtlichem Blicke auf alles Fremde hinsehen und seinem Vaterlande die gepriesene «majestas» beilegen konnte".[1] Ferner: Der republikanische Stolz sei der Boden gewesen, auf dem die „majestas" erwachsen sei;[2] die Eroberungssucht das „Samenkorn, aus dem das Ansehen, die Würde, der Tatenglanz aufwuchs".[3] Diese Auffassung ist zwar auf den ersten Blick verlockend, verkennt aber das Wesen der majestas vollständig. Es ist oben dargetan worden, daß die Republik staatsrechtlich in direkter Kontinuität mit dem Königtum gestanden, und daß sie nicht als neue Verfassungsform, sondern als Fortsetzung der alten unter Änderung der Regierungsorgane zu verstehen ist. Daß diese neue Regierungsform urplötzlich einen neuen verfassungsmäßigen Begriff — die majestas ist, wie des öfteren betont, nicht einseitig strafrechtlich aufzufassen, sie ist der Ausdruck für das uralte monarchische Einheitsprinzip — geschaffen haben soll, entbehrt jeder Unterlage und ist nicht vereinbar mit den von uns gefundenen Resultaten.

Weiterhin aber ist es irrig, dem geographischen Momente der Beschränkung des Staatswesens auf Italien (Dieck a. a. O) Bedeutung beizumessen. Soweit hierdurch zum Ausdruck gebracht werden soll, daß die in den ersten Anfängen befindliche Entwickelung Roms den Gedanken der Majestät noch nicht hätte zum Reifen bringen können, so zeugt dies, abgesehen davon, daß die Majestätsidee als solche mit der kulturellen oder politischen Entwickelung gar nichts zu tun hat, von einer nicht geringen

---

[1] Dieck S. 50—51.

[2] Feuerbach S. 72; Bisoukides S. 14. Ähnlich Rein S. 506.

[3] Winter S. 32: „Ursprünglich auf republikanischem Boden aus der Triebfeder der Vaterlandsliebe entsprossen, strahlte die majestas als Prinzip der Monarchieen in der Sonnenglorie aller Ehre hervor!" Hiermit im Widerspruche steht es jedenfalls, wenn W. S. 34 sagt: „Majestas begründet intensive Größe und Hoheit, bedeutet bei den römischen Klassikern Erhabenheit (maj. montium). Im republikanischen Übermut bildete der römische Gerichtsstil aus diesem Begriffe der majestas die Staatswürde des römischen Volkes". Die „majestas" existierte also bereits; sie erhielt nur jetzt erst ihre spezifisch juristische Begriffsbedeutung?

Unkenntnis der Verhältnisse des römischen Gemeinwesens zur Zeit der Könige. Das erste Dämmern der uns bekannten römischen Geschichte zeigt uns ein staatlich entwickeltes Gemeinwesen, das bereits alle primitiven Erscheinungsformen der Kultur, wie wir sie in den Anfängen der deutschen und griechischen Geschichte finden, abgestreift hat.[1] Wir konstatieren bereits das sichere Funktionieren eines nach bestimmten Prinzipien geschaffenen Getriebes und eine gewisse Vollendung in der Handhabung der Staatsmaschine. Man kann wohl sagen, daß die italische Geschichte bei einem weit späteren Zivilisationsabschnitt beginnt als die deutsche und griechische; sie trägt von Haus aus einen relativ modernen Charakter.[2]

---

[1] So auch: Rubino S. 440ff.; Göttling S. 148ff.; Köstlin S. 15.

[2] Jhering, Geist I (4. Aufl.) § 6 S. 81: Noch in der Gestalt, die es in der ältesten römischen Zeit an sich trägt, hat es (das Recht!) unverkennbare Ähnlichkeit mit dem Recht, das 800—1000 Jahre später bei den Germanen sichtbar wird; die wandernden Germanen mochten noch ein Jahrtausend auf dieser niedrigsten Stufe stehen bleiben; das römische Volk ließ dieselbe bald hinter sich und legte in unserem zweiten System, dessen Bildung bereits mit der Königszeit beginnt, eine glänzende Probe seiner Befähigung zur Kultur seines Rechtes ab. — Vgl. auch Mommsen, Gesch. I S. 146. Ders. Strafr. S. 58: Für die Kunde der Anfangszustände der menschlichen Entwickelung bietet keine Nation so wenig Traditionelles wie die italische, deren einzig zur geschichtlichen Entwickelung gelangter Träger das latinische Rom ist. Nicht bloß die Stadt Rom, wo die wirkliche Überlieferung beginnt, ist bereits ein hoch entwickeltes auch vom Einfluß der überlegenen griechischen Zivilisation schon ernstlich berührtes Gemeinwesen und das Haupt eines mächtigen, national geeinigten Städtebundes; nicht bloß mangelt über die älteren römischen Zustände vollständig die nichtrömische Überlieferung; auch für die Römer selbst ist die Vorzeit wie untergesunken und vergeblich sucht man sowohl in ihrer gestaltenlosen fabelfeindlichen Götterwelt wie in den trotz der erzählenden Form streng rationellen Rechtslegenden ihrer Chroniken nach Erinnerung an die Zustände des Keimens und Wachsens. Diese männliche Nation schaut nicht zurück in ihre Kindheit. Damit ist nicht ausgeschlossen, daß das Werden auch dieses gewaltigsten Staates der älteren Zivilisation sich nicht innerhalb gewisser Grenzen erkennen ließe; aber da ausländische Berichte und inländische Sage so gut wie ganz versagen, sind wir mehr als irgendwo sonst darauf angewiesen, in dem römischen Staats- und Privatrecht aus dem Gewordenen selbst die Spuren des Werdens zu erschließen. — Es ist nötig, sich bei der Behandlung der Majestätsfrage diese Worte Mommsens stets vor Augen zu halten.

Auch der Einwand, es fehle an der bestimmten Formulierung eines Majestätsgesetzes jener Zeiten und die Vokabel „majestas" komme in den Quellen der frühen Geschichte nicht vor (DIECK a. a. O.), ist hinfällig. Daß letzteres der Fall ist, daß wir bis zu den Zeiten CICEROS den Ausdruck „majestas" als juristischen Begriff nirgends antreffen, ist zweifellos richtig, aber durchaus nicht beweiskräftig. Es wird fast allgemein angenommen, daß die lex Appuleia aus dem Jahre 651/103 das erste Majestätsgesetz sei, vor allem, weil hier zum ersten Male der Ausdruck „majestatem minuere, imminuere" vorkommen soll.[1] Aber der Gesetzestext weder der lex Appuleia noch der der folgenden republikanischen Majestätsgesetze wie der lex Varia, lex Cornelia, lex Julia ist uns erhalten, und die spärlichen Versuche der Rekonstruktion sind äußerst dürftig.[2] Diese Gesetze bilden in Er-

[1] DIECK S. 51; WINTER S. 34—35; Bach. II, 2 Sekt. I § 63; GRÜNEBUSCH § 14; FEUERBACH S. 72; BRUGMANS S. 26; BISOUKIDES S. 14—15; MEENTS S. 5; ZUMPT SCHWURGER. S. 230ff. u. a. m. Doch fehlt es nicht an Schriftstellern, die das Majestätsverbrechen in ältere Zeiten verlegen. So: HEINECCIUS IV, 18, 47; SIGONIUS II, 29; CONTIUS S. 121 ff.; KÖSTLIN S. 44; KNITSCHKY S. 26. Allgemein wird der Fehler gemacht, daß man das Wort „majestas" zum Ausgangspunkt der Untersuchung macht, als ob der Strafrechtsbegriff an die Vokabel gebunden wäre!

[2] BOUCHAUD sagt bezüglich der lex Appuleia: Tome II S. 221; PIGHIUS, qui soutient le même système que Manuce, Hotman et Gundlingius nous paroît encore plus répréhensible que ces commentateurs, en ce qu'il prétend que la loi Appuleïa majestatis étoit conçue en ces termes: „Uti quod tributim plebs iussisset, populum teneret; tribuno legem roganti, qui obstiterit, majestatis reus esset; utique quod plebes scivisset, senatus intra quintum diem eius auctor fieret, plebiscitumque, queivis senator juramento roboraret: quei recusaret, senatu moveretur, et XX talentûm mulctam populo daret". On ne trouve cette formule dans aucun auteur de l'antiquité; on trouve encore moins qu'aucun d'eux l'ait appelée une loi concernant le crime de lèsemajesté. D'ailleurs qu'étoit-il besoin de statuer que les plébiscites féroient généralement loi pour tout le monde? Ce point se trouvoit sufisamment décidés par les lois Horatia, Publilia et Hortensia. Quant à la clause du serment, un passage de Plutarque (Vita C. MARII S. 422ff.) et un autre passage d'Appien (c. 1 de bellis civilibus S. 625ff.) prouvent, qu'elle appartenoit à la loi Appuleïa agraria; mais il s'en faut beaucoup qu'une loi concernant le crime de lèse-majesté. — und S. 225: Ainsi la formule de la loi Appuleïa a pu être conçue en ces termes: Si quis populi Romani majestatem minuisset, aut de eorum potestate quibus populus potestatem dedit, aliquid

mangelung eines genau überlieferten Textes ein unzulängliches Beweismaterial für die Entscheidung dieser subtilen Frage. Wenn wir auch wissen, daß es sich in diesen Gesetzen um das „crimen majestatis" handelt, so geht doch aus ihnen über den Ursprung desselben nichts hervor. Viel größer ist die Wahrscheinlichkeit, daß die XII T. bereits das Majestätsverbrechen der Sache nach gekannt haben, ohne gerade den technischen Namen zu nennen, wie dies ja auch bei der „perduellio" der Fall ist,[1] und daß die um die Jahrhundertwende v. Chr. ergehenden Gesetze eine Neugestaltung und Reform der veralteten Bestimmungen über diesen Gegenstand des Strafrechts bedeuten. Man denke nur an die rege gesetzgeberische und namentlich reformatorische Tätigkeit dieser Zeit, die Schaffung der Quästionen und des besonderen

---

derogasset, capitale est! — Über die lex Cornelia schreibt er: (S. 226) Mais la loi Cornelia majestatis.... fut plus sévère que les lois précédents. Sigonius (de judiciis II, 29) a tenté de réunir tous les chefs de cette loi, qu'il énonce en ces termes: Praetor qui ex hac lege quaeret, de eo quaerito, qui intercessionem sustulerit, aut magistratui, quominus munere suo fungatur, impedimento fuerit; qui exercitum e provincia eduxerit, aut sua sponte bellum gesserit; qui exercitum sollicitaverit, qui ducibus hostium captis ignoverit; qui potestatem suam in administrando non defenderit; qui civis Romanus apud exterum regem (regem externum) versatus fuerit. Mulieris testimonium accipiatur. Calumniatoribus nulla poena sit. (S. 227) His damnatis poena aquae et ignis interdictio sit! Mais il y a tout lieu de croire que Sigonius n'est point parvenu a rassembler tous les chefs de cette loi etc. (Es folgt die Begründung.) Über die lex Julia (S. 227): La loi Cornelia fut suivie de la première loi Julia majestatis, de C. Julius César, à laquelle ensuite succéda la seconde loi Julia, dont Augustus fut l'auteur. (Gundlings Ansicht, die lex Julia der Digesten stamme von Caesar, nicht bewiesen!) Ce savant se fonde sur ce que Cicéron (Phil. I, 9) nous dit que Jules César fit une loi qui portoit: Ei qui de vi itemque ei, qui majestatis damnatus sit, aqua et igni interdici! Mais ce passage ne prouve autre chose, sinon que Jules César est l'auteur d'une loi contre le crime de lèse-majesté: il n'en résulte point que ce soit la même loi que nous retrouvous dans le Digeste, ni qu'elle ait été renouvelée et amplifiée par Auguste, ni enfin que ce prince en ait fait une toute différente de celle de son prédécesseur. Il est seulement certain que la loi d'Auguste renfermoit des dispositions qui ne se trouvoient point dans celle de Jules César. — Jede Diskussion hierüber erübrigt sich durchaus. Vgl. hierzu die Erörterungen bei Dieck S. 80—81; Zirkler S. 26 ff.

[1] Siehe unten u. Mommsen, Strafr. S. 540.

Verfahrens. Diese legislatorisch produktive Epoche hat weniger neue Begriffe geschaffen, als vielmehr an altes angeknüpft; sie hat größtenteils nur „längst geborene und im Bewußtsein ausgebildete Begriffe in der Form einer organisch ineinandergreifenden Gesetzgebung fixiert."[1] Bouchauds Ausführungen[2] unterstützen diese Annahme. Er sagt zutreffend: De même que le chef de la loi Julia majestatis rapporté dans la loi III, au Digeste, ad legem Juliam majestatis, semble n'être que le dévelloppement et le commentaire de notre loi décemvirale; de même celle-ci paroît en général être le typ de lois Gabinia, Appuleïa, Varia, Cornelia, Julia majestatis, en un mot de toutes celles qui furent faites contre le crime de lèse-majesté! Das Decemviralgesetz also ist die Quelle, aus der diese Gesetze schöpfen.[3]

Daß man nun mit dem Appuleischen Gesetz allgemein den Beginn der Majestätsgesetzgebung ansetzt, ist darauf zurückzuführen, daß dieses Gesetz vielleicht eine bis dahin unbekannte Formulierung[4] schuf, nämlich den Terminus: „majestatem minuere". Darin scheint unseres Erachtens die einzige Pointe dieses Gesetzes zu liegen.[5] Eine wirklich grundlegende Bedeutung kann ihm

---

[1] Köstlin S. 4.

[2] Commentaire Tome II S. 219ff.

[3] Er beweist dies auch an der lex Gabinia, wenn er — a. a. O. S. 220 — sagt: On voit dans la déclamation de Porcius Latro contre Catilina, que la loi Gabinia „de coetibus nocturuis" ou suivant d'autres, „de majestate" portoit: Ut qui coitiones ulleis clandestinas in urbe conflavisset, more maiorum capitali supplicio mulctaretur „Ainsi Gabinius, auteur de la loi, ne fit qu'étendre à toutes espèces d'assemblées, même à celles, qui se tenoient le jour, ce que la loi des douze Tables avoit statué par rapport aux assemblées de nuit".

[4] Materiell regelte das Appuleische wie das Varische Gesetz nichts anderes als das, was bereits längst als „perduellio" strafbar war. Oder hatte Caepio (s. unten S. 188) nicht dieselben strafbaren Handlungen auf dem Gewissen, wie einst Mettus Fuffetius (Livius I, 27, 28)?

[5] Ebenso sagt Bouchaud a. a. O. S. 224: Nous croyons que la loi Appuleïa eut une formule qui lui fut particulière, et que dans la suite cette formule s'établit de plus en plus. Nous voyons dans Cicéron (de orat. II, 49), que l'orateur Antonius examinoit ce que ces paroles: minuere majestatem! signifioient dans la loi Appuleïa. Sic, disoit cet orateur, in illa omni defensione atque causa, quod esse in arte positum videbatur, ut de lege

schon deshalb nicht zukommen, weil es transitorischen Charakters gewesen zu sein scheint.[1] Dafür aber, daß in diesem Gesetze das Majestätsdelikt zum ersten Male normiert ist, spricht nichts.

Doch wir werden die erste ursprüngliche Formulierung des „crimen majestatis“ mit Sicherheit schwerlich feststellen können, weil uns jegliches brauchbare Material, jede reale Unterlage fehlt. An das Wort, die Vokabel dürfen wir uns nicht halten.[2] Der

---

Appuleïa dicerem; ut quid esset-minuere majestatem explicarem, perquam breviter perstrinxi atque attigi. — Diese „formule particulière“ hat dem Appuleischen Gesetze ihr besonderes Gepräge gegeben, und dadurch, daß sich diese in der Folgezeit immer mehr und mehr einbürgerte, erlangten auch die auf die lex Appuleïa in relativ kurzer Zeit folgenden Gesetze einen gewissen Wert, der aber nicht in der Prägung eines neuen Begriffes und in der Schaffung eines neuen strafrechtlichen Testamentes, sondern lediglich, wie ausgeführt, in der originellen Terminierung eines längst bekannten Verbrechens liegt. Soweit also hat der „Umstand, daß nach dem Appuleischen Gesetze schnell aufeinander drei neue Majestätsgesetze folgen“ — Bachius II, 2 sect. 1 §§ 68, 73, 90 — jede Bedeutung hinsichtlich der Frage nach dem Ursprunge des „crimen majestatis“ verloren.

[1] Mommsen a. a. O. S. 198 Anm. 1 in Vbdg. m. S. 541. Auf diese Frage kann hier ebensowenig eingegangen werden wie darauf, ob durch das Appul. Gesetz eine ständige Majestätsquästion eingesetzt sei. Näheres s. unten S. 187, wo noch von der lex Appuleia gehandelt wird.

[2] Hierin liegt der Fehler der gesamten die Prioritätsfrage behandelnden Literatur; sie haftet am Worte. Eine rühmliche Ausnahme macht als einziger Weiske, der S. 34 sagt, daß die „majestas“ als eine Idee betrachtet werden darf. — Zum Beweise für die späte Entstehung des Majestätsverbrechens führt man an, daß sich in den sämtlichen Fragmenten des Ennius oder bei Plautus kein einziges Mal das Wort „majestas“ findet, „ob wir gleich hier und da Stellen antreffen, wo die Majestas gewiß an ihrem Orte gewesen sein würde“ (Dieck S. 52). Wenn hier gesagt ist, bei der sich in den Bruchstücken des Ennius findenden Beschreibung des Juppiter: „atque facies proavi Jovis gratia ea est, atque hoc lumen candidum claret mihi“ würde Ovid gewiß von einer „majestas Jovis“ gesprochen haben (es ist verwiesen auf lib. V Vers 45 der Fasti Ovid's!), dann aber fortgefahren wird, alle Stellen der Schriftsteller späterer Zeiten (z. B. wenn Livius in der Darstellung der Geschichte der frühen Zeit sich hier und da des Ausdrucks „majestas“ bediene) könnten nichts beweisen, weil hier der Schriftsteller aus späterer Zeit nach dem Sprachgebrauche und im Geiste seiner Zeit spricht, so zeigt dieser Widerspruch in beinahe ein- und demselben Satze besser als jede Widerlegung, wie wenig auf diese Buchstabenausführungen zu geben ist. Warum soll behauptet werden, daß zu den Zeiten des Ennius und Plautus

Geist der Idee nur kann uns auch hier Führerin sein. Aus ihr heraus haben wir bereits in der „perduellio“ den sakralen Nachhall der „majestas“ erkannt; wir wissen, daß die „perduellio“ der Generalbegriff des Staatsverbrechens überhaupt ist. Es drängt sich die Frage auf, ob nicht überhaupt „perduellio“ und „crimen majestatis“ gleichzusetzende Begriffe seien, die vielleicht im Verhältnis der Über- und Unterordnung zueinander stehen.[1]

---

der Majestätsgedanke seinen charakteristischen begriffsmäßigen Niederschlag in dem Worte „majestas“ gefunden habe? Ein solcher Ausdruck hat vielleicht sprachlich noch nicht existiert oder ist wenigstens von der Jurisprudenz jener Zeit nicht als Begriff verwertet worden. Derlei muß in erster Linie der Sprachforscher erkunden. Zu bedenken aber ist doch, daß uns aus dieser Zeit überhaupt nur ein sehr geringes Quantum von Juristenschriften und quellenmäßigen Urkunden überliefert ist, daß namentlich das Staatsrecht, und damit haben wir es hier doch in der Hauptsache zu tun, um die Wende des 2. Jahrhunderts v. Chr. — Ennius lebte von 239 bis 169 v. Chr.; Plautus vom Anfang des 6. Jhrdts. u. c. bis 184 v. Chr. — im ersten Werden begriffen ist. Daß erst jetzt allmählich die technischen Ausdrücke für längst bestehende Vorstellungen geschaffen werden, ist so verständlich. Daraus aber zu schließen, daß auch die Begriffe erst jetzt entstanden seien, ist irrig. (Es kann auch nicht der bei Dieck S. 53 gegebene Hinweis auf Brissonius de formulis Moguntiae 1649 in 4to p. 361 überzeugen). Wenn daher erst Cicero und Livius, Ovid und andere Schriftsteller mehr sich des Ausdrucks „majestas“ bedienen, so ist dies kein Beweis dafür, daß auch jetzt erst der Majestätsbegriff als solcher geschaffen wird, sondern es ist darin nur, wie schon oben dargetan, die alte Regel zu erkennen, daß es einer gewissen Vollendung der Wissenschaft bedarf, um für die nur gefühlten und empfundenen Rechtsbegriffe die präzise Formulierung und prägnante Ausdrucksweise zu finden. „Das Strafgesetz,“ sagt Mommsen, Strafr. S. 523, „ist die von äußerlichen Bedingungen abhängige Summe der zurzeit von der Gesamtheit dem einzelnen auferlegten Sittengebote, wobei freilich nicht übersehen werden darf, daß das Strafgesetz älter ist als seine Formulierung, die Perduellion in der römischen Gemeinde Verbrechen war, bevor dafür auch nur das Wort gefunden ward.“ Das gilt mit durchaus gleichem Rechte vom sogen. Majestätsverbrechen.

[1] Die Auffassungen der bisherigen Literatur über das Verhältnis beider Begriffe sind buntschillernder Art. Eine geht dahin, daß die „perduellio“ der einzige Begriff für das Staatsverbrechen gewesen sei, an dessen Stelle dann zur Zeit der späten Republik die „majestas“ und das „crimen majestatis“ getreten seien. So Diek, Abschnitt 1 und 2; Hencke § 17; Winter S. 30, 34; Grünebusch § 14; Bosse S. 52. — Demgegenüber wird von anderen, wie Sigonius, de jud. II, 29; de jure ant. II, 18; Gravina III, § 85 S. 314ff.;

§ 31.

Fortsetzung.

MOMMSEN[1] hält es für zweifellos, daß der Majestätsbegriff in den Strafprozeß[2] gelangt sei infolge der Stellung der anfangs nicht zu den Magistraten gehörenden Tribunen. Er meint, die Stellung der Volkstribunen, die bei der Schaffung des Tribunats als ordentliche Magistrate des römischen Gemeinwesens rechtlich nicht betrachtet wurden, sei nach Rang und Ansehen dieselbe gewesen, wie die der Gemeindebeamten, und da man die Verletzung der plebeischen Grundrechte so lange nicht unter die „perduellio“ habe ziehen können, als das Plebiszit nicht „lex publica“, die Tribune nicht Magistrate waren, sei die Bezeichnung der „Minderung der tribunizischen Majestät“ aufgekommen. Demgemäß seien „majestas“ und „potestas“ korrelate Begriffe, „ursprünglich dieses der patrizischen Magistratur eignend, jenes der plebeischen Quasimagistratur“. Wir halten diese Hypothese für falsch. Nirgends findet sich eine gegensätzliche Verwendung von „majestas“ und „potestas“. Im Gegenteil, aus den zahl-

---

HEINECCIUS IV tit. 18 § 47; namentlich von den Holländern: VAN DER GIESSEN II; DE WITTE S. 27; VAN DEVENTER I u. a. m. geltend gemacht, daß das „crimen majestatis“ bereits in den frühesten Zeiten Roms existiert habe. Wir finden dann auch Ansichten, die beide Begriffe identifizieren: GUNDLING I § 23; ACCURSIUS, Glossa ad leg. 234 Dig. L. 16; die die „majestas“ unter die „perduellio“: GRAVINA S. 314; VAN DER RAMHORST II; und die „perduellio“ unter die „majestas“ bringen: BALDUIN, Tom. I p. 995 etc. — Die neueren Schriftsteller (z. B. KÖSTLIN, KNITSCHKY, MEENTS, BISOUKIDES) kommen der richtigen Auffassung insofern nahe, als sie beide Verbrechensarten unter den Begriff des „Staatsverbrechens“ subsumieren. Zu bedauern ist, daß MOMMSEN sich ausdrücklich über das Prioritätsverhältnis nirgends ausgelassen hat.

[1] Strafrecht S. 538.

[2] Das ist wichtig; MOMMSEN behauptet also nicht etwa, daß die „majestas“ ein ausschließlich strafrechtlicher (oder prozessualer! s. unten) Begriff sei. Das ist bisher noch niemals betont worden. Im übrigen wird auch bei M. das Dunkel wenig gelüftet. Darüber, wie und wo ursprünglich der Majestätsbegriff verwendet worden ist, obschon dies für die Beurteilung seiner Ausführungen a. a. O. S. 538—539 von Wichtigkeit ist, sagt er nichts. Auch widersprechen Anm. 2 S. 538 („ursprünglich“) und die Ausführungen auf S. 539 genau genommen seiner eigentlichen Auffassung

losen im Laufe der Abhandlung beigebrachten Quellenbelegen ist ersichtlich, daß eine Unterscheidung beider Termini, soweit eine solche überhaupt besteht, höchstens in dem Sinne gemeint ist, daß „potestas" wie „imperium" mehr die inneren Machtbefugnisse, „majestas" mehr die durch sie begründete äußere Stellung bezeichnet.[1] Wie innig „majestas" und „imperium" zusammenhängen,[2] haben wir bei der Magistratsmajestät, den organischen Konnex von „majestas" und „potestas" bei der gewaltherrlichen Majestät nachgewiesen.

Auch in der Sache selbst können wir MOMMSEN nicht beitreten. Der Kern seiner Argumentation ist doch der, daß die tribunizische majestas strafprozessual ursprünglich nichts anderes sei als ein zweiter Ausdruck für „tribunicia potestas". Oder aber meint er, daß so lange die revolutionäre Plebejergemeinde nicht „lege" anerkannt und geschützt war, die Grundrechte in der „tribunicia majestas" ihren Niederschlag gefunden hätten und durch die Gleichstellung erst mit der ordentlichen Magistratur die „tribunicia majestas" sich umgewandelt hätte in die „tribunicia potestas"?[3] Dann müßte sich doch irgendwo in der gewiß nicht spärlichen Literatur eine einzige Stelle finden lassen, aus welcher der Gegensatz der tribunizischen Majestät und Potestät hervorginge! LIVIUS[4] hat die Umwandlung der plebeischen Quasi-

---

[1] Die Etymologie des Wortes ist nicht allein entscheidend.

[2] Inwiefern in genauer Rede „majestas" den Gegensatz zum „imperium" machen soll, — MOMMSEN a. a. O. S. 538 Anm. 3 — ist nicht recht einzusehen. Von „genauer Rede" kann man bei der „majestas" als solcher, wie des öfteren bereits betont worden ist, überhaupt nicht sprechen; denn die Römer haben keine Begriffsdefinition der „majestas"; begrifflich ist sie ihnen aber der Ausdruck für eine Idee, für ein Prinzip! Wenn MOMMSEN a. a. O. noch auf die internationale Phrase: „Majestatem populi Romani comiter conservanto" (comiter colunto!) verweist, so ergibt sich aus den völkerrechtlichen Erörterungen des ersten Teils, daß diese Wendung eine gegensätzliche Behandlung von „majestas" und „imperium" durchaus nicht rechtfertigt.

[3] Das scheint aus den Ausführungen M.s a. a. O. in Vbdg. m. S. 598 Anm. 2 hervorzugehen; ausdrücklich ausgesprochen ist diese konsequente Folgerung nirgends.

[4] Auch sonst wird von der „tribunicia majestas" bei der Wiedergabe der die Sakrosanktität der Volkstribunen behandelnden Gesetze niemals ge-

magistratur in eine ordentliche Gemeindemagistratur mit aller Ausführlichkeit beschrieben;[1] der „tribunicia majestas" im Gegensatze zur „potestas" wird aber mit keinem Worte Erwähnung getan. Daß die Volkstribunen auch der Majestas teilhaftig gewesen sind, folgt schon aus der Magistratsmajestät; da sie aufs engste mit Imperium und Potestas zusammenhängt, ist eher anzunehmen, daß solange nicht die tribuni plebis „magistratus" waren, ihnen auch keine „majestas" zugekommen sei, denn sie ermangelten bekanntlich des „imperium".

Mommsen aber argumentiert gerade entgegengesetzt. „Als dann die Volkstribunen aus Vorstehern der Plebs tatsächlich zu Gemeindebeamten wurden, blieb die Formulierung „Minderung der tribunizischen Majestät" in der Erweiterung, daß nicht bloß der Vorstoß gegen die plebeischen Rechte, sondern jede dem Ansehen der römischen Gemeinde zugefügte Schädigung als Verletzung der «majestas populi Romani» der strafrechtlichen Ahndung unterlag." Diese Ableitung des Begriffs der „majestas populi Romani" aus der „majestas tribunicia" ist durchaus bedenklich. Sie widerstreitet der Auffassung der römischen Staatsrechtswissenschaft absolut, die die Majestät der souveränen Volksgemeinde als die primäre und die der Magistrate als die abgeleitete bezeichnet.

Und welche Quellenstellen führt Mommsen zur Erhärtung seiner Behauptung an? Er verweist zunächst auf den bei Cicero, de inv. II, 17, 52 referierten Vorgang,[2] wo es dann heißt: Quaestio est: Majestatemne minuerit? Ratio: In filium enim, quam habebam potestatem, ea sum usus! Rationis infirmatio: At enim, qui patria potestate, hoc est privata quadam, tribuniciam

---

sprochen; es wäre doch nur natürlich, neben der Sakrosanktität (leges sacrae, sacratae etc) auch von der Majestät der Tribunen zu sprechen.

[1] Man ziehe lib. III cap. 55 sorgfältig zu Rate!

[2] Der Volkstribun C. Flaminius war auf Grund der patria potestas durch seinen Vater von den Rostra entfernt worden, und da der Sohn so außerstande gesetzt wurde, sein Ackergesetz zu rogieren, wurde der Vater vor das Volksgericht gestellt. Cicero exemplifiziert hieran die Kollision von „patria potestas" und „potestas tribunicia". — Über den juristischen Wert dieser Erzählung s. Text.

potestatem, hoc est populi potestatem infirmat, minuit majestatem. Indicatio est: Minuitne is majestatem, qui in tribuniciam potestatem patria potestate utatur? Ad hanc judicationem argumentationes omnes adferre oportebit. Ist man mit MOMMSEN der Ansicht, daß CICERO diese Erzählung benutzt, um den Wert der „majestas minuta" zu erläutern, und daß sich weiterhin diese komitiale Verhandlung gerade auf Minderung der tribunizischen Majestät bezieht, so wird dadurch der Beweis nicht erbracht, daß ursprünglich gerade die Tribunen der majestas ausschließlich teilhaftig waren, allein eine Verletzung ihrer Stellung ein „crimen majestatis (tribuniciae imminutae)" war. Vielmehr wendet CICERO nur den treffenden und zu seiner Zeit zweifellos technisch gebrauchten Ausdruck in Übertragung auf einen 150 Jahre zurückliegenden Vorgang mit vollem Rechte an. Sicherlich war eine Verletzung der tribunizischen Gewalten zu Ciceros Zeiten ebenso wie im Jahre 217 v. Chr., als die tribuni plebis bereits seit über zweihundert Jahren „magistratus populi Romani" waren, ein „crimen — imminutae tribuniciae — majestatis". Geht aber daraus hervor, daß die Bezeichnung „majestas" zuerst in technischem Sinne, und zwar strafprozessual in Anwendung gebracht worden sei bei einem Angriff auf die Sakrosanktität der Tribunen, bei einem „Verstoß" gegen die „plebeischen Grundrechte"? CICERO selbst drückt sich, wenn er überhaupt an dieser Stelle rechtshistorisch ernst genommen werden will, einige Zeilen später (l. c. 53!) deutlich genug aus, wenn er sagt: Majestatem minuere est de... potestate populi aut eorum, quibus populus potestatem dedit — also z. B. tribunorum plebis — aliquid derogare. Er stellt absichtlich die „potestas populi" als die eigentliche und primäre Quelle der majestas voran; die Majestät der Beamten ist eben eine bloß abgeleitete.

Ebenso hinfällig ist die Berufung MOMMSENs auf ASCONIUS in Corn. p. 60. Hier heißt es: Volebant videri se indicare eam rem magnopere ad crimen imminutae majestatis[1] tribuniciae pertinere; etenim prope tollebatur intercessio, si id tribunis

[1] MOMMSEN meint, die Korrektur „potestatis" sei durchaus abzuweisen; aber warum?

permitteretur. Diese Stelle beweist nur, „daß eine nach der sullanischen Ordnung angestellte Majestätsklage wegen Verletzung des tribunizischen Interzessionsrechtes als „crimen imminutae tribuniciae majestatis“ aufgefaßt wurde[1] und zwar zur Zeit des Asconius;[2] sie beweist aber nicht, daß diese Wendung zunächst für den Verstoß gegen die den Vorstehern der Plebs garantierte Stellung aufgekommen sei.

Der dritte Quellenbeleg endlich beweist gerade das Gegenteil vom thema probandi Mommsens: Livius III, 24, 9: Et cum consules nihilo minus adversus continuationem tribunatus, quam si lex minuendae suae majestatis causa promulgata ferretur, tetendissent, victoria certaminis penes tribunos fuit. Wenn hier bei einem Vorgange, der in das Jahr 459/458 v. Chr. fällt, von der „majestas consulis“ gesprochen wird, und wenn man bedenkt, daß die Erhebung des Volkstribunats zur ordentlichen Magistratur erst in den Jahren 450/449 v. Chr. erfolgt, so würde daraus — wenn auch Livius der Annalist ist — gerade folgen, daß der ordentlichen Magistratur eher Majestät geeignet hat, als dem Tribunat. Es ist aber u. E. überhaupt unzulässig, hieraus auf die Entstehung der „Minderung der tribunizischen Majestät“ zu schließen.

§ 32.

Fortsetzung.

Nach alledem ist es also irrig zu sagen, daß der Majestätsbegriff infolge der eigenartigen Stellung der Tribunen in den Strafprozeß gelangt sei. Einen Schritt aber hat uns diese Auseinandersetzung weiter gebracht. Aus der gesamten Mommsenschen Darstellung[3] geht hervor, daß der strafrechtliche Tatbestand, der die kriminelle Seite der Majestät ausmacht, sich von dem der „perduellio“ nicht unterscheidet.[4] Es handelt sich schließlich

---

[1] Mommsen a. a. O.

[2] Dieser lebte vom Jahre 3—88 n. Chr. Geb.

[3] Auch aus den Erörterungen auf S. 538—539 seines Strafrechts.

[4] Es ist Mommsens Verdienst, mit der alten Phrase, daß das „crimen majestatis“ an die Stelle der „perduellio“ getreten sei, endgültig gebrochen zu haben. Wenn Bisoukides S. 15 Anm. 1 Mommsen die Äußerung imputiert,

auch bei MOMMSEN, sofern wir die Ursprungsfrage ausschalten, in beiden Fällen um einen Verstoß gegen Grundrechte der Gemeinde, der anerkannten, „lege" sanktionierten, und der revolutionären, „religione" sakrierten; beides ist ihm späterhin „Staatsverbrechen".[1] Dem ist u. E. beizustimmen. Wir finden zwar, wie schon betont, nirgends „perduellio"[2] und ebensowenig

daß die perduellio nach Entstehung des crimen majestatis eine Unterart desselben wurde, so versteht er die Ausführungen M.'s (S. 539) falsch. M., der von einem „an die Stelle treten" nirgends spricht, hat sich gerade gehütet, die Worte: „nach Entstehung des crimen majestatis" an der von B. bezeichneten Stelle zu gebrauchen, weil er nicht zwei sachlich oder zeitlich verschiedene Verbrechensbegriffe statuiert, sondern nur einen in zwiefacher Formulierung. So ausdrücklich S. 539 Zeile 2! M. wiederholt daher durchaus nicht den Gedanken, den DECIANUS (S. 141 Not. 4) bereits „unzweideutig ausgesprochen hatte".

[1] Die einheitliche Behandlung der gegen die Magistratur und den Tribunat gerichteten Frevel ergibt sich auch aus dem Valerischen Provokationsgesetze (LIVIUS II, 8, 2 und III, 55). Die tribunicia potestas hängt aufs engste mit der provocatio der lex Valeria zusammen (quamdia dictator rei publicae praeerat, de tribunorum auctoritate actum videbatur; ZONARAS VII, 15: eum ad finem tribunos institutos fuisse, ne alius alio nomine comprehensus plecteretur, id est, ne lex Valeria neglegeretur).

[2] Die Etymologie von perduellis ist verständlich: „per" im Sinne von „anders", „entgegen", nicht etwa = perquam; irrig noch DIRCK u. a. unter Berufung auf Menagii amoenitates cap. XXXIX und Brissonius v. perduelles: per pro perquam valde, ut perduellio pro perquamduellio et plusquam hostis. — MOMMSEN, Strafr. S. 537 Anm. 1, weist auf die Bedeutung von „per" in den Zusammensetzungen: „peregrinus" anderländig, „pervertere" anderswenden (zerstören); „periurus" andersschwörend (meineidig) hin. „Duellum" ist „bellum", „perduellis" ist also, wer einen anderen, entgegengerichteten Krieg (den „widrigen" Krieg!) führt, der „arge Krieger", der Landesfeind. Diese allgemeine noch nicht spezialisierte Bedeutung (daher ja auch die Synonymie mit hostis! s. Teil I) hat der Perduellionsbegriff noch bis in die späteren Zeiten bewahrt. l. 11 Dig. XLVIII, 4: ... sed qui perduellionis reus est, hostili animo adversus rem publicam vel principem animatus. ... l. 234 Dig. L, 16: Quos nos hostes appellamus, eos veteres „perduelles" appellabant, per eam adiectionem indicantes, cum quibus bellum esset. — VARRO, de ling. lat. V, 3 (BRUNS, pars post. S. 53): Multa verba nunc aliud ostendunt, aliud ante significabant, ut hostis; nam tum eo verbo dicebant peregrinum, qui suis legibus uteretur, nunc dicunt eum, quem tum dicebant perduellem. — FESTUS v. hostis (BRUNS ebenda S. 11): Hostis apud antiquos peregrinus dicebatur, et qui nunc hostis, perduellio (Perduellio, qui pertinaciter

„majestas“[1] definiert; ohne Zweifel aber ist beider der Sache nach bereits in den XII T. Erwähnung getan worden,[2] nicht etwa als

retinet bellum. p. 66 v. Duellum!) — Cicero, de off. I, 12, 37: Equidem etiam illud animadverto, quod, qui proprio nomine perduellis esset, is hostis vocaretur, lenitate verbi rei tristitiam mitigatem. Hostis enim apud maiores nostros is dicebatur, quem nunc peregrinum dicimus. Indicant duodecim tabulae: „Aut Status Dies Cum Hoste, itemque: Adversus Hostem Aeterna Auctoritas.“ Quid ad hanc mansuetudinem addi potest eum, quicum bellum geras, tam molli nomine appellare? Quamquam id nomen durius effecit iam vetustas; a peregrino enim recessit et proprie in eo, qui arma contra (d. i. „anders“, „widrig“ s. oben!) ferret, remansit. I, 13, 40: Maximum autem exemplum est iustitiae in hostem a maioribus nostris constitutum, cum a Pyrrho perfuga senatui est pollicitus se venenum regi daturum et eum necaturum, senatus et C. Fabricius perfugam Pyrrho dedidit. III, 29, 107: nam pirata non est ex perduellium numero definitus, sed communis hostis omnium; cum hoc nec fides debet nec iusiurandum esse commune. Vgl. auch noch: Cicero, Phil. XI, 1, 3: Omnes, qui libere de re publica sensimus, qui dignas nobis sententias diximus, qui populum Romanum liberum esse voluimus, statuit ille quidem non inimicos sed hostis; l. 118 Dig. L, 16: Hostes hi sunt, qui nobis aut quibus nos publice bellum decrevimus: ceteri „latrones“ aut „praedones“ sunt; l. 24 Dig. XLIX, 15: Hostes sunt, quibus bellum publice populus Romanus decrevit vel ipsi populo Romano: ceteri latrunculi vel praedones appellantur etc.

[1] Siehe oben S. 4ff. und S. 150.

[2] Bezüglich der perduellio: Pernice II, 2, 1 S. 35. — Allerdings suchen wir in den XII T. vergeblich nach den Worten. Daß sie die „perduellio“ verbotenus enthalten haben, hat man krampfhaft zu beweisen versucht: Einmal durch Bezugnahme auf eine Stelle der Institutionen Marcians (in den Digesten: l. 3 pr. XLVIII, 4: Lex duodecim tabularum iubet eum, qui hostem concitaverit quive civem hosti tradiderit, capite puniri. lex autem Julia majestatis praecipit . . .), in der man ohne Berechtigung aus „hostis“ „perduellis“ machen zu müssen glaubte — Gothofredus, tab. IX; Charondas, leg. XII, tab. rest. § 65, s. bei Dieck S. 19 —. Sodann durch Berufung auf Gaius, lib. II ad leg. duod. tab.: l. 234 Dig. L, 16, s. vorige Seite Anm. 2. Aber diese Stellen beweisen rein gar nichts. Wenn später „hostis“ und „perduellis“ synonyme Begriffe werden, so geht daraus nicht hervor, daß in den XII T. „perduellis“ gestanden hat. Vgl. auch Mommsen a. a. O. S. 537. — Wir finden die Vokabel zuerst bei Ennius (s. Dieck S. 21); bei Plautus: Amphytr. act. 1, sc. 1. vers. 94:

So. (Sosia): Perduélles penetrant se in fugam: . . .

act. 2, sc. 2. vers. 12: Sed hoc me beat

Saltem quom perduellis uicit et domum laudis compos

reuenit: id solaciost.

zweier besonderer technisch gefaßter Begriffe, sondern als Ausdruck für eine Summe von Handlungen, die, weil sie gegen die Majestät der Gemeinde gerichtet sind, bestraft werden.

Damit nun gelangen wir zur teilweisen Beantwortung der oben aufgeworfenen Frage: Der strafrechtlichen Idee nach sind „perduellio“ und „crimen majestatis“ identische Dinge. In beiden Begriffen spiegelt sich die Majestätsidee wieder, sie fließen unterschiedslos ineinander. Und dies ist ja durchaus nur erklärlich, wenn wir uns das über die Perduellion und über den Majestätsgedanken Gesagte ins Gedächtnis rufen. Sofern also die Römer denjenigen Komplex von Handlungen, der die Majestät des Gemeinwesens oder die seiner Beamten, der die Majestät der Götter oder der unter ihrem Schutze stehenden Personen und Sachen umfaßte, von dem Gesichtspunkte der Majestätsidee aus als ein in bestimmtem Sinne zu bestrafendes Delikt betrachteten, ohne — vielleicht jahrhundertelang — dafür eine spezifizierende Bezeichnung zu haben, so ist es irrig, diesen Deliktskomplex: „perduellio“ im Gegensatz zu „crimen majestatis“ zu nennen, als ob es sich hier um zwei verschiedenartige Kategorien strafbarer Tatbestände handelte.[1] Kurz: Die Perduellion

---

Ders. Curculio act. 1, sc. 1. vers. 5; Rudens act. 2, sc. 4. vers. 21; Trinummus act. 1, sc. 2. vers. 65; ferner bei Varro lib. V Nr. 8 (Bruns, pars post. S. 53): Multa verba aliud nunc ostendunt, aliud ante significabant, ut hostis; nam tum eo verbo dicebant peregrinum, qui suis legibus uteretur; nunc dicunt eum, quem tum dicebant perduellem.

Die Vokabel „majestas“ taucht erst in der späten Republik auf. Daß aber der die „perduellio“ ebenso wie das „crimen majestatis“ bildende strafbare Tatbestand des „Staatsverbrechens“ in den XII T. behandelt ist, folgert Mommsen mit Recht daraus, daß sich an die Marcian sche Stelle (l. 3 Dig. XLVIII, 4, s. vorige Seite Anm. 2) unmittelbar ein Exzerpt aus dem Julischen Majestätsgesetz anschließt.

[1] Dies tut auch der von den meisten Autoren zu Unrecht zitierte Ulpian nicht, wenn er, l. 11 Dig. XLVIII, 4 sagt: Is qui in reatu decedit, integri statu decedit, extinguitur enim crimen mortalitate, nisi forte quis maiestatis reus fuit. Nam hoc crimine, nisi a successoribus purgetur, hereditas fisco vindicatur. Plane non quisque — besser (Florentina!) quisquis — legis Juliae majestatis reus est, in eadem conditione est, sed qui perduellionis reus est, hostili animo adversus rem publicam vel Principem animatus. Das soll nicht etwa heißen, daß „perduellionis reus“ nicht gleichzeitig

„majestatis reus“ sein kann, daß die „perduellio“ ein von der „majestas“ verschiedenes Delikt darstellt; sondern Ulpian bringt zum Ausdruck, daß sich in der in Satz 1 der obigen Stelle geschilderten Lage nicht jeder Majestätsverbrecher nach der lex Julia befindet, sondern unter diesen nur der dem Landesfeinde gleich zu achtende civis (hostili animo! s. hier die treffliche Übersicht bei Rein S. 498 ff.) in seinem deliktischen Gebahren gegen Staat und Prinzeps. Ulpian behandelt in dieser Stelle die prozessuale Folge des Staatsverbrechens; das „hereditas fisco vindicatur“ gilt nur für den „hostili animo animatus“, nicht für jeden „majestatis reus“. Mit dem „hostili animo . . . animatus“ soll nicht der „perduellionis reus“ definiert, sondern nur aus der Zahl der „majestatis rei“ ausgeschieden werden, und da bei dem ältesten Fall des Staatsverbrechens κατ᾽ἐξοχὴν der „hostis“ aus dem Bürgerverbande ausscheidet, muß auch Ulpian hier die Konsequenz des „hereditas fisco vindicatur“ ziehen. — Danach wäre majestas der generelle, perduellio der spezielle Begriff. Nun ist zu beachten, daß es zu Ulpians Zeiten, wie weiter unten dargelegt werden wird, eine Perduellion als spezifischen Ausdruck für eine bestimmte Art Staatsverbrechen nicht mehr gibt, seit der Kaiserzeit vielmehr die „perduellio“ im „crimen majestatis“ auch ihrer Bezeichnung nach aufgegangen ist, und zwar aus prozessualen Gründen. (Richtig Knitschky S. 21.) Wenn nun Ulpian im 8. Buche seiner Disputationen dennoch den Ausdruck „perduellionis reus“ verwendet, so tut er dies allein aus dem Bestreben heraus, in wissenschaftlich präziser Weise den von ihm an dieser Stelle behandelten Urfall des Majestätsdeliktes durch Heranziehung einer einstmals materiellrechtlich wie prozessual üblichen Vokabel zu spezialisieren, einer Vokabel, die, wenn auch zu seiner Zeit antiquiert, doch auf den ersten Blick zeigt, welchen Spezialfall des Staatsverbrechens er meint, und so jedes weitere Wort der Erklärung überflüssig macht. Einen wirklichen Gegensatz zwischen „perduellio“ und „crimen majestatis“ will also Ulpian gar nicht konstruieren. (Dagegen: Mommsen, Strafr. S. 538 Anm. 1; Liszt 10. Aufl. 1900 S. 522; Berner S. 531; Bisoukides S. 17 usw. usw. Richtig: Weiske S. 5 ff.) Dann wird man auch verstehen, wenn derselbe Autor an einer anderen Stelle — libro VII, de officio Proconsulis l. 1 Dig. 48, 4 — von der Perduellion überhaupt nicht, sondern nur vom „crimen majestatis“ spricht, obschon es sich hier um denselben deliktischen Tatbestand handelt. Jede Perduellion ist eben ein „Crimen majestatis“.

Die Ausführungen bei Dieck § 47 treffen nicht den Kern; irrig sind auch die Behauptungen derer (namentlich Feuerbach S. 80; Zirkler S. 154 ff.), die gestützt auf diese berühmte Stelle Ulpians sowie auf Papinian (fr. 86 § 1 Dig. de acquir. hered. XXIX, 2; fr. 76 § 9 Dig. de leg. II, 31; fr. 31 § 4 Dig. de morte c. don. XXXIX, 5), auf Ulpian (fr. 11 Dig. XLVIII, 4; fr. 1 § 8 Dig. de suis et legitimis XXXVIII, 16; fr. 11 § 3 Dig. de his qui not. III, 3) und auf Marcian (fr. 4 Dig. de jure patron. XXXVII, 14) ein

ist ein „Crimen majestatis“,[1] eine Summe von majestätsverletzenden Handlungen.[2] Das „Crimen majestatis“ aber ist so alt wie die

---

Wiederaufleben des speziellen Perduellionsbegriffes in der Kaiserzeit konstatieren. Eine vortreffliche Widerlegung dieser Ansichten findet sich bei Knitschky S. 27 ff., der den „animus hostilis“ Ulpians durchaus richtig würdigt. Ähnlich Hepp S. 375. Am besten beurteilt Rein die ganze Frage. Er sagt S. 500: „Allein es geht daraus nicht hervor, daß perduellio noch immer ein technisch juristischer Ausdruck gewesen sei, sondern nur, daß «crimen majestatis» mehrere verschiedene Grade gehabt habe. Der Ausdruck perduellio steht für die höheren Grade der majestas und hostili animo ist keine allgemeine Definition der perduellio, sondern eine gelegentlich und beiläufig gegebene Erklärung der höheren Grade von Majestas. Ulpian aber gebraucht das Wort perduellio, weil es von alters her ein technischer Ausdruck war und abstrahiert dasselbe aus den in der lex verbotenen Fällen, wozu er die Umschreibung «hostili animo» hinzufügt, weil sie die etymologische Bedeutung des Wortes perduellis (s. v. a. hostis) enthielt.“ Siehe auch seine Widerlegungsbeweise S. 502 ff. — Über dolus und animus s. Feuerbach S. 21 ff.; Pernice II, 1 S. 185.

Mit dem Text übereinstimmend: Köstlin S. 44, der allerdings den Proditionsbegriff gegenüber dem Perduellionsbegriff zu sehr betont.

[1] Sie richtet sich wie kein anderes Delikt gegen die Majestas imperii: Roburtellus p. 14: Crimen vero perduellionis unum excipiebatur, quod ad majestatem imperii spectaret. . . .

[2] Auch die Quellen geben dieser Auffassung völlig recht; nirgends berechtigen sie zu der Vermutung sachlicher Divergenz von „perduellio“ und „crimen majestatis“. Es sollen einige Beispiele angeführt werden, aus denen der innere Konnex, die Gleichartigkeit der Tatbestände hervorgeht. Daß man sie früh „perduellio“, späterhin „cr. maj.“ nennt, hat, wie der Text lehren wird, seinen Grund in der prozessualen Verschiedenheit.

Marcian l. 3 Dig. XLVIII, 4: lex duodecim tabularum iubet eum, qui hostem concitaverit quive civem hosti tradiderit capite puniri. Mit dem „capite puniri“ ist zweifellos auf das Kapitalverbrechen der „perduellio“ hingewiesen (s. Mommsen a. a. O. S. 540 Anm. 3). Es ist nun interessant, festzustellen, wie diese ursprünglichen Grundgedanken der XII T. späterhin weiter ausgebaut und vertieft werden. Neben das „civem hosti tradere“ der XII. T. (s. oben) tritt in der lex Julia majestatis das „arcem tenere“ (= tradere), „provinciam vel civitatem hostibus prodere“ (l. 10 Dig. XLVIII, 4), „exercitum hostibus prodere“ (l. 4 Dig. h. t.). — Das „hostem concitare“ der XII T. (s. oben) kehrt in der lex Julia wieder, wenn l. 1 § 1 Dig. l. c. gesagt wird: „cuius opera consilio malo consilium initum erit, quo quis contra rem publicam arma ferat. — Sodann die Desertion der früheren und der späteren Zeit: Livius, ep. LV: P. Cornelio Nasica . . . et D. Junio Bruto consulibus dilectum habentibus in conspectu tironum res saluberrimi exempli

„perduellio“, wie das römische Gemeinwesen überhaupt; ihm haftet ja der Majestätsbegriff immanent an.[1]

§ 33.

Fortsetzung.

Nun kommen wir zum zweiten Teil der zu beantwortenden Frage. Es ist nicht zu leugnen, daß seit den Zeiten der ent-

---

facta est: Nam C. Matienus accusatus est apud tribunos plebis, quod exercitum in Hispania deseruisset, damnatusque ... und l. 8 Dig. l. c.: qui imperium exercitumve populi Romani deseruerit. — Ferner die Seditio: In der frührepublikanischen Zeit: „perduellio“. Livius XLIII, 16: Postero die ingentes tumultus ciere etc., später: Majestätsdelikt: Cicero, orat. part. XXX, 105: majestatem minuit is, qui per vim multitudinis rem ad seditionem vocavit; und l. 11 Dig. l. c.: majestatis crimine ... tenetur is, cuius opera dolo malo consilium initum erit ... quo coetus conventusve fiat. — Die Delikte gegen die Magistrate bieten den besten Nachweis. Schon der König, der — jedenfalls nach republikanischer Auffassung — die Stellung eines magistratus hatte, ist unverletzlich und daher die vollendete oder nur versuchte Tötung Perduellion: Dionys IV, 42: *Οἱ δ' ὑπάγοντες, αὐτοὺς ὑπὸ τὰς δίκας, ἄλλους ἐπ' ἄλλαις ψευδέσιν αἰτίαις, μάλιστα δ' ἐπιβουλεύειν αἰτιώμενοι τῷ βασιλεῖ κατηγόροιν ἐπ' αὐτῷ δικαστῇ.* Dasselbe Delikt ist späterhin Majestätsverbrechen: l. 1 Dig. l. c.: cuius opera consilio malo consilium initum erit, quo quis magistratus populi Romani quive imperium potestatemve habet, occidatur. Vgl. auch die bereits angeführten Stellen des Tacitus und namentlich auch Cicero, pro Rab. perd. III—V. — Das „pulsare“ des Tribuns ist nach der lex antiqua sacrata, dem tribunizischen Grundgesetz, Perduellion: Cicero, pro Tullio XX, 47; XXI, 49; in der Kaiserzeit Majestätsdelikt: Quinctilian V, 10, 39: Iniuriam fecisti, sed quia magistratui, majestatis actio est.

Ganz richtig hat eigentlich schon Balduinus das Verhältnis erfaßt, wenn er (S. 995) sagt, sowie es mehrere capitis diminutiones gebe, gebe es auch der majestatis diminutiones mehrere. Die Perduellion sei die „maxima majestatis diminutio“ und man habe sich dieselbe vorzustellen als ein „crimen majestatis dissolutae et eversae“. S. auch Accursius, glossa ad leg. 234 Dig. L, 16, der (Note m von perduellis — Ausg. von 1618 S. 1862) ohne Bedenken sagt: crimen perduellis id est laesae majestatis contra. ... Ferner Ayrer S. 7. Falsch Gravina c. 61 S. 227, der das crimen perduellionis zum Genus-, das crimen majestatis zum Speziesbegriff macht.

[1] Unserer Auffassung kommt bereits Köstlin S. 51, 55, 56 ziemlich nahe; er übersieht nur noch das wichtige Moment der Zurückführung der

wickelten Republik das römische Strafrecht die technischen Ausdrücke „perduellio“ und „crimen majestatis“ scharf trennt. Wie ist dies zu erklären? Die Lösung liegt nicht allzufern; wir meinen, diese Trennung der Begriffe ist gar nicht strafrechtlicher Natur, sondern ist in das Gebiet des Strafprozesses zu verweisen.

Strafrecht und Strafprozeß weisen in dem beginnenden Entwickelungsleben eines Volkes ein und dieselbe Erscheinungsform auf. Rechtssetzung und Rechtshandhabung sind nur als einheitlicher Ausdruck der Vitalität eines staatlichen Gemeinwesens zu begreifen, und wenn eine prinzipielle Scheidung in Recht und Prozeß wissenschaftlich zweifellos anfechtbar ist, so ist sie für das Verständnis des römischen Strafrechts (und zwar des öffentlichen!) bei dem leider nur zu fühlbaren Mangel der „formalen und idealen Festigkeit der Grundbegriffe“,[1] wie wir sie vom Privatrecht her kennen, geradezu gefährlich.[2] Das römische Staatsverbrechen, das zur wichtigsten Deliktskategorie gehört, lehrt dies durchaus. Wer hier im Bestreben, eine richtige Vorstellung zu erlangen, die prozessuale Seite des Delikts aus seiner Betrachtung ausschaltet, indem er nur die Straftat als solche untersucht, muß notwendig auf die irrige Inkongruenz von Perduellion und „crimen majestatis“ als zweier verschiedener Delikte stoßen. Wer sich aber bewußt ist, daß der Gedanke der Selbsthilfe, der Selbstverteidigung eines Gemeinwesens namentlich in seinen Kindheitstagen lediglich zum Ausdruck gelangt und in Erscheinung tritt durch die Handhabung, die Effektuierung dieses Gedankens, der wird nicht fehlgehen, in der „perduellio“ einen ebenso prozessualen wie materiellrechtlichen Begriff zu sehen, Diesen letzteren leiten wir vornehmlich aus der Etymologie des Wortes, jenen aus dem Gegensatz der „perduellio“ einerseits zum

---

Frage auf die allgemeine Majestätsidee. Für das entwickelte Recht durchaus zutreffend: Weiske, namentlich S. 16 a. E.

[1] Mommsen, Strafrecht S. 7.

[2] Mommsen a. a. O. Vorwort S. VII: Ob die Trennung des römischen Zivilrechts und des römischen Zivilprozesses diesen Disziplinen gefrommt hat, mag dahingestellt bleiben! Strafrecht ohne Strafprozeß ist ein Messergriff ohne Klinge, und Strafprozeß ohne Strafrecht eine Klinge ohne Messergriff.

„crimen majestatis“, andererseits zum „parricidium“[1] her. Auf dem Gebiete des Prozesses in der Tat besteht der Gegensatz zwischen der Perduellion und dem Majestätsverbrechen, von dem die republikanischen und später die kaiserlichen Gesetze reden; vorausgeschickt sei, daß seit der Kaiserzeit allmählich auch dieser Gegensatz verstummt. Dann, wie unten zu zeigen sein wird, verliert sich den Anschauungen der Zeit entsprechend gegen Ende der Republik die prozessuale Besonderheit der Perduellion, die nunmehr von der majestas ganz aufgesogen wird.[2]

Es ist mehr als eine nüchterne Vermutung, wie im Laufe der Abhandlung bereits des öfteren dargetan ist, daß die Schädigung der Gemeinde das älteste und in den frühesten uns bekannten Zeiten wohl das einzige Delikt des öffentlichen staatlichen Strafrechts gewesen ist. Gegenüber der gemeinschädlichen Handlung ist die Straffestsetzung und die Strafvollstreckung ein Akt der Notwehr des Gemeinwesens. Bestimmte Organe sind berufen, diesen Akt der Notwehr zu vollziehen. In der ältesten geschichtlichen Zeit erfolgte dieser Vorgang zweifellos in der Form der magistratischen Koerzition, und zwar unbeschränkt. Die aus dem Imperium des Magistrates fließende Machtvollkommenheit ist die Quelle der die ursprüngliche Staatsordnung aufrecht erhaltenden Strafmittel. In ihrer rechtlichen Schrankenlosigkeit ist diese Koerzition frei von irgend einer Bindung durch Komitien oder Geschworene, ist sie schroffes Willkürregiment.[3] Solange aber dieser Zustand des autoritativen Gutdünkens des Magistrats herrschte, solange es an den das Imperium einengenden Normen fehlte, kann von einem öffentlichen Strafprozeß keine Rede sein. Daß nun die gesamte innere Entwickelung des römischen Staates sich darstellt als ein Prozeß sukzessiver Beschneidung des ur-

---

[1] Der Gegensatz des Duoviralprozesses (perduellio) zum Quästorenprozeß (parricidium) beschäftigt uns hier nicht. Wir verweisen auf die Darlegungen bei MOMMSEN a. a. O. S. 527 ff.

[2] Siehe hierzu FEUERBACH-MITTERMAIER S. 271.

[3] CICERO, de leg. III, 4, 10: vis in populo abesto. par maiorve potestas plus valeto: ast quid turbassitur in agendo, fraus actoris esto. III, 36: magistratus nec oboedientem et noxium civem multa vinclis verberibusve coërceto!

sprünglich grenzenlosen „imperium“ durch das Gesetz, den Volksschluß, ist im ersten Teil in aller Breite vorgetragen worden; auch am römischen Strafprozeß kann dies bewiesen werden. In der Rechtsgeschichte taucht er in dem Augenblicke auf, wo wir von einer Mitwirkung des in den Komitien versammelten Volkes an der Verhängung der Strafen hören. Ist so die Koerzition die „Keimzelle des Staatsdelikts“, so kann man, um an diese Worte MOMMSENS[1] anzuknüpfen, sagen, der koerzitive Vorbereitungsprozeß ist beendigt mit der Normierung der Provokation in demjenigen Verfahren, das sich in gesetzlichen Formen abspielt, das ist das Verfahren vor den „duoviri perduellionis“.[2] Hier ist der Ausgangspunkt des römischen Strafprozesses zu suchen.

Zum ersten Male wird das koerzitive Kapitalverfahren beschränkt durch das Gesetz der Provokation. Darin liegt die eminente Bedeutung der „perduellio“.[3] Durch die Provokation wird die Bürgerschaft in die Lage versetzt, die Verurteilung gegebenen Falles zu hintertreiben, dem magistratischen Befehle die Spitze abzubrechen: Der Koerzition ist damit die erste unüberwindliche Schranke gesetzt. In diesem Stadium sprechen wir von dem magistratisch-komitialen Strafprozeß.

In scharfem Gegensatze zu ihm steht das Quästionenverfahren[4] des Majestätsprozesses. Es wird charakterisiert durch die vor Geschworenen stattfindende Prozeßverhandlung unter Leitung eines Magistrats.[5] Dieses Geschworenenverfahren datiert aus der späteren Zeit der Republik und ist nach und nach immer durch speziellen Volksschluß für bestimmte Deliktskategorien eingeführt worden. Das Duoviralverfahren, das Verfahren der

---

[1] Strafrecht S. 543.

[2] Es wird zurückgeführt auf ein Gesetz von Romulus: DIONYS. II, 10, s. oben. Vgl. hierzu namentlich MOMMSEN, Strafr. S. 539 Anm. 3.

[3] Über die Details des Verfahrens, das bestritten ist (s. GÖTTLING S. 158; HUSCHKE S. 584), über die Ernennung, Wahl usw. der Duovirn kann hier nicht gesprochen werden. S. hierzu KÖSTLIN S. 67 ff., MOMMSEN, Staatsr. II, 1 S. 598 ff.

[4] S. hierzu namentlich BINDING, Deutsch. Strafr. § 5; de nat. S. 4; ZUMPT, Schwurgerichte.

[5] Auch hier können die Details nicht gegeben werden.

Perduellion κατ' ἐξοχήν, war Kapitalprozeß mit der Alternative der Entscheidung auf Freisprechung oder Todesstrafe. Das Quästionenverfahren des Majestätsprozesses ist kein Kapitalverfahren, so daß neben der formellen Natur des Verfahrens als solchem die judizielle Bewegungsfreiheit bei der Strafzumessung den wichtigsten Unterschied zum Perduellionsverfahren ausmacht. Über den Ursprung der Majestätsquästion sich in Vermutungen zu ergehen, ist ziellos; wahrscheinlich hat SULLA die erste „quaestio majestatis" eingerichtet.[1] Daß das Perduellionsverfahren nebenher bestanden hat, jedenfalls bis zu den Zeiten des Prinzipats,[2] ist zweifellos und wird auch deutlich bewiesen durch den berühmten Prozeß gegen C. RABIRIUS,[3] der als duoviraler Perduellionsprozeß gedacht war, aber als tribunizischer Multprozeß zur Ausführung gelangte.[4] Gerade diese Duplizität des prozessualen Verfahrens ist schon zur Zeit der Römer auf die Straftaten selbst und ihre rechtliche Beurteilung von unheilvollem, verwirrendem Einfluß gewesen. Man vergaß späterhin, daß die Verschiedenheit der Terminierung ihren eigentlichen Grund im Prozeß, in der zwiefachen Art des Verfahrens hatte und übertrug die Gegensätzlichkeit auf die Straftat, das Staatsverbrechen. Wenn auch die ganze Frage der Antithese von „perduellio" und „crimen majestatis" seit den Zeiten der späten Republik[5] nicht mehr als aktuell bezeichnet werden kann, weil das besondere

---

[1] S. die bei BISOUKIDES S. 17 und bei MEENTS S. 7 zitierten Stellen.

[2] So auch CICERO, pro Mil. cap. IV: Diem mihi credo dixerat, multam irrogarat: actionem perduellionis intenderat.

[3] S. CICERO pro Rab. perd., namentlich cap. III—V. — Man vgl. hierzu auch den Prozeß gegen C. Cornelius (vgl. ASCONIUS!), der sich auf dieselben Anklagepunkte stützte wie der gegen Rabirius (Verletzung der Sakrosanktität der Tribunen), aber im majestätischen Quästionenverfahren abgemacht wurde. Daß übrigens CICERO den Rabirius trotz des Perduellionsverfahrens als Majestätsverbrecher verteidigt, ergibt sich aus der Rede mit voller Klarheit. Auch sagt er z. B. Orator XXIX: Jus omne retinendae majestatis Rabirii causa continebatur.

[4] MOMMSEN, Strafrecht S. 488 Amn. 1.

[5] CICERO, pro Rab. perd. III, 10: Sed ista laus est maiorum nostrorum, Quirites, qui expulsis regibus nullum in libero populo vestigium crudelitatis regiae retinuerunt, deinde multorum virorum fortium, qui vestram libertatem non acerbitate suppliciorum infestam, sed lenitate legum esse voluerunt.

Duoviralverfahren überhaupt verschwindet, die „perduellio" also in diesem Sinne prozessual in der „majestas" aufgeht; für die sachliche Erkenntnis der Begriffe in materieller Beziehung, für das Verständnis von dem wahren Verhältnis beider zueinander ist der prozessuale Gegensatz von nicht zu unterschätzender Bedeutung.[1]

Wir fassen das Resultat kurz zusammen. Soweit für die ältesten Zeiten und die Zeit der Republik von einem Gegensatz zwischen der „perduellio" und dem „crimen majestatis" gesprochen wird, ist ein solcher nicht begründet in der Verschiedenheit der Straftat, sondern in der Duplizität des für das Staatsverbrechen zulässigen Verfahrens, dessen Pointe in der Behandlung des Straffalles als eines kapitalen („perduellio") oder nicht kapitalen („majestas") seitens des Magistrats liegt.[2]

Damit nun stehen wir am Wendepunkte dieser Untersuchung. Wir haben gezeigt, daß der Ursprung des „crimen majestatis" nicht dort zu suchen ist, wo man ihn bisher zu finden geglaubt hat, weder in den Gesetzen der Republik noch in jenem politischen Vorgange, der die Gründung der plebeischen Konstitution bedeutet; daß vielmehr die diese Deliktskategorie füllenden Verbrechensarten, weil identisch mit denen der sogen. „perduellio", so alt sind wie das Gemeinwesen selbst. Der Gegensatz gilt nur für den Prozeß. Daß die Lösung der Ursprungsfrage der idealen Erfassung des ganzen Majestätsinstitutes bedarf, daß sie nicht von einer Verbalinterpretation der Quellen ausgehen und endlich auch das historische Moment nicht vergessen darf, lehrt das Gesagte zur Genüge und braucht nicht besonders betont zu werden. Vielleicht weiß auch die moderne Forschung fürderhin diesen Gesichtspunkten Rechnung zu tragen.

---

[1] So auch im wesentlichen Zumpt, Schwurger. S. 235. — Cujacius betont ad Pauli sent. rec. V — Ausg. v. Gymnicus S. 298 — bei der Gegenüberstellung von „perduellio" und „majestas" das prozessuale Moment ebenfalls ganz entschieden: Est autem judicium de majestate duplex, perduellionis et majestatis ... etc. Also nur ein Verbrechen, aber zwei Verfahrensarten!

[2] Ebenso sagt Mommsen (a. a. O. S. 589), der allerdings von einer strengen Scheidung von Prozeß und materieller Straftat ausdrücklich nicht spricht (vgl. hierzu a. a. O. S. 527!), daß die Perduellionsklage nichts zu sein scheint, als die Majestätsklage mit kapitalem Strafantrage.

Zwölftes Kapitel.
Entwickelung des crimen majestatis.
§§ 34, 35.
1. Übersicht. 2. Älteste Zeit.

Es wird nun noch in aller Kürze von der sukzessive fortschreitenden Entwickelung des strafrechtlichen Majestätsbegriffes gehandelt werden müssen, da die Formen, die das „crimen majestatis“ zu den verschiedenen Zeiten angenommen hat, für die Auffassung von der „majestas“ überhaupt, speziell aber der „majestas populi, magistratus, principis“ von Wichtigkeit sind.

Über die älteren Zeiten bedarf es, nachdem wir das Majestätsverbrechen bereits in der Art, wie es im Perduellionsprozeß erscheint, betrachtet haben, nur noch einiger allgemeiner Bemerkungen.[1] Die generelle Signatur ist: Energische Aufrecht-

[1] Wir geben in folgendem eine kurze Übersicht der wichtigsten zur Perduellion gerechneten Handlungen. 1. Prodito, der Landesverrat schlechtweg (ungenau die Gegenüberstellung von „proditio“ und „perduellio“ bei Köstlin S. 33 ff.; s. auch Rubino S. 466 Note 1!); so schon in den XII T., s. die berühmte l. 3 Dig. XLVIII, 4 Satz 1 (oben S. 168 Anm. 2); Tac. Ann. I, 72: Nam legem majestatis reduxerat, cui nomen apud veteres idem, sed alia in iudicium veniebant: Si quis proditione exercitum aut plebem seditionibus, denique male gesta re publica majestatem populi Romani minuisset; facta arguebantur, dicta impune erant. Primus Augustus cognitionem de famosis libellis specie legis eius tractavit ..., mox Tiberius consultante praetore an iudicia maiestatis redderentur exercendas leges esse respondit. — Dionys II 38; — Plutarch, Rom. XVII, 10 u. 11: Damnatus est etiam Tarpeïus proditionis e Romulo accusatus (*ἑάλω δὲ καὶ Ταρπήϊος προδοσίας ὑπὸ Ῥωμύλου διωαθεὶς ...*); Mar. VIII: *Ἔσχεν οὖν (ὁ Τουρπίλλιος) αἰτίαν προδοσίας.* — l. 10 Dig. XLVIII, 4: Maiestatis crimine accusari potest, cuius ope consilio dolo malo provincia vel civitas hostibus prodita est; l. 4 Dig. h. t.: cuiusque dolo malo iureiurando quis adactus est, quo adversus rem publicam faciat: cuiusve dolo malo exercitus populi Romani in insidias deductus hostibusve proditus erit: factumve dolo malo cuius dicitur, quo minus hostes in potestatem populi Romani veniant: cuiusve opera dolo malo hostes populi Romani commeatu armis telis equis pecunia aliove qua re adiuti erunt: utve ex amicis hostes populi Romani fiant: cuiusve dolo malo factum erit, quo magis obsides pecunia iumenta hostibus populi Romani dentur adversus rem publicam, item qui confessum in iudicio reum et propter hoc in vincula coniectum emiserit. ... — Sallust, Jug. LXIX: Turpilius

erhaltung der Souveränität, der Majestät des römischen Volkes. Nur sofern das römische Volk in der Hoheit seines Ansehens

quem praefectum oppidi unum ex omnibus profugisse supra ostendimus ... condemnatus verberatusque capite poenas solvit. 2. Überlauf: l. 2 Dig. XLVIII, 4: ... quive de provincia, cum ei successum esset, non discessit: aut qui exercitum deseruit vel privatus ad hostes perfugit: ...; Tac. VI, 14: at Rubrio Fabato, tamquam desperatis rebus Romanis Parthorum ad misericordiam fugeret, custodes additi. sane is repectus ... retractusque ... mansit tamen incolumis, oblivione magis quam clementia. l. 7 Dig. XLVIII, 16: Proditores transfugae plerumque capite puniuntur et exauctorati torquentur: nam pro hoste, non pro milite habentur. — Livius XXX 43, 13: de perfugis gravius quam de fugitivis consultum; nominis Latini qui erant, securi percussi, Romani in crucem sublati. 3. Konspiration mit dem Landesfeind: XII T. s. l. 3 Dig. XLVIII, 4 (oben!). — Valer. Max. III, 7, 8: qui cum pro rostris accusaretur, quod a rege Mitridate ob rem publicam prodendam pecuniam accepisset, ...; Tac. III, 38: Caesar Antistium Veterem ... ad dicendam maiestatis causam retraxit ... qua tempestate ... bellum adversus nos volverat; IV 13: Carsidius Sacerdos, reus tamquam frumento hostem Tacfarniatem iuvisset, absolvitur. 4. Versuch, das Königtum wiederherzustellen: Livius II, 8, 2: ante omnes de provocatione adversus magistratus ad populum sacrandoque cum bonis capite euis, qui regni occupandi consilium inisset, gratae in vulgus leges fuere; III, 55, 4, 5: Aliam deinde consularem legem de provocatione, unicum praesidium libertatis, decemvirali potestate eversam non restituunt modo, sed etiam in posterum muniunt sanciendo novam legem, ne quis ullum magistratum sine provocatione crearet; qui creasset, eum ius fasque esset occidi neve ea caedes capitalis noxae haberetur. III, 55, 14: tribunus plebis plebem rogavit plebesque scivit, qui plebem sine tribunis reliquisset, quique magistratum sine provocatione crearet, tergo ac capite puniretur. Berühmt sind die Perduellionsprozesse gegen Sp. Cassius und M. Manlius; s. Mommsen, Röm. Forschg. II, S. 153 ff. — Dionys V, 19: μετὰ δὲ τὴν Βρούτου τελευτὴν ὁ συνύπατος αὐτοῦ Οὐαλέριος ὕποπτος γίνεται τοῖς δημοτικοῖς, ὡς βασιλείαν κατασκευαζόμενος; s. namentlich a. E. — Plutarch, Popl. XII, 1: in una tamen haud sane mediocri re gravius (legislator) statuit: lege enim sanxit, ut qui tyrannidem affectaret, eum cuilibet indicta causa liceret occidere: occisorem autem caedis obsolvebat, si demonstrasset occisi delictum. 5. Amtsdelikte: Livius XLIII, 16: et utrique censori perduellionem se iudicare pronuntiavit (tribunus plebis) ... vgl. den folgenden interessanten Prozeßverlauf (Verurteilung und Begnadigung!); VII, 41, 4: lex quoque sacrata militaris lata est, ne cuius militis scripti nomen nisi ipso volente deleretur; additumque legi, ne quis, ubi tribunus militum fuisset, postea ordinum ductor esset; XLII, 21, 4: tribuni plebis et consulibus multam se dicturos, nisi in provinciam exirent, denuntiarunt ...; hierzu kommen noch

und seiner rechtlichen Stellung einen Angriff von innen oder von außen erleidet, liegt ein Staatsverbrechen vor; die Verletzung der Allgemeinheit ist entscheidend, der einzelne tritt zurück. Dieser Standpunkt wird konsequent gewahrt. Das Verbrechen gegen den einzelnen kann daher nur dann Majestätsverbrechen sein, wenn er „magistratus" ist und ihn das Delikt in seiner Magistratsqualität trifft. Hierfür haben die Römer bereits in

---

die spezifisch priesterlichen Delikte (Verletzung der Auspizien, Unterlassung von Sakralhandlungen). 6. Entziehung des Wehrpflichtigen vor der Gestellung: Valer. Max. VI, 3, 4: Id factum imitatus M.' Curius consul, cum dilectum subito edicere coactus esset et juniorum nemo respondisset, coniectis in sortem fumibus tribubus, Polliae, quae prima exierat, primum nomen urna extractum citari iussit neque eo respondente bona adulescentis hastae subierit ... etc.; VI, 3, 3: M. enim Claudium senatus Corsis, quia turpem cum his pacem fecerat, dedidit. quem ab hostibus non acceptum in publica custodia necari iussit, semel laesa majestate imperii quot modis irae pertinax vindex! Ebenso: Livius ep. XIV: Curius Dentatus cum dilectum haberet, eius, qui citatus non responderat, bona primus vendidit; II, 55, 4: his vocibus alii alios cum incitassent, ad Voleronem Publilium, de plebe hominem, quia quod ordines duxisset, negaret se militem fieri debere, lictor missus est a consulibus ...; VII, 4, 4: ... criminique ei tribunus inter cetera dabat, quod filium iuvenem, nullius probri compertum, extorrem urbe, domo, penatibus, foro, luce, congressu aequalium prohibitum, in opus servile, prope in carcerem atque in ergastulum dederit. 7. Desertion. Livius ep. LV: P. Corneli Nasica ... D. Junio Bruto consulibus dilectum habentibus in conspectu tironum res saluberrimi exempli facta est: Nam C. Matienus accusatus est apud tribunos plebis, quod exercitum in Hispania deseruisset, damnatusque ...; 8. Seditio: Dionys VII, 17: *ἦν δὲ τοιόσδε ὁ νόμος· „Δημάρχου γνώμην ἀργορρύοντος ἐν δήμῳ, μηδεὶς λεγέτω μηδὲν ἐναντίον, μηδὲ μεσολαβείτω τὸν λόγον. Ἐὰν δέ τις παρὰ ταῦτα ποιήσῃ, διδότω τοῖς δημάρχοις ἐγγυητὰς αἰτηθεὶς εἰς ἔκτισιν, ἧς ἂν ἐπιδῶσιν αὐτῷ ζημίας. ὁ δὲ μὴ διδοὺς ἐγγυητὴν θανάτῳ ζημιούσθω, καὶ τὰ χρήματα αὐτοῦ ἱερὰ ἔστω. τῶν δὲ ἀμφισβητούντων πρὸς ταύτας τὰς ζημίας αἱ κρίσεις ἔστωσαν ἐπὶ τοῦ δήμου!"* Livius XLIII, 16, s. oben. 9. Delikte gegen den Magistratus: Dionys IV, 42: *Οἱ δ' ὑπάγοντες αὐτοὺς ὑπὸ τὰς δίκας, ἄλλους ἐπ' ἄλλαις φευδέσιν αἰτίαις, μάλιστα δ' ἐπιβουλεύειν αἰτιώμενοι τῷ βασιλεῖ, κατηγόρουν ἐπ' αὐτῷ δικαστῇ.* — Cicero pro Tullio XX, 47: legem antiquam de legibus sacratis (recitavit), quae iubeat impune occidi eum, qui tribunum plebis pulsaverit. XXI, 49: Quare non iniuria, quo magistratu munitae leges sunt, eius magistratus corpus legibus vallatum esse (maiores nostri) voluerunt. — Livius ep. LIX. Noch zahlreiche einschlägige Quellenstellen werden bei der Behandlung der einzelnen Gesetze angeführt werden.

den allerfrühesten Zeiten ein bewußtes Empfinden, der römische Beamte ist seit jeher unverletzlich gewesen. Der am Magistrat verübte Mord ist jedenfalls stets Staatsverbrechen;[1] denn der populus Romanus wird ja des durch Volksschluß kreierten Organs beraubt und in seiner Einheit verletzt; die Wahrung der staatlichen Integrität verlangt hier Sühne. Doch ist zu beachten, daß nicht etwa alle Fälle, in denen ein öffentliches Interesse zu strafen vorliegt, der Kategorie des Staatsverbrechens zuzuzählen sind; daher sind gemeingefährliche Verbrechen nicht als solche schon Staatsverbrechen; sie können es werden, sobald der Staat

[1] Es ist eine alte Streitfrage, wie der als Perduellion gefaßte Schwestermord in der Horatierlegende — LIVIUS, I 26; AUREL. VICTOR IV; TAC., XII 8 (addidit CLAUDIUS etc.) — zu erklären ist; sie interessiert hier nur indirekt. MOMMSEN hat (Strafr. S. 544 Anm. 1; S. 528 Anm. 1) eine nunmehr durchaus überzeugende Erklärung gefunden. — Nicht abwegig ist die Annahme des SIGONIUS (de iure antiq. civ. Rom. II, 18; s. bei DIECK S. 11), der sagt, der Horatier sei deshalb für einen „perduellis" erklärt worden, weil er in Gegenwart der königlichen Majestät und des römischen Volkes den Totschlag begangen und eben durch diese Form der Tat die Schuld des Majestätsverbrechens auf sich geladen habe. Die Majestätsidee hat sicherlich den Bericht der Annalisten beeinflußt. Zweifellos lag in der unbefugten Ermordung der Schwester angesichts des Volkes eine Verletzung der majestas populi, wenn nicht gar eine Schmälerung der majestas deorum. Sowohl „perduellio" wie „parricidium" sind Äußerungen dieser Majestätsidee. Es ist deshalb kein Widerspruch, wenn die Schriftsteller den Fall als „perduellio" bezeichnen, obschon er streng genommen „parricidium" ist. Dieser Gedanke mag KARLOWA (Intra pomerium etc. S. 17) vorgeschwebt haben; seine Erklärung ist daher nicht so einfach abzutun, wie es HITZIG (Zeitschrift S. 182 ff.) tut. — Irrig ist die Ansicht fast sämtlicher Juristen bis ins 19. Jahrhundert hinein (s. noch DIECK S. 7, wo man näheres hierüber findet), die den Perduellionsbegriff in absolut unzulässiger Weise ausgedehnt und darunter wahllos alle die öffentliche Sicherheit gefährdenden Verbrechen gerechnet haben. Wenn man sich auf die Worte SENECAS, de ira II, 31: „Nefas est nocere patriae ergo civi quoque, nam hic pars patriae est. Sanctae partes sunt, si universum venerabile est!" berufen hat, so ist wahrhaft unbegreiflich, wie aus ihnen bei einem Vergehen gegen die Freiheitsrechte der Bürger ernsthaft auf „perduellio" geschlossen werden kann, man müßte denn eben die nur mittelbar gegen die Gemeinde gerichteten Verbrechen als Staatsverbrechen betrachten. Das aber ist grundfalsch. Sehr bedenklich die Konstruktion bei KÖSTLIN S. 66; REIN S. 467; MEENTS S. 2. Neuerdings wie MOMMSEN, Bisoukides S. 11.

oder die Idee der Majestät desselben als unmittelbar verletzt erscheinen. Die Brandstiftung ist daher prinzipiell nicht Staatsverbrechen; sie wird es, wenn sie z. B. an einem Tempel begangen wird, ebenso wie Tempeldiebstahl und Pekulat dem Staatsverbrechen gleich geahndet worden sind.[1] Daß die strafbare Schmälerung der Majestät des Volkes in denjenigen Angriffen gegen das Gemeinwesen ursprünglich zum Ausdruck gelangt, die sich als Landesverrat, „proditio", Überlauf, Abfall und Konspiration mit dem Landesfeind darstellen, das staatliche Strafrecht am Überläufer und Landesverräter schlechtweg seine Normen geradezu kreiert hat, bedarf hier keiner Rekapitulation.[2]

§ 36.

3. Zeit der Republik.

Es wird nun zu untersuchen sein, welchen Einfluß die Abschaffung des Königtums und die Einführung der republikanischen Verfassung auf die Gestaltung des Staatsverbrechens gehabt hat. Der innige Zusammenhang des Staatsverbrechens und des Majestätsgedankens läßt bereits die Reflexwirkung dieses bedeutsamsten innerstaatlichen Ereignisses der frührömischen Epoche auf die Wertung des Delikts ahnen. Wenn wir uns vergegenwärtigen, wie dieser ernste, rechtshistorisch und politisch wichtige Vorgang, die Vertreibung der Könige und die Einsetzung der Jahreskonsuln, aufzufassen ist, daß er von der römischen Staatsrechtswissenschaft als der Sieg der im Schwinden begriffenen „majestas populi Romani" gegenüber der allzusehr erstarkten „majestas magistratus" konstruiert wird, so wird verständlich werden, daß das souveräne Volk von Rom die Frucht dieses heiß

---

[1] A. M. Mommsen a. a. O. S. 544. Vgl. aber auch daselbst Anm. 2. — Zutreffend schon Gothofredus Discurs S. 98: noniam dico inani adulatione vel insolenti ambitione quod fecere passim, passive sunt Tyrannorum multi, apud quos Majestatis crimen unicum ferme crimen eorum est, qui crimine vacant, cunctaque quaestione Majestatis apud eos exercentur: cuius rei exempla apud Historiae Augustae scriptores passim occurrunt vel sacrilegii, quod pro majestatis crimine saepe accipitur.

[2] Siehe oben S. 178 Anm. 1.

errungenen Sieges niederlegte in dem unabänderlichen Satze: „Neminem Romae regnare passuros"[1] und so den Fall der Wiedereinführung des Königtums als Staatsverbrechen schuf. Nach Livius[2] handelt es sich hier um eins der Valerischen Gesetze, die den Konsul Publius Valerius „non solum regni suspicione absolverent, sed adeo in contrarium verterent, ut popularem etiam facerent!"[3] Der Gedanke der absoluten ungeschmälerten Majestät des römischen Volkes liegt den Worten zugrunde; für ihre oft folgenschwere Realisierung legen die zahllosen Perduellionsprozesse beredtes Zeugnis ab, mit denen die Annalisten die Blätter der Geschichte gefüllt haben; die Prozesse gegen Spurius Cassius 486 v. Chr. und Marcus Manlius 385 v. Chr. sind berühmte Beispiele.[4] Noch die Ermordung Caesars und die Rechtfertigung desselben bei den römischen Schriftstellern beweist, mit welcher Unabänderlichkeit und Konsequenz dieser Gedanke der Volksmajestät in die grause Wirklichkeit umgesetzt wurde. Das wahrhaft Schöpferische der Idee liegt eben in der Konstituierung einer geheiligten politischen Tendenz, ja vielleicht noch mehr in der Normierung eines als ewig gedachten Grundgesetzes.

Und dieses Grundgesetz ist das Vorbild geworden für jenen zweiten innerstaatlichen Akt, der die Grundlagen des römischen Staates nicht minder als der ersterwähnte Vorgang schaffen half: Die plebeische Konstitution!

Wie durch die Aufrechterhaltung des Majestätsprinzips die Existenz der freien Republik, der Schutz des adligen Staats-

---

[1] II, 1, 9 (Livius): Brutus .... omnium primum avidum novae libertatis populum, ne postmodum flecti precibus aut donis regiis posset, iure iurando adegit, neminem Romae regnare passuros!

[2] II, 8, 2: ante omnes de ... sacrando ... cum bonis capite eius, qui regni occupandi consilia iuisset, gratae in vulgus leges fuere. Damit weist der Autor deutlich auf die kapitale Bestrafung im Perduellionsverfahren hin. Dasselbe wiederholt er III, 55, 4 u. 5 und 11; beide Stellen beweisen, daß der Versuch der Einführung der vorrepublikanischen Verfassungsform als „perduellio" zu ahnden war.

[3] Livius II, 8, 1. Diese Notiz ist bezeichnend für die Stimmung des Volkes über diese politische Großtat. „Inde cognomen factum Publicolae est" läßt die Begeisterung Livius (a. a. O.) fortfahren!

[4] S. oben!

bürgertums gewährleistet ward: Der Wahrspruch „Neminem Romae passuros regnare" wurde von den Plebejern adoptiert als Wahrzeichen ihrer unantastbaren sakralen Verfassung. Man geht kaum zu weit, wenn man behauptet, daß jene beispiellose Erscheinung des antiken Staatsrechts, der Zusammenschluß der Plebejer zu einer in sich gefestigten Gemeinde, wesentlich ermöglicht wurde und vor allem von dauerndem Bestande bleiben konnte vermöge des von der patrizischen Republik bereits entwickelten Staatsverbrechens. Wie dies der Schutzwall der aristokratischen Republik war gegen die immer noch aufflackernden Bestrebungen, das alte Königtum wiederherzustellen, so ward es gleichzeitig das Bollwerk der neuentstandenen Plebejergemeinde gegen die auf ihre geheiligten autonomen Satzungen gerichteten Angriffe. Es ist eigentümlich aber zugleich auch charakteristisch für die Konstitution dieser revolutionären Gemeinschaft, daß sie sich auch in diesem Punkte die Verfassung der Patrizier zum Muster genommen hat. Analogieen und Parallelen sind deutlich zu erkennen. Wie die Patrizier gesetzlich und eidlich den Umsturz der republikanischen Verfassung, jedenfalls soweit es sich um die Wiedereinsetzung des lebenslänglichen Königtums oder ähnlicher Magistraturen[1] handelt,[2] als Staatsverbrechen ansehen,

---

[1] S. die obigen Quellenstellen und Cic. de republ. II, 27, 49: Habetis igitur primum ortum tyranni; nam hoc nomen Graeci regis iniusti esse voluerunt; nostri quidem omnes reges vocitaverunt, qui soli in populos perpetuam potestatem haberent. Itaque et Sp. Cassius et M. Manlius et Spurius Maelius regnum occupare voluisse dicti sunt, et modo Tib. Gracchus .... (desiderantur paginae duae!) etc.

[2] Mommsen, Staatsr. III, 1, 360ff. und Strafr. 549ff. führt aus, daß die Römer den Versuch, den im Staatsgrundgesetze, der Verfassung, zum Ausdruck kommenden Willen der Gemeinde gewaltsam zu ändern, niemals bestraft, niemals als Perduellionsfall behandelt haben, daß, da die Gemeinde ebensowenig wie der Testator sich rechtlich der Befugnis begeben könnte, ihren Willen späterhin zu ändern, und dieser Wille daher ein stets wandelbarer bleibe, der Versuch, die Staatsform zu ändern, an sich legal sei, höchstens die Art und Weise der angewandten Mittel eine Gesetzesverletzung bedeuten; der Versuch, das einheitliche und lebenslängliche Königtum wiederherzustellen, sei die einzige Ausnahme dieses Prinzips. Wir meinen nun, daß das römische Staatsrecht auch den Angriff auf die plebeischen Grundrechte bei dem imitatorischen Charakter derselben als Ausnahme von

ebenso wahrt die neugebildete Plebejergemeinschaft die einmal errungenen Rechte durch Anstellung der Klage aus dem Staatsverbrechen.

Und weiterhin! Obgleich die Vorsteher der Plebejergemeinde nicht Magistrate in technischem Sinne sind, da die „tribunicia potestas“ keine „potestas legitima“, sondern „sacrosancta“, d. h. durch die „leges sacratae“[1] begründet ist, obwohl sie daher des „imperium“ ermangeln:[2] Die magistratsähnliche Stellung zeigt sich

---

der Regel statuiert wissen wollte. Mommsen spricht das mit voller Deutlichkeit nicht aus; seine Ausführungen Staatsr. a. a. O. 362 a. E., 363 und Strafr. 553 a. E. zielen aber wohl ebendahin.

[1] Die Gründung der neuen Gemeinde erfolgt nicht im Wege gesetzlicher Konstituierung; die Verfassungsnormen ruhen nicht auf dem souveränen Volkswillen, sondern auf der durch Eid bekräftigten Allmacht einer revolutionären Menge, die „potestas tribunicia“ entspringt der sakralreligiösen Bindung der Genossenschaft. Festus v. sacratae leges p. 318: Sacratae leges sunt, quibus sanctum est, qui quid adversus eas fecerit, sacer alicui deorum sit cum familia pecuniaque. Sunt qui esse dicant sacratas, quas plebes iurata in monte sacro sciverit. Ders. v. sacer mons p. 318: At homo sacer is est, quem populus iudicavit ob maleficium; neque fas est eum immolari, sed qui occidit, parricidi non damnatur; nam lege tribunicia prima cavetur: „Si quis eum, qui eo plebei scito sacer sit, occiderit, parricida ne sit!“ — Livius II, 33, 3: sunt qui duos tantum in sacro monte creatos tribunos esse dicant, ibique sacratam legem latam. Der Gegensatz von „potestas legitima“ und „sacrosancta“ ist bewußt erfaßt: III, 55, 8; Cicero de off. III, 31, 111: Id indicant leges in duodecim tabulis, indicant sacratae .... Appian b. c. II, 108: *ἥ τε γὰρ πρόφασις τῆς κολάσεως περὶ τῆς βασιλικῆς ἐπωνυμίας ἦν, ἥτε τῶν δημάρχων ἀρχὴ ἱερὰ καὶ ἄσυλος ἦν ἐκ νόμου καὶ ὅρκου παλαιοῦ.* Derselbe IV, 17: *ἱερὰ δ' ἐστὶν ἡ ἀρχὴ καὶ ἄσυλος ἐκ τῶν νόμων καὶ τὰ μέγιστα ἴσχυεν, ὡς καὶ τῶν ὑπάτων τινὰς ἐς τὰς φυλακὰς ἐμβαλεῖν.* — Dionys VI, 89: *ὁ δὲ Βροῦτος ἐκκλησίαν συναγαγὼν συνεβούλευσε τοῖς δημόταις ἱερὰν καὶ ἄσυλον ἀποδεῖξαι τὴν ἀρχήν, νόμῳ τε καὶ ὅρκῳ βεβαιώσαντας αὐτῇ τὸ ἀσφαλές.* — Plutarch, Tiber. Gracch. XV: *ἔφη γὰρ ἱερὸν τὸν δήμαρχον εἶναι καὶ ἄσυλον, ὅτι τῷ δήμῳ καθωσιώται καὶ τοῦ δήμου προέστηκεν·*

[2] Livius VI, 37, 4: non posse aequo iure agi, ubi imperium penes eos, penes se auxilium tantum sit. nisi imperio communicato, numquam plebem in parte pari rei publicae fore; II, 56, 10ff.: tum ex his prendi quasdam Laetorius iubet. Consul Appius negare ius esse tribuno in quemquam nisi in plebeium; non enim populi sed plebis eum magistratum esse .... privatum esse (tribunum) sine imperio, sine magistratu.

in der Unverletzlichkeit des Vorstehers der Plebs[1] und in den übrigen tribunizischen Immunitäten.[2] Der Angriff auf diese rechtlich anerkannten Prärogative ist ebenso Staatsverbrechen, Perduellion oder Majestätsverbrechen, wie der Angriff auf den populus als solchen; die Tötung eines Tribuns unterscheidet sich in ihrer rechtlichen Bewertung in nichts von der Tötung eines Magistrats.[3]

Die weitere Ausgestaltung des Majestätsverbrechens in der Folgezeit hat man sich nun so vorzustellen, daß teils in Anlehnung an alte Bestimmungen, teils durch Erlaß neuer Spezialgesetze in rein kasueller Regelung die besondere Ausgestaltung dieses Delikts den verschiedenen innerpolitischen Bewegungen der Republik angepaßt wird. Die aufregenden Zeiten der letzten anderthalb Jahrhunderte sind da besonders fruchtbar gewesen. Doch schied man sorgsam. Nicht jeder Eingriff in die Rechts- und Machtsphäre des Gemeinwesens ist „crimen majestatis"; „peculatus", „repetundae", „ambitus" werden besondere Kategorien; nur die Fälle, die die staatlichen Hoheitsrechte betreffen und das Ansehen der Gemeinde schmälern,[4] sind technisch Majestätsdelikt.

Im allgemeinen ist zu bemerken, daß die Volkstribune sich nach und nach fast ausschließlich der Anstellung von Perduellionsprozessen als einer bewährten politischen Waffe zu bedienen ge-

---

[1] Cicero pro Tullio XLVII ff.

[2] So namentlich: 1. Interzession. Hierüber siehe bereits oben Teil I. Der Beamte, der die tribunizische Interzession ignoriert, macht sich des kapitalen Staatsverbrechens schuldig: Livius XLIII, 16: appellati a privato tribuni cum praeter Rutilium nemo intercederet, censores ad pignora capienda miserunt multamque pro contione privato dixerunt .... tribunus .... Tib. Gracchi .... bona consecravit (hierüber s. schon oben Teil I) quod in multa pignoribusque eius qui tribunum appellasset, intercessioni non parendo se in ordinem coegisset. 2. Redefreiheit: Dionys VII, 17 s. oben S. 180 Anm. Nr. 8; Cicero pro Sestio XXXVII, 79.

[3] Deshalb konnte auch Augustus, gleichzeitig Tribun und ordentlicher Magistrat, mit gutem Grunde auf eine besondere Hervorhebung des Kaisermordes in der lex Julia majestatis verzichten. Näheres s. unten.

[4] Cicero in Verrem IV, 41, 88: est majestatis, quod imperii nostri, gloriae, rerum gestarum monumenta evertere atque asportare ausus es!

wöhnen, daß aber dadurch gleichzeitig der ursprüngliche Duoviralprozeß seiner Eigentümlichkeit entkleidet wird. Gab es bisher nur eine Alternative: Freisprechung oder Todesstrafe, so führen nunmehr die Volkstribune ein gänzlich neues Strafensystem ein; obgleich man sich stets bewußt bleibt, daß das Staatsverbrechen das schwerste aller Verbrechen sei, fügt man sich den modernen innerstaatlichen Tendenzen, die gerade den Volkstribunen gebieten, von der kapitalen Bestrafung abzusehen und leichtere, für ihre politischen Intentionen um so wirksamere Strafen einzuführen.[1] Wenn auch das Duoviralverfahren noch formell besteht,[2] praktisch wird es ersetzt durch das tribunizische Strafverfahren und das jetzt neu auftauchende Quästionenverfahren. Die durch Sulla geschaffene „quaestio majestatis" bildet den Abschluß der um die Wende des 1. Jahrhunderts v. Chr. erlassenen Majestätsgesetze, von denen nun im Zusammenhange zu handeln ist.

§ 37.

4. Lex Apuleia [majestatis].

Die lex Apuleia, ein Plebiszit aus dem Jahre 651/103 v. Chr.,[3] war infolge der politischen Wirren veranlaßt worden.[4] Die schmachvolle Haltung der römischen Truppen, vor allem der Offiziere und Oberbefehlshaber bei dem Einbruch der Kimbern in die römischen Grenzgebiete, der sich namentlich in den leitenden Kreisen immer mehr bemerkbar machende Mangel an ernstem, energischem Bestreben, den Namen und die Würde des römischen Volkes zu

---

[1] So finden wir namentlich häufig die Auflegung von Geldbußen; die Strafsätze sind im allgemeinen mehr niedrig als hoch bemessen. Mommsen, Strafr. S. 589; Zumpt, Schwurger. S. 2.

[2] Knitschky S. 21.

[3] So Mommsen, Strafr. S. 198; Zumpt, Schwurger. S. 229; nach anderen 652/102 (z. B. Dieck S. 71), s. auch Rein S. 507, Rudorff I S. 82, der sie ins Jahr 653 verlegt

[4] Von dem Volkstribun L. Apuleius Saturninus! Bacchi hist. jur. II, 2 sect. 1 § 63; Cropp III, 1, 1 Not. 6; Gundling I, 8; Zumpt a. a. O. S. 228. Dagegen allerdings Bouchaud II S. 220—21: Nous somnes portés à croire, que la loi Apuleïa majestatis est plus ancienne que Saturninus.

wahren,[1,2] schienen Grund genug, nun endlich einmal alle hier in Betracht kommenden Fälle, welche die abstrakte Formel des „minuere majestatem populi Romani“ umfaßte, in das Staatsverbrechen aufzunehmen. Es ist sehr wahrscheinlich, daß das apuleische Plebiszit die Einsetzung einer Geschworenenkommission[3] wegen der vom Konsul Quintus Servilius Caepio im Jahre 648 a. u. c. unterschlagenen Tempelschätze[4] zwecks Untersuchung und Aburteilung[5] anordnete.[6] Ob hier ein Gesetz vorliegt, das zum ersten Male[7] das Staatsverbrechen von dem abstrakten Standpunkt des „minuere majestatem“ ansieht,[8] ist nicht festzustellen. Jedenfalls liegt die Bedeutung der lex Apuleia, soweit derselben eine solche überhaupt zuzusprechen ist, darin, daß sie keine kasuelle Regelung gibt, sondern ein strafrechtliches Prinzip

---

[1] Schon im Jugurthinischen Kriege war hier geradezu Unerhörtes geleistet worden. Man denke nur an den Vertrag des Marcus Scaurus mit Jugurtha im Winter 642—643 a. u. c. und an die Prozesse gegen Gaius Bestia, Spurius Albinus und Lucius Opimus wegen Landesverrats. S. oben!

[2] Pighius ad ann. 651 (S. 163): majestas populi Romani vehementer imminuta haud dubie videbatur ubique gentium: nec minus in ipsa urbe Roma, cum in tanta trepidatione civitatis quies valde turbata fuisset.

[3] Ob einer ständigen, ist wohl mit Mommsen a. a. O. S. 198 Anm. 1 zu verneinen; daß 8 Jahre nach Erlaß des Gesetzes gegen C. Norbanus als Majestätsverbrecher vorgegangen wurde, beweist nichts. Sigonius' Ausführungen (II, 29) entbehren jeglicher Unterlage.

[4] Mommsen, Gesch. II, S. 168ff.; Strafr. S. 198.

[5] Der Prozeß endete ähnlich wie im Jugurthinischen Kriege das auf Antrag des Volkstribuns G. Mamilius Limetanus (Mommsen, Gesch. II S. 145; Zumpt a. a. O. S. 222) eingeleitete Verfahren mit der Verbannung des Schuldigen. Außerdem wurde gegen Caepio wegen der am 6. Oktober 649 erlittenen Niederlage bei Arausio ein kapitaler Hochverratsprozeß angestrengt, der im Prinzip mit dem Todesurteil, tatsächlich aber mit Vermögenskonfiskation und strengster Verbannung endete. (Mommsen a. a. O. S. 179).

[6] Man vgl. miteinander: Cic. de deor. nat. III, 30, 74: Cognosce alias quaestiones, auri Tolossani, coniurationis Jugurthinae . . . etc., ad Herenn. I, 14, 24: . . . fortunam, ut Caepio ad tribunos plebis de exercitu amissione; . . . etc. und: orat. part. XXX, 104—105: In illis autem, ubi ita dicitur: Non minuit majestatem quod egit de Caepione turbulentius; populi enim dolor iustus — vim tum illam excitavit — non tribuni actio . . . etc.

[7] Bouchaud II S. 224.

[8] Rein S. 508.

normiert,[1,2] das noch späterhin Gegenstand rechtlicher Argumentationen und Kontroversen war.[3] Materiell hat die lex Apuleia kaum Neues enthalten;[4] vielleicht ist sie wirklich nur von ausschließlich temporär-prozessualer Bedeutung gewesen.

Die Geschichte der Majestätsgesetze, soweit sie in die Zeit vom Erlaß der lex Apuleia bis zur lex Julia majestatis fällt, zeigt ganz vorzüglich, ein wie politischer Begriff die majestas war. Man gab sich gar nicht die Mühe, — die folgenden Gesetze beweisen dies gleichfalls — auch nur roh eine Grenze zwischen politischer und strafrechtlicher Verantwortlichkeit zu ziehen, und es wird so verständlich, daß unter der Herrschaft eines so grenzenlosen Begriffes, wie ihn das „minuere majestatem populi Romani" darstellt, die schamlosesten politischen Verbrechen im Gewande und unter dem Scheine des Rechts begangen werden konnten.[5]

§ 38.

5. Lex Varia [majestatis].

Wie die lex Apuleia knüpft auch die lex Varia aus dem Jahre 663/691 v. Chr.[6] unmittelbar an einen politischen Vorgang an.

---

[1] Hierüber ist bereits oben S. 157 ff. gesprochen worden. Über den vermutlichen Text des Gesetzes s. daselbst Anm. 2. Über die Schaffung einer „quaestio majestatis" durch die lex Apuleia s. auch unten bei den Ausführungen über die lex Cornelia majestatis S. 192 ff.

[2] Das scheint auch die Ansicht Knitschkys S. 25 ff. zu sein.

[3] So Cicero bez. des Majestätsprozesses gegen C. Norbanus: de orat. II, 25, 107 (bei Mommsen, Strafr. S. 198 Anm. 1 irrig II, 75, 307!): Iam quid vocetur, quaeritur, quom quo verbo quid appellandum sit contenditur; ut mihi ipsi cum hoc Sulpicio fuit in Norbani causa summa contentio. Pleraque enim de iis quae ab isto obiciebantur quom confiterer, tamen ab illo majestatem minutam negabam: ex quo verbo lege Apuleia tota illa causa pendebat; i. Vbdg. m. II, 49, 201: Sic in illa omni defensione atque causa quod esse in arte positum videbatur, ut de lege Apuleia dicerem, ut quid esset minuere maiestatem explicarem, perquam breviter perstrinxi atque attigi.

[4] Siehe oben a. a. O.

[5] Siehe hierzu Göttling S. 454 ff.

[6] So Mommsen a. a. O. S. 198; Zumpt, Schwurger. S. 251; Rudorff I S. 82. Nach anderen 662/692: Bouchaud S. 226; Dieck S. 75; und 664/690: Göttling S. 450; Rein S. 509.

Im italischen Bundesgenossenkriege hatten römische Bürger durch Rat und Tat Bundesgenossen unterstützt, von Rom abzufallen und den Bund zu sprengen. Diese Handlungsweise wurde auf Antrag des Volkstribunen Q. Varius Hybrida[1] zum Staatsverbrechen gestempelt.[2] Das varische Plebiszit stellte hiermit eine positive Rechtsregel auf, wie sie bisher vielleicht noch nicht bestanden hatte. Die XII T. werden hierüber nichts enthalten haben,[3] da der Abfall, wenn auch auf dem Perduellionsbegriffe fußend, jedenfalls immer kriegsrechtlich und nicht strafrechtlich geahndet worden ist. Die kapitale Bestrafung in Form der Entziehung des Bürgerrechts trat, wenn sie überhaupt hier stattgefunden hat, wahrscheinlich nur auf Grund eines ausdrücklichen Plebiszits ein.[4] Ob die lex Varia allgemein den Beistand zum Abfall[5] als einen besonderen Fall des Staatsverbrechens behandelt wissen wollte, was die Normierung des Abfalls selbst als „perduellio" zur Voraussetzung hat, oder wirklich nur ein rein transitorisches Gelegenheitsgesetz[6] gewesen ist, ist schwer zu

---

[1] Nicht Q. Valerius, wie auf Grund des Berichts bei Appian b. c. I angenommen worden ist. Vgl. z. B.: Heyligenstaedt § 4. Richtig: Bouchaud a. a. O. Die lex Varia finden wir bei Valer. Max. VIII, 6, 4 (Q. autem Varius propter obscurum jus civitatis Hybrida cognominatus tribunus pl. legem adversus intercessionem collegarum perrogavit etc.; . . .), ferner bei Cicero Brutus LVI und LXXXIX; Tuscul. II, 24; de deor. nat. III, 33, 81. Asconius in Scaur. p. 22; in Cornel. p. 79 und bei Appian (s. oben) erwähnt.

[2] Asconius in Scaur. p. 22: Q. Varius tribunus pl. legem tulit, ut quaereretur de iis, quorum ope consiliove socii contra populum Romanum arma sumpsissent. Pighius III p. 219: Multi insignes viri ab equitibus Romanis hac lege damnati sunt.

[3] Marcian hätte das „deficere a re publica" sicherlich nicht vergessen, wo er vom „hostem concitare" und „civem hosti tradere" spricht; vgl. l. 3 Dig. XLVIII, 4.

[4] Dies ersieht man aus Livius' Bericht über den Abfall Capuas XXVI, 33, 10ff.; s. oben.

[5] Bouchaud a. a. O. sagt ganz treffend: . . . une loi qui ordonnoit qu'on informât contre ceux qui, par leurs manoeuvres et leurs conseils avoient engagé les alliés à prendre les armes contre le peuple Romain.

[6] Die letzten anderthalb Jahrhunderte v. Chr. sind reich an Beispielen, die die „ademtio civitatis" als Strafe für den Abfall enthalten; eine große Reihe von Gemeinden hat dieses Schicksal getroffen. So: Cic. de deor. nat. XXX, 79: Populus Romanus L. Sulla dictatore ferente comitiis centu-

sagen, zumal der Abfall noch in spätester Zeit[1] als Überlauf konstruiert wird.[2]

§ 39.

6. Lex Cornelia majestatis.

Von einem völlig anderen Gesichtspunkte aus ist das Kornelische Majestätsgesetz[3] vom Jahre 80 (81) v. Chr.[4] zu beurteilen, das ein Glied jener Kette ist, die der vielleicht reaktionärste Reformator aller Zeiten geschmiedet hat: Lucuis Cornelius Sulla.[5] Die gewaltige Bedeutung dieses Gesetzes[6] kann nur aus der Sullanischen Verfassung als solcher heraus verstanden und be-

---

riatis municipiis civitatem ademit; pro Caec. XXXIII, 97: ... quod Arretinis adempta civitas esset, et ego vehementius contendissem civitatem adimi non posse ...

[1] Bei Paulus l. 5 § 1 Dig. IV, 5: Qui deficiunt, capite minuuntur (deficere autem dicuntur, qui ab his, quorum sub imperio sunt, desistunt et in hostium numerum se conferunt; sed et hi, quos senatus hostes iudicavit vel lege lata) utique usque eo, ut civitatem amittant.

[2] Dieck (S. 75) bemängelt Cicero, der von Scaurus sagt, er sei nach der lex Varia der Prodition angeklagt (proditionis est in crimen vocatus), und (S. 76) Balduinus, der den Apuleius Saturninus als „perduellis" betrachtet, „weil die Perduellion längst antiquiert sei." Das tut er aber zu Unrecht. Die lex Varia behandelte sachlich die Prodition genau so wie die XII T. und Apuleius Saturninus ist durchaus „perduellis" in streng technischem Sinne gewesen. An die Worte darf man sich nicht mit der Ängstlichkeit klammern, wie es die meisten Schriftsteller tun zu müssen vermeinen. „majestatis reus" kommt höchstwahrscheinlich erst seit der lex Cornelia majestatis auf.

[3] Äußerlich kommt der Gegensatz darin zum Ausdruck, daß wir es bei diesem Gesetze Sullas mit einer wirklichen „lex majestatis" zu tun haben; richtiger Ansicht nach ist weder das Apul. noch das Var. Plebiszit als „lex majestatis" bezeichnet worden.

[4] Binding, Deutsch. Strafr. § 5: 673 a. u. c.; Rudorff I S. 82.

[5] Daß die lex Cornelia maiestatis von Sulla herrührt, darüber besteht nunmehr kein Zweifel. Man vgl. die unten zitierten Stellen namentlich Ciceros. Richtig schon Cuiacius ad Pauli sent. recept. V, 29 (Ausg. v. Gymnicus S. 299): At Corneliae leges, quoniam et de maiestate leges tulit Cornelius Sulla ... etc.

[6] Noch Ammianus Marcellinus gedenkt ihrer XIX, 12, 17: cuius retinendae causa validius ubi majestas pulsata defenditur, a quaestionibus vel cruentis nullam Corneliae leges exemere fortunam.

griffen werden.[1] Wenn dieser große Geist, der ebenso Feldherr wie Staatsmann war, den durch jahrzehntelangen Parteihader zerrissenen und durch die Permanenz der Anarchie dem Abgrunde nahen Staat auf der Basis der alten Verfassung neu organisierte; wenn er die staatsrechtliche Einheit Italiens, die durch die mutwilligen Streiche politischer Abenteurer vernichtet worden war, in geradezu glänzender Weise wiederherstellte und so das „imperium Romanum" vor dem schimpflichsten Ende bewahrte; wenn er endlich sein großartiges Werk der Reorganisation schuf nicht aus einer politischen Laune heraus, nicht um der Gelüste eines Tyrannen willen, sondern in der aufrichtigen Absicht, den römischen Namen zu retten, den drohenden Zusammensturz des politischen Gemeinwesens aufzuhalten, die Brandfackeln der Revolution für alle Zeiten auszulöschen, so nimmt es nicht wunder, daß die Mittel und Wege, deren er sich bediente, seine hohen Ziele zu erreichen, anderer Art waren als die der politischen Sonntagsjäger. Die Umgestaltung des verlotterten Gerichtswesens ist vielleicht der wichtigste Baustein, den Sulla gesetzt hat; der eigentliche Kern seiner berühmten Gerichtsorganisation ist die Schaffung neuer Spezialgeschworenenkommissionen.[2] Sie sind, und dies gilt ganz besonders für die Majestätsquästion,[3] nicht aufzufassen, als bloße politische Tendenzmaßregeln, sondern als der erste Versuch, dem seit den ständischen Kämpfen gründlich verwilderten römischen Kriminalprozeß und Kriminalrecht wieder aufzuhelfen; „die Gesamtheit der sullanischen Quästionenordnungen läßt sich zugleich als das erste römische Gesetzbuch nach den XII T. und als das erste überhaupt je besonders erlassene Kriminalgesetzbuch bezeichnen."[4]

---

[1] Eine zutreffende Würdigung dieses Gesetzes gibt Zumpt, Schwurger. S. 276ff. Man lese dort nach!

[2] Pomponius l. 2 § 32 Dig. de orig. jur. I, 2: Deinde Cornelius Sulla quaestiones publicas constituit veluti de falso, de parricidio, de sicariis etc.; s. auch Göttling S. 468ff.

[3] Pighius I ad ann. 387, p. 268.

[4] Mommsen, Gesch. II, 343—344. „Die gesamte Reform", fährt er fort, „ist von ungemeinem und dauerndem Nutzen gewesen und ein bleibendes Denkmal des praktischen, gemäßigten staatsmännischen Geistes, der ihren

Den Text der lex Cornelia majestatis kennen wir nicht,[1] erfahren doch aber manches darüber[2] und können uns infolgedessen

Urheber wohl würdig machte, gleich den alten Dezemvirn als souveräner Vermittler mit der Rolle des Gesetzes zwischen die Parteien zu treten."

[1] Über die Rekonstruktionsversuche ist oben S. 157/158 gesprochen worden.

[2] So vor allem von Cicero. Wir stellen die wichtigsten Stellen, die zugleich für das Verständnis der lex Julia majestatis von Bedeutung sind, im folgenden zusammen: Cic. in Pison. XXI: 'Gabinius proconsul se ipsum, fasces suos, exercitum populi Romani, numen interdictumque deorum immortalium, responsa sacerdotum, auctoritatem senatus, jussa populi, nomen ac dignitatem imperii regi Aegyptico vendidit. — Exercitum eduxit e Syria — tribuit se mercennarium comitem regi Alexandrino — in Aegyptum venit, signa contulit cum Alexandrinis. — Hic si mentis esset suae — ausus esset (mitto exire de provincia) educere exercitum, bellum sua sponte gerere, in regnum injussu populi Romani aut senatus accedere, quae cum plurimae leges veteres, tum lex Cornelia maiestatis, Julia de pecuniis repetundis planissime vetat?; ad fam. III, 11, 2: Verum tamen est majestas, etsi (ut, ne s. Dieck S. 86!) Sulla voluit, ne in quemvis impune declamari liceret; pro Cluent. XXXV, 97: At enim etiam Bulbus est condemnatus. Adde „maiestatis", ut intellegas hoc iudicium cum illo non esse coniunctum. At est hoc illi crimen objectum. Fateor, sed etiam legionem esse ab eo collicitatam in Illyrico C. Casconi litteris et multorum testimoniis planum factum est, quod crimen erat proprium illius quaestionis, et quae res lege majestatis tenebatur; in Verrem II, 1, 5, 12: Emerserit ex peculatus etiam iudicio; meditetur de ducibus hostium, quos accepta pecunia liberavit, videat, quid de illis respondeat, quos in eorum locum subditos domi suae reservavit, quaerat non solum, quem ad modum nostro crimini, verum etiam, quo pacto suae confessioni possit mederi, meminerit se priore actione clamore populi Romani infesto atque inimico excitatum confessum esse duces praedonum a se securi non esse percussos; se iam tum esse veritum, ne sibi crimini daretur eos ab se pecunia liberatos; fateatur, id quod negari non potest, se privatum hominem praedonum duces vivos atque incolumes domi suae, posteaquam Romam redierit, usque dum per me licuerit, retinuisse.' Hoc in illo maiestatis iudicio si licuisse sibi ostenderit, ego oportuisse concedam; II, 1, 60, 155: Petita multa est apud istum praetorem a Q. Opinio; qui adductus est in iudicium, verbo quod, cum esset tribunus plebis, intercessisset contra legem Corneliam, re vera quod in tribunatu dixisset contra alicuius hominis nobilis voluntatem. Asconius in Verrem II, 1, 33: Qui potestatem suam in administrando non defenderit, minuti magistratus veluti maiestatis laesae, reus erat; in Cornel. p. 57: Cornelius ... promulgavit ... legem ... ne qui nisi per populum legibus solveretur; quod antiquo quoque iure erat cautum; itaque in omnibus senatus consultis, quibus aliquem legibus solvi

über den Inhalt ganz gut eine Vorstellung machen. Wir haben hier nur allgemein auf das Verhältnis und den Zusammenhang der Bestimmungen zum Majestätsbegriff hinzuweisen.

Das Kornelische Majestätsgesetz ist ganz im Gegensatze zum alten Perduellionsverfahren, wie es konsequent noch im Apuleischen und Varischen Plebiszit in Erscheinung tritt,[1] von liberalem Geiste erfüllt gewesen. Der Majestätsbegriff ist zwar — verglichen mit der Kaiserzeit — schon damals sehr weit gefaßt worden; aber die Ahndung, und das ist das Wichtige, war selbst in den krassesten Fällen eine milde. Das Zugeständnis, das zu machen dem reformierenden Gesetzgeber bei Normierung der Bestrafung dieses schwersten Deliktes überhaupt nur zugemutet werden konnte, hat Sulla ohne Bedenken gemacht: Die Abschaffung der Todesstrafe für politische Vergehen und Verbrechen ist sein Verdienst.[2] Es ist die Tendenz der späteren Republik überhaupt gewesen, die alte starre Form der Kapitalstrafe zu beseitigen,[3] und dies mag Sulla mit bestimmt haben, die neue prozessuale Verfahrensart auf das Staatsverbrechen anzuwenden. Das geradezu Bewunderungswürdige dieser Reform liegt darin, daß sie dem Zwiespalt der Forderungen jener Zeit gerecht wurde: Das uralte römische Staatsgrundgesetz der Provokation, die unumgängliche Notwendigkeit der Bestätigung des

placebat, adici erat solitum, ut de ea re ad populum ferretur; sed paulatim ferri erat desitum resque iam in eam consuetudinem venerat, ut postremo ne adiceretur quidem in senatus consultis de rogatione ad populum ferenda. Vgl. auch l. 8 Dig. XLVIII, 4: In quaestionibus laesae maiestatis etiam mulieres audiuntur; coniurationem denique L. Sergii Catilinae Julia mulier detexit et Marcum Tullium consulem iudicium eius instruxit; u. a. m.

[1] Wie wenig beide mit dem bestehenden Rechte noch harmonieren, ersehen wir daraus, daß sie die kapitale Strafe beibehielten. Caepio (Mommsen, Gesch. II, 179) und Varius (ders., Strafr. 198 Anm. 2) waren formell zum Tode verurteilt, letzterer aufs grausamste hingemartert worden. Valer. Max. VIII, 6, 4; Cicero, de deor. nat. III, 33, 81.

[2] Binding a. a. O.

[3] Bei Schaffung der „quaestiones perpetuae" (Repetundenprozeß! Cic., Brut. XXVII, 106: quaestiones perpetuae ... constitutae sunt, quae antea nullae fuerunt; L. enim Piso tr. pl. legem primus de pecuniis repetundis Censorino et Manlio cos. tulit.) hatte man ursprünglich ein durchaus zivilprozessuales Verfahren im Sinne. Daher überwog die sogen. Verurteilung „in duplum" auch noch späterhin; die Todesstrafe wurde schon bald abusiv.

magistratischen Todesurteils durch die souveräne Bürgerversammlung lehnte sich in seiner schroffen Unabänderlichkeit auf gegen den liberalen Geist der Zeit, die kapitalen Perduellionsfälle milder zu ahnden. Sulla fand den Weg, beiden Forderungen gerecht zu werden. Indem er die Verfolgung der Staatsverbrechen auf den Gang des Quästionenverfahrens verwies, ohne damit den alten Perduellionsprozeß förmlich aufzuheben, schuf er einen Mittelweg, den zu gehen nicht schwer war, und wie praktisch dieses Verfahren gewesen ist, beweist die Folgezeit: Ohne Kampf, ohne politische Fehde ist das Perduellionsverfahren nach und nach beseitigt und durch die neue Form des Quästionenprozesses ersetzt worden. Diese Sullanische Prozeßreform ist der Schlüssel zum Verständnis des richtigen Verhältnisses von Perduellion und Majestätsverbrechen zueinander.

Der strafrechtliche Tatbestand nun, der uns ja am unmittelbarsten und reinsten den Majestätsgedanken jener Zeit widerspiegelt, ist in der lex Cornelia vermutlich sehr weit ausgedehnt worden; in dieser Beziehung ist das Gesetz für die augusteische Gesetzgebung und damit für alle Folgezeit vorbildlich gewesen. Wir ersehen dies zur Genüge aus den reichlichen Detailbestimmungen, die namentlich CICERO[1] wiedergibt; es ist bei dem absoluten Mangel einer auch nur einigermaßen zuverlässigen Rekonstruktion dieses Gesetzes sowie der älteren Gesetze vergebliches Bemühen, festzustellen, was das Gesetz Sullas Neues an strafbaren Handlungen eingeführt hat; mit Bestimmtheit läßt sich nur sagen, daß hier zum ersten Male partiell kodifiziert worden ist.[2] Was ältere Gesetze vollständig oder lückenhaft, generell oder speziell geregelt haben, ist in der lex Cornelia zweifellos ganz umfassend erörtert worden.[3] An einer Definition des Majestätsbegriffes hat es gefehlt; das Julische Gesetz hätte nicht umhin können, dieselbe zu übernehmen. Das Schweigen der Digesten ist gerade in diesem Punkte ein beredtes. Aber soweit wir aus der Kasuistik des Gesetzes auf den Geist desselben zu

[1] Siehe oben S. 193 Anm. 2.

[2] Nicht ganz klar REIN S. 64.

[3] CIC. in Pis. XXI, 50: Quae cum plurimae leges veteres, tum lex Cornelia majestatis planissime (!) vetant etc.

schließen berechtigt sind, können wir sagen, daß den gesamten Bestimmungen eine gewisse abstrakte Idee zugrunde gelegen hat, daß jede im Gesetze aufgeführte strafbare Handlung in letzter Linie auf einen einheitlichen Gesichtspunkt zurückgeführt werden kann, nämlich auf das „majestatem minuere". Die „Minderung der Hoheit des römischen Volkes" mag in ihrer speziellen strafrechtlichen Formulierung dem Apuleischen Plebiszit entnommen sein; im Kornelischen Gesetze erscheint der Gedanke in prinzipieller Beleuchtung. Jeder Akt, der sich als eine Schmälerung der Integrität, der Existenz des Staates darstellt, gehört hierher, wie jede Handlung, die die ideelle Schädigung des politischen Gemeinwesens zum Ziele hat.

Besondere Beachtung erheischen diejenigen äußerst subtil durchgearbeiteten Bestimmungen, die namentlich durch die Praxis der Bürgerkriege in die Reihe der „Staatsverbrechen" aufgenommen wurden, nämlich die gegen die Würde der Magistratur gerichteten Delikte, mag der Angriff vom Beamten selbst oder von dritter Seite ausgehen. Die Fälle der Kompetenzüberschreitung seitens des Statthalters bilden eine Gruppe krimineller Majestätshandlungen für sich. Gabinius hatte als Statthalter von Syrien im Jahre 700/54 v. Chr. seine Truppen über die Grenzen seines Amtssprengels hinaus nach Ägypten geführt; darin lag eine Minderung der „majestas magistratus"; denn diese verpflichtete den Träger zur strikten Innehaltung der für die konkrete Amtsführung gezogenen Grenzen und Kompetenzen.[1] Dieselbe Auffassung gilt für die eigenmächtige Kriegführung. Das „sua sponte bellum gerere" war allerdings wie kaum ein anderer offizieller Akt eines in exponierter Stellung befindlichen Beamten geeignet, wegen der notwendig entstehenden innerstaatlichen Unzuträglichkeiten in den Augen der nichtrömischen Völkerschaften die „majestas populi Romani" zu schmälern. Zahlreiche andere hierher gehörige Fälle, wie sie in der lex Julia majestatis aufgeführt werden, haben sicherlich bereits in dem Gesetze Sullas ihren Platz gefunden und sind mit entsprechenden Modifizierungen in das neue Gesetz des Augustus hinübergenommen worden.[2]

---

[1] Cic. in Pis. XXI, 50, s. oben S. 193 Anm. 2.

[2] Dies gilt jedenfalls für die widerrechtliche Aushebung der Truppen

Soweit die Verletzung der Magistratsmajestät von außen erfolgt, richtet sie sich entweder real gegen das Amt als solches oder personal gegen den bestimmten Beamten. Am schärfsten tritt die Minderung der Amtsmajestät in der „seditio" zutage. Wenn auch die lex Cornelia hier vielleicht nicht schöpferisch den Aufstand als neuen Staatsverbrechensfall aufgeführt hat — wir hören bereits von früheren Gesetzen und Prozessen, die den Aufstand in der Form der „Minderung des gesetzmäßigen Verlaufs der magistratischen Komitien und Kontionen"[1] als Perduellion behandeln[2] —; zweifellos sind doch alle bisher zerstreut behandelten Fälle einheitlich rubriziert[3] und vielleicht unter dem vagen Begriff der „öffentlichen Ruhestörung" zusammengefaßt worden.[4] Neben der „seditio" wird die widerrechtliche Ausübung magistratischer Befugnisse, die sogen. „Amtsanmaßung"

---

seitens eines nicht dazu bevollmächtigten Beamten. In der lex Julia (l. 3 Dig. XLVIII, 4) heißt es: Eadem lege tenetur, . . . qui injussu Principis . . . dilectum . . . habuerit. In der lex Cornelia wird gestanden haben: „qui iniussu consulis dilectum habuerit." Dasselbe gilt vom „exercitum successori non tradere"; von der widerrechtlichen Anmaßung des Begnadigungsrechtes u. a. m.

[1] Mommsen a. a. O. S. 563.

[2] So hören wir von einem Icilischen Gesetze aus dem Jahre 262/92 v. Chr., das die Aufrechterhaltung der Ruhe in den tribunizischen Kontionen zum Gegenstand hatte: Dionys VII, 17. — Cicero pro Sestio XXXVII, 79. — Eine analoge Perduellionsklage (gegen G. Claudius und Tib. Sempronius) überliefert Livius XLIII, 16. — Vielleicht gehört auch die lex Gabinia über die „coetus nocturni" hierher (Porcius Latro decl. adv. Cat. XXIX); Mommsens Bedenken (a. a. O. S. 563 Anm. 4) sind vollständig gerechtfertigt. Näheres hierüber bei de Witte S. 27; Heineccius IV, 18, 47; Gundling I, 6; Rudorff I S. 82; Rein S. 473.

[3] Es ist fast mit Sicherheit anzunehmen, daß die Bestimmung der lex Cornelia so allgemein gelautet hat, wie sie Cicero, orat. part. XXX, 105 gibt: Majestas est in imperii atque in nominis populi Romani dignitate, quam minuit is, qui per vim multitudinis rem ad seditionem vocavit. Daß Cicero die lex Cornelia ständig vor Augen hat, zeigen die oben S. 193 angeführten Stellen.

[4] Dies zeigt der Komitialprozeß gegen Milo aus dem Jahre 698/56 v. Chr. Man vgl. Cic. pro Sestio XLIV, 95 und ähnlich in Vatinium XVII, 40, 41. Über die Formulierung der Anklage „de vi" s. Mommsen a. a. O. S. 563 Anm. 3.

hierher gezogen werden müssen. Als einen besonderen Fall des Staatsverbrechens lernen wir diese Handlungsweise erst jetzt kennen;[1] in die lex Julia ist er unverändert übernommen worden.[2]

Die personale Verletzung der Beamten endlich wird, nach dem kodifikatorischen Charakter der lex Cornelia zu schließen, sicherlich ihren Platz daselbst gefunden haben; aber schwerlich werden auf diesem Gebiete neue Bestimmungen getroffen worden sein, da einmal der Charakter der Ämter durch die Sullanische Reform in keiner Weise geändert wurde, dann aber die beiden Hauptdelikte, die Tötung und Injuriierung des Magistrats, bereits ausgiebig geregelt worden waren.[3]

Nach alledem kann man wohl sagen, daß es der schöpferischen Kraft Sullas gelungen ist, da, wo bisher Unsicherheit und Verworrenheit in den gesetzlichen Bestimmungen geherrscht hatte, Klarheit geschaffen zu haben. Jedenfalls ist durch ihn zum ersten Male dem unbewußten, vagen Majestätsbegriff eine bewußte Schranke gesetzt oder vielmehr die Grundlage gegeben worden für eine nicht willkürliche, sondern von bestimmten Prinzipien beherrschte Handhabung dieses Verbrechens; und wenn Tacitus von der Zeit des Tiberius sagen konnte, daß das Majestätsverbrechen „omnium accusationum complementum“ war,[4] so gilt für die Zeit Sullas gerade das Gegenteil. Freilich, auch ein Sulla konnte das politische Geschick Roms nicht bannen!

---

[1] Cicero, de inv. II, 18, 55: Maiestatem minuere est aliquid de re publica, cum potestatem non habeas, administrare.

[2] l. 3 Dig. XLVIII, 4: quive privatus pro potestate magistratuve quid sciens dolo malo gesserit: quive quid eorum, quae supra scripta sunt, facere curaverit.

[3] Wir erinnern an die teils gesetzliche teils sakrale Unverletzlichkeit der Beamten und Tribunen, die sich schon in den frühesten Zeiten zu strafrechtlicher Regelung durchgerungen hat. Die diesbezüglichen Stellen bei Livius (auch Dionys) sind hier (und im ersten Teil) des öfteren angeführt worden. Dasselbe gilt für die Injuriierung, jedenfalls sofern sie real erfolgte. Schon das „pulsare“ des Tribuns ist kapital geahndet worden.

[4] Tac. ann. III, 38.

§ 40.

7. Lex Julia majestatis.

Man hat die lex Julia majestatis[1] die „lex translaticia ex lege Cornelia“ genannt,[2] und das mit vollem Recht. In der Tat ist die sullanisch-augusteische[3] Strafgesetzgebung als eine ein-

[1] Sie lautet bei PAULUS sent. V, 29: 1. Lege Julia majestatis tenetur is, cuius ope consilio aduersus imperatorem vel rem publicam arma mota sunt exercitusue eius in insidias deductus est, quine iniussu imperatoris bellum gesserit dilectumue habuerit, exercitum comparauerit, sollicitauerit, deseruerit imperatorem. his antea in perpetuum aqua et igni interdicebatur: nunc uero humiliores bestiis obiciuntur uel uiui exuruntur, honestiores capite puniuntur. quod crimen non solum facto, sed et uerbis, 2. impiis ac maledictis maxime exacerbatur. In reum majestatis inquiri prius conuenit, quibus opibus, qua factione, quibus hoc auctoribus fecerit: tanti enim criminis reus non obtentu adulationis alicuius, sed ipsius admissi causa puniendus est, et ideo, cum de eo quaeritur, nulla dignitas a tormentis excipitur. S. ferner CICERO, Phil. I, 9; namentlich § 21 und § 23: Quid, quod abrogatur legibus Caesaris, quae iubenti ei, qui de vi, itemque ei, qui majestatis damnatus sit, aqua et igni interdici? quibus cum provocatio datur, nonne acta Caesaris rescinduntur? etc.

[2] So schon PEREZ, comment. ad Cod. lib. IX, tit. 8 § 1.

[3] Der noch immer nicht endgültig entschiedene Streit über die Urheberschaft der lex Julia majestatis kann hier nicht entwickelt werden. Daß in der lex Julia de vi Cäsars Bestimmungen über das Majestätsverbrechen gestanden haben, ist zweifellos. (Vgl. CICERO, Phil. I, 9, 21 und 23). Ebenso zweifellos aber ist, daß Augustus, wie zahlreiche Stellen bei TACITUS beweisen (s. die noch in Verfolg der Abhandlung zitierten!), die Bestimmungen aus den Gesetzen seines großen Vorgängers übernommen und so eine abschließende, in gewissem Sinne erschöpfende Regelung gegeben hat. Jedenfalls aber bleibt es völlig gleichgültig, ob die lex Julia majestatis in der Gestalt, wie wir sie in den Digesten (XLVIII, 4) und bei Paulus (V, 29) finden, zurückführt auf Cäsar — (So: ODOFREDUS ad rubr. Cod. ad leg. Jul. m. IX, 8; PIGHIUS III ad ann. 707; pag. 452; GIGAS S. 3 Nr. 5 und 6; BALDUIN pag. 1005; PEREZ a. a. O.; GUNDLING I, 16; DIECK S. 90 ff.; GÖTTLING S. 459; WÄCHTER S. 507; BRUGMANS S. 35—36; MEENTS S. 7; ZIRKLER S. 33; WEISKE S. 10; REIN S. 515; ABEGG S. 211; EVERSTON I S. 341; BINDING, Dtsch. Strafr. § 5 708 a. u. c.; ebenso RUDORFF I S. 83; KNITSCHKY S. 17; BISOUKIDES S. 18, überhaupt die communis opinio) —, auf Augustus — (So: HEINECCIUS IV, 18, 49; BACH. II, 2, 1, 90; FEUERBACH S. 77; VAN DER GIESSEN cap. III; ZUMPT, Kriminalrecht II, 2 S. 476) —, auf beide — (So: SIGONIUS II, 29; WINTER S. 37—38; VAN DEVENTER III; CROPP II, 1, 1, 9; FEUERBACH S. 76

heitliche Erscheinung zu betrachten, und die lex Julia ist in ihren Grundsätzen und Grundzügen wirklich nichts anderes als die erweiterte, mehr ausgebaute lex Cornelia. Dies offenbart sich in der Behandlung des Majestätsgedankens durch Augustus, und darauf kommt es uns hier allein an. Die „majestas populi Romani" ebenso wie die „majestas magistratus" wird in beiden Gesetzen wesentlich gleich behandelt, gleich geschützt.[1]

Nur in einem Punkte bringt die lex Julia etwas wirklich Neues, nämlich in der Anerkennung der „majestas principis" als eines strafrechtlichen Begriffes. Über die staatsrechtliche Bedeutung der Prinzipatsmajestät ist bereits gesprochen worden. Der strafrechtliche Schutz des ersten Bürgers von Rom ergab sich notwendig von selbst; rechtlich begründet war er vielleicht ebenso in Verfolg der Magistratsnatur des Prinzipats wie auf Grund der vom „princeps" vindizierten „tribunicia potestas"[2] und der aus ihr

---

(s. auch oben!), Rein S. 526 (dsgl.!); oder ob man die Frage überhaupt offen läßt (So: Gigas I, 1 S. 6 u. 7; Bosse S. 55; Schulin S. 142)!

[1] Wir haben dies schon oben bei den einzelnen Deliktskategorien ausgesponnen. Doch sei hier noch auf folgende Parallelen hingewiesen: 1. Die Behandlung der Magistratstötung: Ulpian l. 1 Dig. XLVIII, 4 vgl. m. Cicero, de inv. II, 17, 53; ad Her. II, XII, 17. 2. Aufstand und öffentliche Ruhestörung: Ulpian, eod. vgl. m. Cic. orat. part. XXX, 105. 3. Widerrechtliche Amtsanmaßung: Marcian l. 3 Dig. l. c. vgl. m. Cicero, de inv. II, 18, 55. 4. Die fast wörtlich übereinstimmende Wiedergabe der Auffassung des Majestätsbegriffes im allgemeinen: Majestatis crimen illud est, quod adversus populum Romanum vel adversus securitatem eius committitur! 5. Die vollständig analogen Bestimmungen der mannigfaltigen Formen des Landesverrats, der Konspiration mit dem Feinde und der Kompetenzüberschreitung: Marcian l. 3 Dig. l. c. und Hermogenianus l. 10 eod. vgl. m. Cic. in Pisonem XXI; de orat. II, 39, 164; de dom. XXXVIII; pro Cluentio XXXV etc. Im wesentlichen bringen nur l. 5, 6, 7 Dig. l. c. neue deliktische Tatbestände, die durch die Veränderung der Regierungsform notwendig geworden waren.

[2] Augustus brauchte hier nur an die tatsächlichen Verhältnisse anzuknüpfen, wie sie bei Ausgang der Republik bestanden. Das Notwehrrecht des Volkstribuns, wie es in schroffer, geradezu demagogischer Weise im letzten Jahrhundert v. Chr. praktisch geübt wurde, die Reprobierung des Provokationsrechtes bei der Verletzung der Person des Tribunen und die Theorie, es könne an dem Frevler ohne Prozeß, ohne Urteil das Recht vollstreckt werden, mögen an sich die rechtliche Anerkennung niemals gefunden haben. Augustus konnte es jedenfalls genügen, daß die Interpretation der be-

fließenden Unverletzlichkeit. Die Auffassung des Augustus von der rechtlichen Natur des Prinzipats spiegelt sich in seinem Majestätsgesetze wieder. Dies beweist die Hinübernahme zahlreicher Normen der lex Cornelia in das neue Gesetz, oft ohne jede Veränderung, besonders die Beibehaltung der strafrechtlichen Ahndung bei Verletzung der „majestas **populi**" und namentlich der „majestas **magistratus**". Der Gesetzgeber hat es nicht einmal für nötig befunden, den Mord am Staatsoberhaupt als neuen besonderen Straffall aufzustellen; er faßte ihn eben auf als Tötung des Magistrats; der Herrscher wird nicht in seiner Person, sondern in seiner Beamteneigenschaft durch dieses Delikt tangiert.[1] Prinzipiell hat Augustus auch die Injuriierung des Prinzeps von dem Standpunkt der magistratischen Majestät aus behandelt wissen wollen;[2] die Detailvorschriften aber zeigen weiter, daß hier die neue Idee der persönlichen Sonderstellung, die Idee der persönlichen Majestät einsetzt, und sie gerade gibt ja dem Majestätsbegriff des Prinzipats sein besonderes Gepräge.[3] Es ist eigentümlich, daß Augustus in seinem Gesetze nicht von der „imminuta", sondern von der „laesa majestas" spricht, und vielleicht nicht bloß Vermutung, daß dies die ursprüngliche technische Bezeichnung für die persönliche Kränkung des Staatschefs war, die dann allgemein auf das ganze Gesetz ausgedehnt worden ist.[4] Die

schworenen Gesetze so weit getrieben ward; er verließ den Boden des Rechts nicht, wenn er die tribunizische Gewalt in der Gestalt übernahm, die sie bei der Kreierung des neuen Regiments angenommen hatte.

[1] Wir suchen in der lex Julia majestatis vergebens nach einer besonderen Bestimmung über den Kaisermord. Augustus wollte hier die alte Regel der lex Cornelia angewandt wissen: Cuius opera consilio malo consilium initum erit, quo quis magistratus populi Romani quive imperium potestatemve habet, occidatur! l 1 § 1 Dig. l. c.; vgl. auch Tac. II, 8. Diesen Punkt übersieht Kärst S. 80ff. völlig.

[2] S. oben Teil I. Noch Quinctilian sagt V, 10, 39: Iniuriam fecisti, sed quia magistratui, majestatis actio est.

[3] Man vgl. hierzu die bereits im Teil I der Arbeit gemachten prinzipiellen Ausführungen.

[4] So l. 3 Dig. l. c.; l. 4 Cod. XI, 9; l. 8 Dig. l. c. Bei den republikanischen Schriftstellern taucht der Ausdruck „laesa majestas" ganz vereinzelt auf. (Cic. pro Corn.) „Imminuta majestas" kommt allgemein seit der Kaiserzeit nicht mehr vor; „laesa m." ist nunmehr das übliche. „Violata"

besondere Betonung der Person des Prinzeps namentlich bei der Injuriierung ist nicht mißzuverstehen. Sie ist in letzter Linie auch nur aufzufassen als die Überzeugung, daß dem exponiertesten aller staatlichen Organe ein wirkungsvoller Schutz schon bei Verletzungen subtiler Art zu gewähren sei, die an einem anderen Organ begangen an sich ein „Staatsverbrechen" nicht bedeuten und ein Einschreiten „propter laesam majestatem" ausschließen würden. Keineswegs aber hat Augustus in seiner lex Julia dem despotischen Prinzip der Identifizierung von „persona Augusti" und „persona principis" das Wort geredet. Wir finden keine bloßen Ansätze zu einer Trennung der Privatperson des Kaisers von der des Trägers des Prinzipats bei der Beurteilung einzelner Straffälle, sondern den Gedanken zu vollständiger Reife entwickelt, daß die Privatperson des Prinzeps beim öffentlichen Delikt allgemein, beim „Staatsverbrechen" insbesondere auszuscheiden habe, und daß bei jedem einzelnen Straffall konkret zu prüfen sei, ob der Staat in der Person des Staatschefs, oder ob der Privatmann Augustus von dem Delikt betroffen sein sollte, eine Auffassung, die ja mit der Idee von der Magistratsnatur des Prinzipats durchaus harmoniert.[1]

Diese mit der besonderen persönlichen Stellung des Prinzeps rechnenden strafrechtlichen Momente sind, wie wir unten sehen werden, von Augustus legislatorisch wie judiziell als seiner staatsrechtlichen Auffassung durchaus adäquat mit Mäßigung zur Anwendung gebracht worden. Unter seinen Nachfolgern erst ist die mehr persönliche Seite des Majestätsbegriffes infolge politischer Rachsucht über Gebühr betont worden. Die absolute Despotie

---

(Isidorus, orig. V, 26; Tac. III, 24), „pulsata" (l. 7 Cod. IX, 18), „appetita" (Dirksen, Manuale S. 561) majestas bedeuten dasselbe. Ein materieller Unterschied zwischen „crimen majestatis" und „crimen laesae majestatis" hat niemals bestanden. Falsch: Winter S. 44—58, 131, 136; s. Wächter S. 509.

[1] In diesem Sinne gilt von Augustus mit demselben Recht wie von Theodos dem Jüngeren der diesem beigelegte Ausspruch (s. Dieck § 61 Anm. 1): „O! Könnte ich die Toten wieder ins Leben zurückrufen; diejenigen Injurien, die gegen den Imperator als Privatperson begangen werden, muß man leicht verzeihen, während man dagegen freilich diejenigen Verbrechen hart zu ahnden verbunden ist, durch welche der Staat gefährdet wird!" (Vogel, dissert. de injur. princip. illat. V, 14.)

der späteren Zeit hat dann das ursprüngliche Verhältnis völlig umgekehrt.

Wie maßvoll nun Augustus bei der Kreirerung der neuen Vorschriften, die sich auf dem Gebiete der „injuria" bewegen, vorgegangen ist, beweisen die strafrechtlichen Bestimmungen zur Genüge. Die Realinjurie gegen einen Magistrat war, wie oben erwähnt, immer schon Majestätsverbrechen. Augustus ging bescheiden einen Schritt weiter, wenn er zunächst die Verfasser der „libelli famosi" als Majestätsverbrecher behandelte,[1] gegen die einzuschreiten der Kaiser schon seiner Stellung schuldig war; sodann aber, wenn er diejenigen als „majestatis rei" verfolgte, die der von ihm nach dem Vorbild seines großen Vorfahren tolerierten Göttlichkeitsidee des Staatsoberhauptes in irgend einer Weise Abbruch taten.[1] In diesem Sinne nimmt auch die kaiser-

[1] Tacitus gibt I, 72, wenn auch nur in großen Zügen, so doch anschaulich die Entwickelung des „crimen majestatis" wieder; die Stelle ist oben bereits angegeben. Aber wirklich nur „famosi libelli" waren Augustus ein Grund zum Einschreiten. Gerechtes Lob bedeutender Republikaner wußte er wohl zu würdigen. Tac. IV, 34: ... Cremutius Cordus postulatur, novo ac tum primum audito crimine, quod editis annalibus ... C. Cassium Romanorum ultimum dixisset. (Er hatte eine Geschichte des Augustus seit Cäsars Tod geschrieben, s. Sueton, Aug. 35; Dio LVII, 24. In der Verteidigungsrede weist Crem. Cordus auf die Toleranz der Vorgänger des Tiberius hin). Carmina Bibaculi et Catulli referta contumeliis laesarum leguntur; sed ipse divus Julius, ipse divus Augustus et tulere ista et reliquere (ließen unbeachtet! s. Cicero in Verr. I, 33, 84) haud facile dixerim, moderatione magis an sapientia!" S. ferner Tac. III, 50; Vergil Aeneis II, 818—822. Wie anders das Vorgehen des Tiberius. Man vgl. Sueton, Tib. LI, LV, namentlich LXI: Omne crimen pro capitale receptum, etiam paucorum simpliciumque verborum. Obiectum est poetae, quod in tragoedia Agamemnonem probris lacessisset; obiectum est historico, quod Brutum Cassiumque ultimos Romanorum dixisset, animadversum statim in auctores scriptaque abolita, quamvis probarentur ante aliquot annos, etiam Augusto audiente recitata (!) etc.; Seneca de benef. III, 26: Sub Tiberio Caesare accusandi fuit frequens et paene publica rabies, quae omni civili bello gravius togatam civitatem confecit; excipiebatur ebriorum sermo, simplicitas iocantium; nihil erat tutum; omnis saeviendi placebat occasio, nec iam reorum expectabantur eventus, cum esset unus. Cenabat Paulus praetorius in convivio quodam imaginem Tib. Caesaris habens ectypa et eminente gemma. Rem ineptissimam fecero, si nunc verba quaesiero, quemadmodum dicam illum metallum sumpsisse; quod factum simul et Maro ex notis illius temporis vestigatoribus

liche Familie an den Segnungen des strafrechtlichen Schutzes teil, und von diesem Standpunkt aus hat Augustus das „adulterium“ mit weiblichen Mitgliedern des kaiserlichen Hauses als „crimen majestatis“ behandelt wissen wollen.[1] Weiter ist der Reformator

notavit et servus eius, quoi nectebantur insidiae, ei ebrio anulum extraxit. Et cum Maro convivas testaretur admotam esse imaginem obscenis et iam subscriptionem componeret, ostendit in manu sua servus anulum. Si quis hunc servum vocat, et illum convivam vocabit. Derselbe III, 27: Sub divo Augusto nondum hominibus verba sua periculosa erant, iam molesta. Rufus, vir ordinis senatorii, inter cenam optaverat, ne Caesar salvus rediret ex ea peregrinatione, quam parabat; et adiecerat idem omnes et tauros et vitulos optare. Fuerunt, qui illa diligenter audirent. Ut primum diluxit, servus, qui cenanti ad pedes steterat, narrat, quae inter cenam ebrius dixisset, et hostatur, ut Caesarem occupet atque ipse se deferat. Usus consilio descendenti Caesari occurrit et cum malam mentem se habuisse pridie iurasset, id ut in se et in filios suos recideret, optavit et Caesarem, ut ignosceret sibi rediretque in gratiam secum, rogavit. Cum dixisset se Caesar facere: „Nemo“, inquit, „credet te mecum in gratiam redisse, nisi aliquid mihi donaveris,“ petitque non fastidiendam etiam a propitio summam et impetravit. Caesar ait: Mea causa dabo operam, ne unquam tibi irascar! Honeste fecit Caesar, quod ignovit, quod liberalitatem clementiae adiecit. — Was Augustus' Stellung zum Heiligenkultus betrifft, so ist diese bereits oben (Teil I) behandelt worden. Gerade die Göttlichkeitsidee des Herrschers ist ja staatsrechtlich bedeutsam für den Prinzipat gewesen. Ein Fall, in dem Augustus wegen gottloser Reden usw. aus dem Gesichtspunkte des Majestätsverbrechens eingeschritten wäre, ist allerdings nicht überliefert. Zum ersten Male hören wir hiervon unter Tiber. Tac. II, 50: Adolescebat interea lex majestatis. Et Apuleiam . . . quia probosis sermonibus divum Augustum ac Tiberium et matrem eius inlusisset Caesarique connexa adulterio teneretur, majestatis delator arcessit. De adulterio satis caveri lege Julia (sc. de adulteriis!) visum: majestatis crimen distingui Caesar postulavit danmarique si qua de Augusto inreligiose dixisset; in se iacta nolle ad cognitionem vocari. Späterhin hat sich hier als besonderer Fall das „crimen laesae Romanae religionis“ entwickelt. Mommsen, Strafr. S. 569. Es ist zu beachten, daß rechtlich bereits seit Augustus die Anschauung Boden gewinnt, daß es nicht mehr wie einst der Gottheit überlassen bleiben dürfe, Injurien zu sühnen, — deorum injurias diis curae! Tac. I, 73 — sondern Sache der zuständigen Behörde sei, gegen den Frevler vorzugehen, sobald der Genius des Herrschers oder ein „Divus“ injuriiert wird. Es war dies eine natürliche Folgerung, nachdem die Eidesformel auf den irdischen Regenten abgestellt war.

[1] Tac. III, 24: Nam culpam inter viros ac feminas vulgatam gravi nomine laesarum religionum ac violatae majestatis appellando clementiam

Augustus niemals gegangen; dem Gedanken der Umwandelung der Majestät des Volkes in die des Kaisers hat er, wie vielfach behauptet worden ist,[1] weder theoretisch noch praktisch jemals sympathisch gegenübergestanden, und man kann von dem ersten römischen Kaiser wohl sagen, daß er seiner ursprünglichen staatsrechtlichen Auffassung von der Struktur seiner Neuschöpfung in den wichtigsten Punkten auch bei Erlaß seiner strafrechtlichen Anordnungen bis an sein Lebensende treu geblieben ist. In der lex Julia majestatis hat sich Augustus als Vertreter und Verfechter des typisch römischen Majestätsgedankens ein bleibendes ehrenvolles Denkmal gesetzt.

§ 41.

8. Die Folgezeit.

Die gesamte sullanisch-augusteische Strafgesetzgebung, der als Kriminalordnung sich darstellende „ordo indiciorum publicorum“, ist die gesetzliche Grundlage auch der nächsten Jahrhunderte geblieben; sie hat sich in einer dem schöpferischen Geiste würdigen Weise behauptet und durchgesetzt. Wenn wir auch in wenigen Punkten Abweichungen finden, der universellen Bedeutung der ersten Kriminalordnung der antiken zivilisierten Welt kann dies nicht Abbruch tun. Das „crimen majestatis“, das

---

majorum suasque ipse leges egrediebatur. Es ist begreiflich, daß Augustus, der Sittenreformator, der Urheber der berühmten Ehegesetzgebung, in diesem Falle die bereits abgekommene Kapitalstrafe wiedereingeführt hat. Während aber staatsrechtlich die Majestät des kaiserlichen Hauses und vor allem der Augusta anerkannt worden ist (s. oben S. 141), gilt dies für das Majestätsverbrechen nicht so allgemein, wie man anzunehmen pflegt. Weiske beruft sich auf Rosshirt S. 242 (Note); aber was beweist die l. 6 § 1 Dig. de jure fisci XLVIIII, 14: Quodcumque privilegii fisco competit. hoc idem et Caesaris ratio et Augustae habere solet? Zutreffend Meents S. 17. Über die Rechtsstellung der Augusta s. bereits Leyserus IV S. 31. — Übrigens scheinen auch die Verdienste des Augustus um die Hebung des zerrütteten Familienlebens der Grund dafür zu sein, daß man ihn im gesamten Reichsgebiete als „lar familiaris“ verehrte. Mit Unrecht sieht man daher hierin ein weiteres Moment für die Annahme, Augustus habe bewußt den Göttlichkeitskultus gefördert (s. oben Teil I).

[1] Gundling I, 25; Winter S. 38—39; Feuerbach S. 77.

ja ein Glied in der Kette der sullanisch-augusteischen Bestimmungen ist, wird zu diesen Ausnahmen gerechnet werden müssen. Trotz der vortrefflichen Fixierung hat es, je nach den persönlichen Eigenschaften der Kaiser, inhaltlich Änderungen erfahren; es ist tatsächlich wieder zu einer politischen Waffe, zu einem dem jeweiligen Augenblick angepaßten Kampfmittel erniedrigt worden. Gewiß blieb der äußere Bestand des Gesetzes; es gibt keine einzige Kaiserkonstitution, die die lex Julia aufgehoben hätte; noch Justinian verwendet sie in seinem Gesetzbuch. Aber es ist doch ein ganz anderes Gesetz als das, was Augustus einst gab; im Wandel der Zeiten war der die ursprünglichen Normen belebende Geist erstorben. Die Ansätze, die Augustus, der Schöpfer des Prinzipats, in seinem Bestreben geschaffen hatte, die auf ihn überkommenen strafrechtlichen Bestimmungen in Übereinstimmung mit den neuen staatsrechtlichen Prinzipien auf einen einheitlichen Grundgedanken zurückzuführen, einen objektiven Gesichtspunkt die Richtschnur bei der Beurteilung dieses wichtigsten Deliktes sein zu lassen, blieben nur ein wenn auch bedeutsamer Anfang. Niemals hat sich die Unfähigkeit der römischen Rechtswissenschaft, abstrakt zu denken und zu formulieren, klare und bestimmte Begriffe zu fassen, bitterer gerächt, als in der Kaiserzeit. Die zahllosen Majestätsprozesse „eine Geißel der Menschheit dieser Tage“,[1] beweisen, daß die jahrhundertlange praktische Übung eines Verbrechensbegriffes nicht imstande gewesen war, ein brauchbares dauerndes Fundament präziser Begriffskonstruktion zu schaffen, das der willkürlichen Anwendung durch verbrecherische Regenten wirkungsvoll Einhalt geboten hätte.

Die Signatur der postaugusteischen Epoche ist der absolut personale Charakter des Majestätsbegriffes und die darin zum Ausdruck gelangende Auffassung von der Majestät der Person im Gegensatze zur Majestät der Magistratur. Was die nüchterne Verstandespolitik des Augustus streng gemieden hatte, die Äußerung der monarchischen Idee in irgend einer ostensiblen Weise,

---

[1] Mommsen, Strafrecht S. 543. — Eine gute chronologische Übersicht gibt Rein S. 543 ff. Auch Niese S. 275 ff. weist auf die wichtigsten Majestätsprozesse hin.

darüber ist die Folgezeit rücksichtslos hinweggegangen; nicht etwa, daß der Staatsbegriff geschwunden, daß die „res publica“, die „civitas“ in der Person des Monarchen aufgegangen wäre, wie später in den Zeiten Diokletians! Aber die starke Betonung der Person des Monarchen gegenüber dem Staate, die Entstehung und Ausgestaltung des Dominatgedankens trugen wirksam dazu bei, den kriminellen Majestätsbegriff zu verflachen, ihn in der Richtung auf den Staat hin abzuschwächen, in der auf die Person des Kaisers hin zu stärken, und der Gedanke, daß jede verbale oder reale Läsion seiner Person ein Angriff auf die Sicherheit des Staates bedeutet, wenn auch von einer Gefährdung der Existenz desselben gar keine Rede ist, ist das sichere Zeichen dafür, wie die einstige Beamtenqualität dem ersten Bürger von Rom mehr und mehr verloren geht: Er wappnet sich nicht zum Schutze des Staates wie einst, sondern um seiner selbst willen mit dem altüberkommenen Schutzpanzer, der nunmehr der jeweiligen politischen Leidenschaft seines Trägers angepaßt wird.

Die spezielle Ausgestaltung des Majestätsverbrechens unter den einzelnen Herrschern von Augustus bis Justinian kann hier nicht erörtert werden; uns beschäftigt nur der allgemeine Zug der Zeit, die Umwertung der Majestätsidee. Sie vollzieht sich in der geschilderten Weise unleugbar mit einer gewissen Regelmäßigkeit. Von Vespasian bis Mark Aurel, allerdings mit Ausnahme der Regierungszeit Domitians, tritt ein Stillstand in diesem Umwertungsprozeß ein, so daß einige Schriftsteller sogar des Glaubens sind, die lex Julia majestatis sei aufgehoben worden.[1] Aber seit der Zeit der Severe beginnt wieder der rein personale Charakter der Majestät und zwar mehr denn je dem Ganzen den Stempel aufzudrücken.

Geschichtlich und staatsrechtlich fassen wir die seit Diokletian und Konstantin anhebende Epoche als die Despotie des Ostens.

---

[1] Z. B. Spartianus de vita Hadriani XVIII, 5: Hadrianus majestatis crimina haud admisit. Richtiger Ansicht nach bezieht sich dies aber nur auf die schamlosen Übertreibungen und die verwerfliche Ausdehnung des Majestätsbegriffes. So schon Contius ad leg. I C. ad leg. Jul. maj.; Ayrer S. 13 u. a. m.

Die einst so mächtige Vorstellung von der Magistratsmajestät des Prinzeps ist nun längst begraben und die Theorie von der Göttlichkeit des Monarchen hat mit der eigentlichen Majestätsidee nichts mehr gemein.[1] In der Geschichte des „crimen laesae majestatis" bilden die berühmte lex „Si quis imperatori maledixerit"[2] Theodos' des Großen vom Jahre 393 n. Chr. Geb. und die „lex Quisquis"[3] des Arkadius vom Jahre 397 n. Chr. wichtige Etappen; in der Darstellung der strafrechtlichen Entwickelung des Majestätsgedankens können sie einen Platz nicht finden. Auch die Justinianeische Kodifikation[4] hat ein neues charakteristisches Moment nicht aufzuweisen.

---

[1] Die griechischen Schriftsteller bezeichnen nunmehr das Staatsverbrechen nicht mehr wie früher „*προδοσία*" sondern rein religiös „*ἀσέβεια*". „Sacrilegium" (in allgemeiner Bedeutung, nicht als Tempeldiebstahl!) und „crimen majestatis" berühren sich jetzt aufs engste: l. 1 pr. Dig. XLVIII, 4: Proximum sacrilegio est crimen, quod majestatis dicitur. Antiphon (s. bei Bisoukides S. 21): *τὸ ἀποκτείνειν μέγα κακοῦργημα εἶναι καὶ ἐγὼ ὁμολογῶ μέγιστόν γε, καὶ τὸ ἱεροσυλεῖν καὶ τὸ προδιδόναι τὴν πόλιν.*

[2] l. unic. Cod. h. t. IX, 7; l. 5 Cod. ad leg. Jul. m. IX, 8.

[3] l. 5 Cod. ad leg. Jul. maj. IX, 8.

[4] Dig. XLVIII, 4; Cod. IX, 8; ferner: l. 11 § 3 Dig. III, 2; l. 1 Dig. XLVIII, 24; ll. 8, 24, 38 § 1 Dig. XLVIII, 19; l. 5 Dig. XLVIIII, 16; l. 1 § 1—2 Cod. IX, 5; l. 2 Cod. IX, 24; l. 3 Cod. IX, 42; l. 4 Cod. XI, 9; etc. etc. etc.

Druck von Metzger & Wittig in Leipzig

www.ingramcontent.com/pod-product-compliance
Lightning Source LLC
LaVergne TN
LVHW042239300926
849161LV00003B/408
9783112674574